les plantes couvre-sol

Collection dirigée par **Philémon.**
Volumes déjà parus :
La roseraie de l'amateur, par P. Montagne.
Le jardin de rocaille, par J. Raray.
Les petits arbres, par C. Testu.
La bruyère, par B. de la Rochefoucauld.
Le jardin d'iris, par A. Richert.
Le jardin des plantes grimpantes, par C. Testu.
Le jardin de dahlias, par G. Clénet.

Volumes à paraître :
Les cactées, par L. Fronty.
Le jardin de tulipes, par A. Richert.

PHOTOGRAPHIES :

Couverture : G. LÉVÊQUE,
« Bruyères et *Sedum spectabile* ».

Intérieur :
M. LAMONTAGNE : P. 18, H ; P. 35, H ; P. 36, B ; P. 37, H ; P. 38 ; P. 50, HG et BG ; P. 59 ; P. 62, HG – G. LÉVÊQUE : P. 36, HD et G ; P. 37, B ; P. 48, H ; P. 50, HD ; P. 60, H ; P. 61, BG ; P. 79, H ; P. 80 – R. MALLET : P. 17, H et B ; P. 18, B ; P. 35, B ; P. 47 ; P. 48, B ; P. 49, H et B ; P. 50, BD ; P. 61, H et BD ; P. 62, HD et B ; P. 79, H et B.

LES GUIDES RUSTICA

les plantes couvre-sol

Par

Robert MALLET

illustré par LOPPE

DARGAUD
EDITEUR

12, rue Blaise-Pascal — 92201 Neuilly-sur-Seine

Dépôt légal, 2e trimestre 1980 N° P 9460
ISBN 2-205-01724-1

Imprimé en France par offset-Aubin à Poitiers

307 Benjamin-Hudon St-Laurent Montréal P.Q. H4N1J1.

Dépôt légal à Québec Dépôt légal à Ottawa, 2e trimestre 1980
ISBN 2-205-01745-4

PRESSE IMPORT — LEO BRUNELLE INC. 307 Benjamin Hudon
St-Laurent Montréal — P.Q. H4N 1J1.
DISTRIBUTEUR EXCLUSIF LICENCIÉ.

TABLE DES MATIÈRES

BIBLIOGRAPHIE ET REMERCIEMENTS

– *Ground-Cover and other Ways to weed-free Gardens,* Frederick A. Boddy.

– *Plants for Ground-Cover,* Graham Stuart Thomas. London J. M. Dent & Sons Ltd.

– *Landscape design with plants,* Brian Clouston, Heinemann, London.

– *Encyclopédie des Fleurs et Plantes de Jardin,* Sélection du Reader's Digest.

– *Pelouses et Plantes couvre-sol,* James Underwood Crockett, *Time-Life International* (Neederland) B.V.

– *Cahiers d'Écologie appliquée au milieu urbain,* n° 7, janvier 1979, EPAD., Paris, La Défense.

– Johannes Itten, *Art de la couleur,* Dessain et Tolra.

– René Huyghe, *Formes et forces,* Flammarion.

Catalogues :

– *Hillier's manual of Trees & Shrubs,* Hillier Nurseries (Winchester) Ltd.

– *Plantes tapissantes,* Aux Plantations Modernes, 182, rue du Faubourg-Saint-Denis, 75010 Paris.

– *Collection 80,* I. Wolkonsky, Pépinières de Kerdalo, 22220 en Trédarzec.

– *Plantes vivaces,* Établissements horticoles Emmanuel Lepage, 16, rue E. Delacroix, 49 000 Angers.

– *Choix de plantes rustiques pour l'amateur et le collectionneur,* Centre d'Art floral des Moutiers, 76119 Varengeville-sur-Mer.

– *Bulbes,* F. Despalles, 76, boulevard Saint-Germain, 75005 Paris.

La plupart des plantes décrites ont pu être observées ou essayées, entre autres, dans les parcs suivants :

– *Le Vasterival,* 76119 Varengeville-sur-Mer (Princesse G. Sturdza).

– *Le Parc Floral des Moutiers,* 76119 Varengeville-sur-Mer (Famille Mallet).

– *Arboretum de Kalmthout,* Kalmthout, Belgique (M. et Mme de Belder).

– *Jardin Hoche-Courcelles,* 3, avenue Hoche, Paris (Banque N.S.M.).

– *Jardin Botanique* de Tübbingen. (Dr Fletcher).

Pour les autres jardins en France, vous avez intérêt à consulter :

– *Le Guide des Jardins de France 1979,* Ed. Princesse, disponible à :
L'Association des Parcs Botaniques de France, 15 bis, rue Marignan, 75008 Paris.

Nous remercions chaleureusement toutes les personnes qui ont aidé par leurs conseils, leurs critiques ou leur travail, à la rédaction de cet ouvrage : Princesse G. Sturdza, Mme Stéphane Kargère, Dr Fletcher, Ariane Mallet.

CET ouvrage, consacré aux plantes « couvre-sol », devrait apporter une certaine raison d'espérer à de nombreux jardiniers amateurs tentés d'abandonner leur jardin devant les assauts répétés des mauvaises herbes. Cet espoir ne pourra toutefois se concrétiser sans que soient suivies avec soin quelques règles strictes de plantation et de premier entretien.

Les plantes « couvre-sol » peuvent se définir comme des plantes qui, par l'abondance de leurs racines ou de leur feuillage, ne laissent pas de place ou de jour suffisant aux mauvaises herbes pour pousser. Le sujet éveille cependant de vives discussions entre spécialistes. Certains bannissent les plantes à feuilles caduques (celles qui perdent leurs feuilles en automne) et n'admettent que les plantes à feuillage persistant (celles qui les gardent toute l'année). D'autres excluent les plantes supérieures à un mètre de hauteur. Nous nous en tiendrons, quant à nous, à la définition donnée ci-dessus, en rejetant objectivement les plantes qui n'y répondent pas.

Deux catégories de plantes « couvre-sol » apparaissent à l'analyse :

— celles dont le caractère envahissant convient pour de grandes surfaces, bordées de frontières infranchissables et plantées surtout de grands arbres ou de forts arbustes ;

— celles dont le développement moins redoutable convient aux plates-bandes en association avec d'autres végétaux de vigueur égale ou supérieure.

Cette constatation conduit l'amateur à choisir entre deux formules de jardinage :

— plantation extensive d'un petit nombre d'espèces à faible entretien, mais exclusives d'autre culture ;

— composition végétale variée et ouverte au changement avec toutes les joies que cette activité jamais achevée peut comporter.

Sur le plan économique les deux possibilités se valent si l'on s'en tient aux investissements, et se comparent avec avantage à la solution de la pelouse tondue, quant au coût de l'entretien.

Parfois l'alternative est plutôt entre l'entretien d'une terre nue (roseraie classique par exemple) et la mise en place d'un réseau de plantes « couvre-sol » comportant quelques rosiers buissons.

Dans certaines situations enfin, les plantes couvre-sol sont souvent le seul recours : pentes abruptes, terrains rocailleux, marais inaccessibles, talus, fortes pentes, pieds des grands arbres, jardinières en terrasse.

Le très grand choix de végétaux disponibles, tant en grandes surfaces qu'en plates-bandes plus modestes, permet heureusement d'imaginer et de réaliser toutes sortes de combinaisons plaisantes. La difficulté est de choisir, compte tenu des contraintes du sol, du climat et des caractéristiques de chaque plante. Ce guide va vous aider. Il vous donne, de surcroît, un bon nombre d'associations végétales réussies pour chaque plante décrite. De scène harmonieuse en scène harmonieuse, vous pourrez donc créer vous-même votre décor. Piqué au jeu, peut-être vous mettrez-vous à imaginer et à expérimenter. Pourquoi se limiter à l'art des bouquets ? Il y a tant de joie à créer des rapprochements heureux dans un jardin.

Puisse cet ouvrage encourager les horticulteurs français à produire un plus grand nombre de plantes couvre-sol et puissent les architectes paysagistes tirer parti de cette diversification pour nous offrir des paysages délassants et variés.

le choix d'une plante couvre-sol

Une fois que le jardinier amateur a déterminé le mode de jardinage qui lui convient en fonction de son emploi du temps, de ses moyens et de ses forces, il se prépare à choisir les plantes qui devraient se plaire le mieux dans son jardin. Il doit prendre en compte plusieurs données.

La nature du sol

LA détermination de la nature acide ou calcaire de votre sol est capitale. Elle doit se faire par analyse à la jardinerie la plus proche. Si votre jardin se trouve dans le Pays de Caux, la plus grande probabilité est que votre sol soit calcaire !... (Caux = chaux.) Les sols acides se trouvent plus fréquemment dans les zones montagneuses anciennes du Massif central, de la Bretagne par exemple, là où pousse naturellement la bruyère, d'où l'expression « terre de bruyère », acide par excellence. Le taux d'acidité d'un sol peut être modifié, mais il vaut mieux choisir des plantes adaptées à son sol que de dépenser des fortunes pour le changer radicalement.

Une seconde observation aussi très importante, concerne le degré d'humidité du sol (sec, humide, inondé), et cela selon les saisons.

Enfin, la composition du sol est aussi à prendre en compte (terre glaise, terre potagère déjà travaillée, terre sableuse, rocher, terre pauvre ou riche en humus). Humidité et composition peuvent toutefois être modifiées par irrigation, drainage, amendements.

Le climat

Dès les premières visites au futur jardin, il faut noter les endroits ensoleillés et ceux qui, au contraire, sont à l'ombre en partie ou toute la journée. Si une pelouse a été semée, là où l'herbe lève en premier se trouvent les meilleurs emplacements. Se renseigner sur les écarts de température observés dans la région, sur les vents dominants, les pollutions locales de l'eau ou de l'air, les embruns marins. Des modifications peuvent être apportées dans certains cas, par des élagages prudents (soleil et vent ont quelquefois la même orientation), par l'élévation de brise-vent ou par des plantations apportant ombre ou protection contre le froid.

(Voir pages 16 à 20 et 52 à 55 comment se servir des tableaux synoptiques en fonction des données réunies ci-dessus.)

Il semble utile de donner ici quelques conseils relatifs au dessin des plates-bandes, au choix des couleurs et des formes des plantes couvre-sol.

Le dessin

Le dessin de la plate-bande dépend surtout de l'environnement : classique ou informel. Dans le premier cas, les espaces plantés sont délimités par des éléments architecturés relevant de la pure géométrie. Le respect des proportions est alors la clé du succès. Dans le deuxième cas, les lignes courbes se laissent déborder par la végétation laissée presque à elle-même. Le dessin se réduit alors à des repères utiles pour guider le promeneur et ménager sa tranquillité d'esprit.

Les lignes des zones plantées peuvent être dessinées à l'aide d'un tuyau d'arrosage que l'on déplace jusqu'à obtenir un dessin satisfaisant, aussitôt fixé par un piquetage approprié. Ce dessin minimum, si important dans un jardin informel, se conçoit le mieux dans la pénombre ou encore à la lumière tamisée de la lune quand seul le contour des masses l'emporte sur les détails.

Souvenez-vous qu'une plate-bande de plantes couvre-sol se présentera toujours mieux devant un fond de feuillage persistant taillé en haie ou non (ifs, houx, chênes-verts, elaeagnus, osmanthus, buis, etc.).

Également, un jardin, même informel, peut gagner en classicisme par l'utilisation de végétaux à port dressé (vertical) ou étalé (horizontal). C'est le cas des cyprès, des hêtres à forme de colonne d'une part, ou des haies taillées diverses d'autre part.

Pour allonger les perspectives, placez au premier plan des plantes à feuillage clair et large, de couleur forte et de la gamme jaune (voir paragraphe suivant sur la couleur). Installez à l'arrière-plan des plantes à feuillage sombre et fin, de couleurs éteintes et bleutées. D'innombrables possibilités vous sont offertes.

Lorsqu'un jardin est vu d'en haut (H.L.M., grands immeubles), il faut parfois diminuer l'impression de vertige et chercher à réduire la distance. Procédez par larges à-plats de couleur : clair et dans la gamme jaune avec des points d'ancrage plus sombres.

Couleur et forme

Nous vous conseillons de choisir d'abord les plus gros sujets : arbres, arbustes (le plus possible à feuillage persistant), puis de composer les bordures de la plate-bande, comme pour un puzzle, en retenant des plantes basses contrastées en couleur, valeur, texture et forme. Sélectionnez enfin les plantes de taille intermédiaire, comme transition la plus nuancée possible entre la bordure et les grands sujets.

Dans la recherche des contrastes, on constate que les nuances procurent une atmosphère paisible. Les teintes trop agressives se marient difficilement avec d'autres teintes et ces querelles de ménage sont fatigantes à la longue. Ceci n'exclut pas cependant les teintes fortes, éloquentes, mais pas « tape-à-l'œil ». Conservez les plantes les plus typées pour accentuer une perspective, marquer un accès, pour le dessin en général.

Les végétaux peuvent se répartir en deux gammes de couleur : la gamme jaune et la gamme bleue. Ainsi les couleurs verte et rouge peuvent-elles se répartir entre les vert-bleu et les vert-jaune, les rouge-bleu et les rouge-jaune ou orangé.

Évitez les mariages entre les deux gammes, à moins que cela ne soit dans les teintes pastel très douces ou que les masses bleues l'emportent de loin sur les éléments jaunes. Dans les régions peu ensoleillées, où les ombres bleutées dominent, les couleurs moins vives sont favorisées. Les moindres nuances ressortent (contraste chaud-froid ou « simultané »). Dans les régions très ensoleillées au contraire, il faut les couleurs plus vives de la gamme jaune. Le bleu très foncé est alors le bienvenu pour reposer la vue lorsqu'il n'est pas déjà fourni par la nature (ciel ou mer).

Certains cultivars (issus du mariage entre deux espèces) ont en eux-mêmes des couleurs provenant des deux gammes. On obtient alors des couleurs « fausses » difficiles à placer.

Les photos illustrant cet ouvrage traduisent, dans la mesure du possible, les observations réunies ici sans prétention, car des goûts et des couleurs...

Mais si une composition est cohérente et harmonieuse, elle tend à devenir œuvre d'art en donnant à chaque plante l'occasion d'exprimer son message. C'est dans ce sens que Shakespeare a pu dire « Cet art ne modifie ni ne change la nature, c'est la nature elle-même. »

plantation et entretien

La condition n° 1 pour établir un jardin de plantes couvre-sol est d'obtenir au préalable un sol propre *et de maintenir celui-ci dans cet état jusqu'au moment où les végétaux mis en place se rejoignent entre eux.*

Nettoyage et préparation du sol

Quatre cas peuvent se présenter :

1er cas

CES deux opérations sont réalisées simultanément par des moyens manuels ou mécaniques. C'est le cas du labourage classique, du bêchage d'une terre potagère ou encore du creusement plus prononcé d'une surface avec passage au crible de toute la terre enlevée. Les amendements nécessaires (apports de tourbe, sable, engrais, fumier) sont réalisés en même temps. Un finissage à la herse ou à la fraiseuse permet d'obtenir une surface lisse et meuble. Cette méthode classique peut effrayer les débutants par les moyens qu'elle met en œuvre. En travaillant des petites surfaces à la fois, elle reste pourtant à la portée de tous. Il est parfois possible aussi de louer le matériel nécessaire.

2e cas

La plate-bande est créée en surélévation sur une couche de plastique noir ou lors de remaniement de terrains, consécutif à des constructions nouvelles. De même, en terrasse, bacs et jardinières sont constitués de terre neuve apportée. Pour autant que celle-ci soit propre, de bonne qualité et de profondeur suffisante, que les amendements nécessaires aient été prévus, le travail de préparation se trouve simplifié, sinon moins coûteux.

3e cas : méthode biologique

La couche d'herbe superficielle est découpée à la bêche sur toute la surface à aménager. La meilleure époque, pour ce faire, est le début d'automne. Les plaques d'herbes enracinées sont empilées à l'écart, où elles fourniront plus tard un excellent terreau. Ensuite défoncez le sol dénudé sur une profondeur variable selon la hauteur des plantations à réaliser (plantes tapissantes : 20 cm, coussins bas : 40 cm, arbustes : 60 cm, grands arbustes : faites un trou de 80 cm pour chaque sujet).
Le plus souvent il est possible de conserver les 20 ou 30 cm de sol meuble en surface, quitte à les mélanger avec du sable ou de la tourbe. Il faut éliminer cependant la terre profonde souvent impropre à la culture. Vérifiez le drainage du sol et voyez si les trous se vident. Ce travail d'ameublissement une fois terminé, appliquez en surface une couche de fumier de vache recouvert d'une couche de feuilles mortes et d'un peu de terreau propre ou d'écorce de pin

broyée (moins chers que la tourbe), pour empêcher les feuilles de s'envoler. Pendant tout l'hiver, les vers de terre vont aller chercher la matière nutritive en surface pour l'enfouir en profondeur, réalisant ainsi un bêchage naturel. Prévoyez toutefois un dispositif pour effrayer les oiseaux attirés par les vers de terre.

4e cas : méthode chimique

Couplée avec la méthode précédente, l'utilisation de désherbants, agissant seulement sur les feuilles des mauvaises herbes, sans laisser de trace dans le sol (produits à base de paraquat, diquat), permet de nettoyer un sol en plusieurs applications, avant les apports de fumier de feuilles et de terreau. De plus, elle évite d'enlever la couche supérieure du sol. Ceci rend moins efficace toutefois l'action des vers de terre. Par ailleurs, les désherbants comme « Priglone » ou « Gramoxone », même s'ils permettent des plantations deux jours après leur application, présentent un danger réel pour l'homme au moment de leur application. Les plus grandes précautions doivent être prises, en respectant à la lettre les instructions du fabricant.

Quelle que soit la méthode utilisée, la création d'une plate-bande de couvre-sol demande une année, entre le moment où le sol est défoncé (septembre) et celui où toutes les plantations sont réalisées, l'automne suivant. Le jardinier patient sera largement récompensé de ses efforts par une pousse plus vigoureuse et une couverture du sol plus rapide.

Les mauvaises herbes coriaces

Chardon *(Cirsium arvense).*

Coupez au ras du sol tous les plants et brûlez-les. A défaut d'un bêchage soigneux pour éliminer les racines, traitez les jeunes semis avec un produit à base de paraquat/diquat.

Chiendent *(Agropyron repens)*

Utilisez un outil qui permette de suivre la racine (tuyau d'aluminium aplati à une extrémité et fermé à l'autre bout par un bouchon de cidre par exemple). La terre est déjà suffisamment meuble dans cette hypothèse. Dans le cas le plus courant, seul un bêchage soigneux avec une fourche-bêche qui ne coupe pas les racines, est efficace. Un traitement répété avec les désherbants déjà indiqués finit par agir. Plantez des capucines dans le sol nettoyé une première fois.

Fougères *(Pteridium aquilinum)*

Un labour profond et répété est nécessaire avec élimination soigneuse des racines. Le fauchage répété (3 étés consécutifs) des jeunes pousses, lorsqu'elles atteignent 20 à 25 cm, demande beaucoup plus de patience. Les agents chimiques sont efficaces seulement par applications suivies.

Liseron

Deux espèces sont courantes : l'une à fleurs roses et enracinement profond *(Convolvulus arvensis)*, l'autre à fleurs blanches et grosses racines blanches facilement reconnaissables *(Calystegia sepium)*. Cette dernière peut être éradiquée à la fourche-bêche. Pour la première, si la plante peut être détachée de son support sans trop de difficulté, étendez-la au sol sur un plastique, vaporisez sur les feuilles un produit à base de 2.4-D ou de MCPA, et cela au moment de la floraison. Sinon supprimez le support en hiver et traitez le liseron à même le sol au printemps suivant. C'est le moyen le plus expéditif. Si aucune des méthodes ne convient, dégagez au moins la tête du liseron sur 20 à 30 cm et plongez celle-ci dans un récipient rempli d'herbicide, puis enfermez-la dans un sac en plastique pour éviter les projections sur les autres plantes.

Ortie *(Urtica dioica)*

Après le fauchage, traitez les pousses nouvelles au « Priglone » ou « Gramoxone ». Traitez autant de fois que nécessaire (repousses). Arrachez par bêchage à la fourche-bêche pour les petites surfaces.

Ronce *(Rubus fruticosus)*

L'enlèvement manuel soigneux est la seule méthode sûre. Chaque pied doit être enlevé. Puis brûlez. Si le roncier atteint des hauteurs élevées, débroussaillez et brûlez avant d'arracher.

Maintien du sol propre

Avant les plantations

Une fois le sol nettoyé, il convient, avant de procéder aux plantations, de s'assurer que les graines d'herbes annuelles en surface et éventuellement les racines de mauvaises herbes enfouies plus profondément, ne vont pas reprendre vie et envahir la plate-bande. Dans ce moment critique il est « urgent d'attendre ». Dès que les jeunes pousses de mauvaises herbes apparaissent, supprimez-les, soit par simple grattage en surface par temps ensoleillé, soit par traitement chimique. Les plantations peuvent être entreprises très rapidement après.

Plantations intérimaires

Dans certains cas, pour obtenir un sol encore plus exempt de mauvaises herbes, des plantations intérimaires peuvent être effectuées pendant un an. Elles ont le mérite parfois d'apporter à la terre des éléments nutritifs qui lui manquent. Ce peut être des plantes annuelles (capucine), ou des plantes fourragères ou des légumes (pomme de terre, poireau, haricot vert, trèfle, navet fourrager, lupin fourrager).

Après les plantations

C'est la période la plus délicate et la plus difficile à réussir.
Laissez la moindre racine de chiendent et la plate-bande retournera sous peu à l'état sauvage. Il faudra tout recommencer. Plusieurs techniques peuvent faciliter l'entretien après les plantations.

Maintien de la terre meuble. Ceci est particulièrement important dans une terre glaiseuse. Les apports de sable et de tourbe effectués à l'origine, peuvent se poursuivre : sable une année, tourbe la suivante. En aucun cas le sol ne doit être piétiné. S'il l'était par exception, un griffage doit rendre à la terre sa souplesse. A ces conditions la moindre mauvaise herbe s'enlève entre le pouce et l'index !... Il suffit de surveiller les éventuelles intruses.

Maintien de la terre humide. Pour les mêmes raisons de facilité d'arrachage, un certain degré d'humidité doit être assuré, notamment grâce à la technique du « mulch ».
Le « mulch » est une couche de matière végétale en décomposition, de 5 à 10 cm d'épaisseur. Disposée entre les plantes, elle crée une barrière à l'évaporation. L'arrosage, lorsqu'il est nécessaire, s'effectue jusqu'à plus soif avant la mise en place du « mulch ». Cette opération terminée, la plate-bande peut rester beaucoup plus longtemps sans arrosage.
Cette technique permet de gagner un temps appréciable par rapport à la méthode habituelle de l'arrosage en pluie fine. Ce « mulch » peut être réalisé avec du terreau de feuilles ou de paille à demi décomposées, avec des fougères ramassées en fin d'automne, des aiguilles de pin ou l'écorce de pin broyée, en épaisseur suffisante (plus économique que la tourbe). Un « mulch » peut être constitué de galets marins au pied de grands arbres. Dans quelques pays chauds un mulch à base de graviers blancs est utilisé, mais pour combattre la chaleur c'est aussi sur l'épaisseur du mulch que l'on peut jouer.

Protection par un film plastique. Un mulch artificiel peut être constitué par un film de plastique noir, dans lequel des interstices sont ménagés pour permettre les plantations. Une légère couche de terreau propre, de tourbe ou d'écorce de pin broyée cache la vue du plastique aux personnes qui pourraient s'en offusquer. Les mauvaises herbes ne peuvent absolument pas pousser. Le sol ne doit présenter aucune aspérité et être parfaitement nivelé pour éviter les poches d'eau. L'effet d'isolation thermique bénéfique du mulch en hiver peut cependant, dans le cas du plastique noir, être contrebalancé par un échauffement trop grand en été, requérant une protection particulière contre le soleil ou une irrigation plus importante. Contrairement au mulch naturel, il n'est pas possible de retirer le plastique entre chaque arrosage et le marcottage des plantes tapissantes se trouve supprimé.

Moyens chimiques. Leur application est loin d'être aisée, pour ne pas dire impossible, une fois les plantations faites. Seule l'utilisation d'un cornet protecteur peut rendre possible, dans les cas d'invasion importante, une intervention de cet ordre. N'oubliez pas cependant qu'un griffage par temps ensoleillé peut être tout aussi efficace et rapide, s'il s'agit d'herbes annuelles. Dans le cas contraire (chardon, chiendent, ortie) il vaut mieux, si la saison s'y prête, enlever les plantes, traiter une ou plusieurs fois à nouveau (Priglone, Gramoxone) et remettre ensuite tout en place.

Problème de la distance de plantation. Plus les plantations seront serrées, plus les plantes couvre-sol se rejoindront vite et plus la période de surveillance et d'entretien sera courte. Seul inconvénient, celui du coût (achat des plantes). Mais, à tout prendre, mieux vaut échapper aux mauvaises herbes qui constituent le plus grand péril, quitte à desserrer ensuite les plantations, à réutiliser les plantes ainsi obtenues dans une autre partie du jardin, à les échanger ou encore à les donner, sans oublier que des remplacements sont parfois nécessaires.

Autre possibilité pour diminuer le coût : achetez des jeunes plants et installez-les un an dans la tourbe pure, sur un plastique, dans un coin du jardin. On gagne ainsi une année de croissance en dehors des mauvaises herbes. Veillez alors à un arrosage approprié.

Lorsque deux espèces plantées côte à côte ont des étalements différents, (E_1) et (E_2), la distance de plantation est donnée par la formule :

$$D = \frac{E_1 + E_2}{2}.$$

Dates de plantation

En règle générale, plantez les arbustes à feuilles caduques plutôt en automne, et ceux à feuilles persistantes plutôt au printemps.

Plantez plutôt les plantes herbacées au printemps après les derniers gels.

Les bulbes par contre se plantent souvent en fin d'automne.

Fougères et conifères souffrent moins de l'hiver si on les installe en début de printemps ; de même les plantes grimpantes.

Toutes les plantations de printemps, y compris les plantes en conteneurs, doivent être surveillées en cas de sécheresse et notamment les conifères que l'on doit « bassiner ».

nomenclature

Nous avons choisi de scinder les plantes couvre-sol en deux parties : d'abord les espèces et cultivars pour couvrir des massifs de grande surface (GS), ensuite celles destinées à la création de plates-bandes (PB).
Dans la description de chaque plante, plusieurs abréviations apparaissent. Voici leurs significations.
D : distance de plantation
E : étalement atteint par la plante
H : hauteur moyenne de la fleur, du feuillage ou des fruits

Utilisation des tableaux synoptiques

MODE D'EMPLOI
1. Déterminez si vous désirez une plante pour grande surface ou pour plate-bande et reportez-vous au tableau correspondant.

2. Déterminez la taille de la plante que vous cherchez : moins de 30 cm, de 30 cm à 1 m, plus de 1 m, et reportez-vous à la colonne correspondante.

3. Selon que votre sol est calcaire ou acide, recherchez dans les paragraphes « Tout Terrain », « Acide seulement » ou « Calcaire seulement », les plantes qui correspondent à votre degré d'ensoleillement.

4. Une distinction supplémentaire vous est offerte selon que vous désirez une plante à feuillage caduc ou persistant à l'intérieur des paragraphes différenciés par la nature du sol. Exemple : pour une situation en grande surface les plantes de moins de 30 cm de hauteur convenant à un sol acide et au soleil sont :
— Feuillage caduc : *Coronilla varia.*
— Feuillage persistant : *Arctostaphyllos nevadensis* ou *uva-ursi.*

5. Remarquez les symboles indiqués dans la marge concernant certaines caractéristiques, exigences ou particularités d'entretien.

6. Reportez-vous à la liste alphabétique. Vous y trouverez d'un seul coup d'œil la hauteur et la couleur de la fleur, du feuillage et des fruits, ainsi que les saisons s'y rapportant.

7. Consultez une bonne encyclopédie des plantes pour avoir une photo détaillée.

Nota
1. Une plante pour sol calcaire convient en général à un sol acide ; elle est donc « Tout Terrain », alors qu'une plante pour sol acide convient rarement à un sol calcaire.
2. Pour les bruyères, se reporter au Guide Rustica *La Bruyère*, par B. de La Rochefoucauld.
3. Quelques plantes présentées sont peu courantes, mais plusieurs pépiniéristes cités au début de cet ouvrage s'attachent à renouveler leur catalogue.

ABRÉVIATIONS

↔ *invasif;* × *entretien particulier;* ∼ *croissance lente;* Ƶ *couvre-sol imparfait;* ⌗ *gélif;* □ *sol drainé;* ○ *sol humide;* ∴ *sol sec.*
A : *arbuste;* B : *buisson;* Bb : *bambou;* Bu : *bulbe;* C : *conifère;* F : *fougère;* G : *graminée;* H : *herbacée;* K : *plante grimpante;* aut. : *automne;* cvs. : *cultivars;* GS : *grande surface;* PB : *plate-bande.*

Tableau grande surface

Moins de 30 cm		
TOUT TERRAIN		
Feuillage caduc		
Soleil ☼	**H**	*Acaena buchanani* 'Blue Haze' □
	H	*Acaena microphylla* 'Kupferteppich' □
	H	*Acaena novae-zelandia* 'Crispa' □
	H	*Cerastium tomentosum* ↔ × □
	H	*Nepeta* X *faassenii* × □
Soleil/mi-ombre ☼ ◐	**H**	*Ceratostigma plumbaginoides* × □
Soleil/ombre ☼ ●	**H**	*Astilbe pumila* ○
	H	*Epimedium pinnatum* ×
	H	*Geranium endressii* 'Claridge Druce' □ ○
	H	*Geranium macorrhizum* 'Album', *renardii* □ ○
	H	*Geranium sanguineum* 'Album' □ ○
	H	*Vancouveria hexandra, planipetala*
Mi-ombre/ombre ◐ ●	**H**	*Polygonum affine, affine* 'Donald Lowndes' ○
Feuillage persistant		
Soleil ☼	**H**	*Dianthus deltoides* □
	A	*Helianthemum nummularium,* 'Wisley Primrose' □
	A	*Helianthemum* 'Ben Fhada', 'Rhodanthe Carneum' □
Soleil/mi-ombre ☼ ◐	**H**	*Ajuga reptans* 'Atropurpurea'
	H	*Thymus* X *citriodorus* 'Silverqueen' □ ∴
	H	*Thymus serpyllum* 'Albus', *vulgaris* □ ∴
Soleil/ombre ☼ ●	**H**	*Bergenia cordifolia* 'Purpurea', *crassifolia*
	H	*Bergenia* 'Sunningdale'
	A	*Cotoneaster damneri,* 'Repens', 'Skogholm'

Plate-bande fleurie

Acer palmatum ' Dissectum ' *Polysticum* var. ' Cambricum '

Agapanthus

Ajuga ' Atropurpurea ', *Anthemis cupaniana*

	H	*Duchesnea indica* ↔
	A	X *Fatshedera lizei* □
	K	*Hedera Helix,* ' Glacier ' #
	A	*Rubus tricolor*
	H	*Viola labradorica* ∴
	H	*Waldsteinia ternata* □
Mi-ombre/ombre ◐ ●	H	*Ajuga reptans, reptans* ' Variegata ' ○
	H	*Ajuga reptans* ' Multicolor ' ○
	K	*Hedera colchica* ' Dentata ' ○
	H	*Lamium gabdeolon* ' Variegatum ' ↔ ≩
	H	*Lamium maculatum* ' Roseum ' ↔
	H	*Saxifraga trifurcata, umbrosa* ≩ □
	H	*Tiarella cordifolia, trifoliata,* □ *wherryi* □ ○
	A	*Vinca major hirsuta* ↔ □
	H	*Viola cornuta, cornuta* ' Alba ', *cornuta* ' Lilacina '
ACIDE SEULEMENT		
Feuillage caduc		
Soleil ☼	H	*Coronilla varia* ↔
Soleil/mi-ombre ☼ ◐	A	*Cornus canadensis*
Feuillage persistant		
Soleil/mi-ombre ☼ ◐	A	*Arctostaphyllos nevadensis, uva-ursi*
Mi-ombre/ombre ◐ ●	A	*Pachysandra terminalis*
Ombre ●	A	*Gaultheria miqueliana, procumbens*
Entre 30 cm et 1 m		
TOUT TERRAIN		
Feuillage caduc		
Soleil ☼	H	*Rheum palmatum, palmatum* ' Atrosanguineum ' ○
	A	*Rosa* ' Max Graf ', 'Yesterday', *rugosa* ' Repens Alba × □
	A	*Rosa virginiana* ' Harvest Fire ', *wichuraiana* × □
Soleil/mi-ombre ☼ ◐	H	*Alchemilla mollis, conjuncta* ↔
	H	*Anemone tomentosa* ○
	H	*Geranium ibericum* ' Johnson's Blue '
	H	*Geranium psilostemon (armenum)*
	K	*Kniphofia uvaria, uvaria* ' Bee's Lemon ' □
	H	*Lysimachia nummularia* ' Aurea ', *punctata* ↔
	H	*Polygonum amplexicaule atrosanguineum* ↔
	H	*Polygonum bistorta* ' Superbum ', *campanulatum*

	H	*Polygonum cuspidatum* var. *compactum (reynoutria)*
	H	*Rodgersia aesculifolia, pinnata* ' Superba ' ≠ ○
	A	*Salix sachalinensis* ' Sekka ' ○
	H	*Salvia officinalis* ' Purpurascens ' □
	H	*Salvia* X *superba (virgata nemerosa)* × □
	A	*Spiraea* X *vanhouttei, thunbergii* ×
	A	*Stephanandra incisa* ' Crispa '
	A	*Symphoricarpos* X *chenaultii* ' Hancock '
Mi-ombre/ombre ◐ ●	H	*Hemerocalle fulva* ' Kwanso Plena ' ×
	F	*Matteucia struthiopteris* ◀▶ ○
Feuillage persistant		
Soleil ☼	A	*Lavandula spica* ' Hidcote ', ' Dutch ' ×
	A	*Rosmarinus officinalis, officinalis* ' Prostratus ' ⧣ □
	A	*Santolina chamæcyparissus* × □
	A	*Yucca recurvifolia* □
Soleil/mi-ombre ☼ ◐	Bb	*Arundinaria japonica* ◀▶
	A	*Berberis candidula* ' Parkjuweel '
	A	*Berberis* X *stenophylla* ' Prostrata '
	A	*Cotoneaster conspicuus* ' Decorus '
	H	*Iris pseudacorus, sibirica* ≠ ○
	A	*Jasminum nudiflorum*
	A	*Senecio* ' Sunshine ' ⧣ × □
	A	*Viburnum davidii*
Soleil/ombre ☼ ●	A	*Euonymus fortunei* et cvs
	H	*Iris foetidissima, foetidissima citrina*
	H	*Iris innominata, ochroleuca*
	A	*Lonicera pileata*
	H	*Tellima grandiflora, grandiflora* ' Purpurea ' ○
Mi-ombre/ombre ◐ ●	A	*Mahonia aquifolium* ' Atropurpurea ', *repens* ×
	A	*Ruscus aculeatus, hypoglossum*
	A	*Sarcoccoca hookerana* ' Purple Stem ', *ruscifolia*
	Bb	*Sasa palmata, veitchii* ◀▶
ACIDE SEULEMENT		
Feuillage persistant		
Mi-ombre/ombre ◐ ●	A	*Gaulnettya Wisleyensis* ' Ruby '
	A	*Gaultheria shallon* ◀▶

Acaena (Bardane de Nouvelle-Zélande)

Culture : aime un sol bien drainé, sec et au soleil. Envahissant, utile pour rocailles, joints de dallage.
A. n.z. ' Crispa ' est plus fragile que les deux autres espèces qui supportent un peu d'ombre.

buchanani ' Blue Haze ' (Nouvelle-Zélande)
Feuillage : caduc, gris-bleu/fin. H. : 8 cm. D/E : 30 cm/60 cm. Tapissant.
Fruit : juillet-septembre, boule pointue ambrée. H : 10 cm.

Association : *Crocus speciosus* entre autres bulbes, dont quelques iris.

microphylla ' Kupferteppich ' (Nouvelle-Zélande)

Feuillage : caduc, jaune-vert/fin, puis cuivre. H : 5 cm. D/E : 25 cm/50 cm. Tapissant.
Fruit : juillet-septembre, rose pourpre. H : 7 cm.

Association : *Corydalis cheilanthifolia, Pinus mugho* ' Mops ' et autres conifères nains.

novae-zelandia ' Crispa ' (Nouvelle-Zélande)
Feuillage : caduc, vert/moins fin. H : 10 cm. D/E : 45 cm/90 cm. Tapissant.
Fruit : août-septembre, rougeâtre. H : 12 cm.

Association : *Pinus densiflora umbraculifera, Blechnum, Lamium* ' Album '.

Ajuga (Bugle)

Culture : planter en sol riche ou pauvre mais humide, plutôt ombragé, sauf les cultivars ' Atropurpurea ' et ' Rubra ' qui se colorent mieux au soleil. Dans les régions froides les feuilles peuvent disparaître en hiver. Les cultivars ' Variegata ' et ' Multicolor ', sans être beaux, surprennent. Indiqués pour talus ouest ou nord.

reptans (Europe)
Fleur : mai-juin, bleu. H : 15 cm. D/E : 25 cm/45 cm.
Feuillage : persistant, vert. H : 5 cm. Tapissant.

Association : fougères *(Athyrium, Dryopteris).*

Alchemilla (Alchemille)

Culture : très facile, placer au soleil ou à mi-ombre, sauf terre inondée. Se resème abondamment. Excellent bouche-trou autour d'une pièce d'eau ou dans un jardin sauvage. Couper début août. *A. conjuncta* est une espèce également utile.

mollis (Asie mineure)
Fleur : juillet-août, jaune-vert. H : 60 cm. D/E : 40 cm/60 cm.
Feuillage : caduc, vert-jaune. H : 40 cm. Touffes.

Association : *Cornus controversa variegata, Helleborus corsica, Euphorbia,* hosta panaché doré, iris panaché.

Anemone (Anémone tomenteuse)

Culture : placer au soleil ou mi-ombre, sol glaiseux de préférence.

tomentosa (Tibet)
Fleur : août-septembre, rose-mauve. H. : 60 cm. D/E : 60/90 cm.
Feuillage : caduc, vert clair/mat découpé. H : 40 cm. Tapissant.

Association : fougère *(Matteucia), Acanthus mollis, Sambucus ebulus.*

Arctostaphyllos (Busserole)

Culture : planter en terre acide tourbeuse, au soleil en situation légèrement ombragée.

nevadensis (Californie, Orégon)
Fleur : avril-mai, grappes blanches. H : 25 cm. D/E : 50 cm/2 m.
Feuillage : persistant, gris. H. : 25 cm. Tapissant.
Fruit : juin, rouge. H. : 25 cm.

uva-ursi (Amérique du Nord)
Fleur : avril-mai, grappes roses. H : 15 cm. D/E : 40 cm/1,20 m.
Feuillage : persistant, vert foncé. H : 15 cm. Tapissant.
Fruit : juin, rouge. H : 15 cm

Association : *Vaccinium vitis-idaea, Gaultheria procumbens, Skimmia, Pieris, Arbutus.*

Arundinaria (Bambou)

Culture : les bambous sont très envahissants. Planter en avril dans un sol frais.

japonica (Japon)
Feuillage : persistant, vert, horizontal. H. : 3 m. D/E : 1 m/80 cm. Touffes serrées.

Astilbe (Astilbe)

Culture : supporte bien l'ensoleillement, sol frais.

pumila *(chinensis pumila)* (Chine)
Fleur : juin-juillet, mauve. H : 30 cm. D/E : 15 cm/30 cm.
Feuillage : caduc, vert. H : 20 cm. Touffes serrées.

Association : *Rosa* ' Blossomtime ', *Ceratostigma willmotianum* ou *plumbagoides.*

Berberis (Epine-vinette)

Culture : très facile. Plus florifère au soleil. Croissance lente. Piquants parfois utiles pour décourager le piétinement, cependant arbustes difficiles à nettoyer lorsqu'ils sont envahis par les papiers divers dans les jardins de ville.

candidula (Hupeh occidental Chine)
Fleur : mai-juin, jaune pâle. H : 60 cm. D/E : 25 cm/1 m.
Feuillage : persistant, vert foncé, petit. H : 60 cm. Buisson.
Fruit : septembre, noir bleuté, oval.

' Parkjuweel '
Feuillage : semi-persistant, riches couleurs d'automne. H : 1 m.
D/E : 25 cm/1 m. Buisson. Cultivar.

stenophyila ' Prostrata '
Fleur : mai-juin, orange. H : 45 cm. D/E : 30 cm/90 cm.
Feuillage : persistant, vert foncé, petit. H : 45 cm. Tapis. Cultivar.

Association : *Viburnum davidii, Spiraea thunbergii.*

Bergenia (Bergénia)

Culture : planter en tout sol, sauf terre inondée, au soleil ou à l'ombre. Mettre de l'engrais en surface pour favoriser le développement des racines latérales.

cordifolia ' Purpurea ' (Sibérie)
Fleur : mars à mai, mauve pourpre. H : 30 cm. D/E : 30 cm/60 cm.
Feuillage : persistant, pourpre en hiver. H : 25 cm. Touffes serrées. Espèce.

crassifolia (Sibérie)
Fleur : janvier à avril (octobre), rose lilas clair. H : 30 cm. D/E : 25 cm/45 cm.
Feuillage : persistant, vert foncé, large. H : 25 cm. Touffes serrées.

Association : *Juniperus* ' Pfitzeriana ', *Anaphalis triplinervis, Galanthus nivalis.*

' Sunningdale '
Fleur : mai-juin, rose foncé. H : 25 cm. D/E : 30 cm/60 cm.
Feuillage : persistant, brun à envers rouge en hiver. H : 20 cm. Touffes serrées. Cultivar.

Association : *Helleborus orientalis* (rose de Noël).

Cerastium (Ceraiste tomenteux)

Culture : aime un sol bien drainé, au soleil, même sablonneux en exposition maritime. Nécessite un nettoyage en hiver, car mauvais aspect du feuillage. Bon marché.

tomentosum (Europe du sud-est)
Fleur : mai-juin, blanche. H : 15 cm. E : 60 cm.
Feuillage : semi-persistant, argent, dense. H : 12 cm. Tapissant.

Association : tamaris de printemps, *Mahonia aquifolium, Senecio* ' Sunshine '.

Ceratostigma (Plumbago)

Culture : situation ensoleillée et sol bien drainé conviennent à cette plante facile. Nettoyage à la fin de l'hiver.

plumbaginoides (Chine)
Fleur : septembre-octobre, bleu indigo. H : 20 cm. D/E : 20 cm/35 cm.
Feuillage : caduc, vert, rouille en automne. H : 20 cm. Touffes.

Association : bruyères, *Nepeta* X *faassenii, Rosa* ' Blossomtime ', *Salvia* X *superba.*

Cornus (Cornouiller rampant)

Culture : se plaît dans une terre tourbeuse en sous-bois. La fructification n'intervient que si l'ensoleillement est suffisant sans être excessif.

Canadensis (Amérique du Nord)
Fleur : mai à juillet, blanche étoilée. H : 10 cm. D/E : 20 cm/45 cm.
Feuillage : semi-persistant, vert clair, vire en automne. Tapissant, rhizome.
Fruit : juillet, rouge-vif. H : 10 cm.

Association : *Gaultheria procumbens,* bulbes *(Crocus, Ipheion uniflorum), Trillium sessile. Spiraea prunifolia, Cornus florida, Cornus alba* ' Westonbirt '.

Coronilla (Coronille)

Culture : convient pour de larges surfaces, sur les pentes des talus bien exposés, en solitaire, très envahissant. Bon marché.

Berberis thunbergii (*Voir p. 63*)

Cerastium tomentosum

Ceratostigma

varia (Europe)
Fleur : mai à juillet, rose lilas. H : 45 cm. D/E : 80 cm/1 m.
Feuillage : caduc, vert, fin. H : 30 cm. Invasif.

Association : dans des bacs séparés seulement *Rosa* ' Iceberg '.

Cotoneaster (Cotonéaster)

Culture : planter en tout terrain ensoleillé, excellent en milieu urbain.

conspicuus ' Decorus ' (Tibet)
Fleur : juin, blanche. H : 80 cm. D/E : 30 cm/1,50 m.
Feuillage : semi-persistant, vert foncé, luisant. H : 80 cm. Tapissant.
Fruit : octobre-février, rouge.

Association : *Lavandula* ' Dutch Lavender ', ' Hidcote ', *Cistus.*

Cotoneaster (Cotonéaster)

Culture : convient à toutes les situations, même en sol pauvre, là où la tondeuse ne peut aller (rochers, escaliers). Peut être taillé dans toutes les formes, même en contremarche. *C. dammeri* ' Radicans ' est encore plus fin et bas. *C. dammeri* ' Skogholm ' est particulièrement vigoureux.

dammeri ' Radicans ', ' Skogholm ' (Chine)
Fleur : mai, blanches. H : 10 cm. D/E : 50 cm/2 m.
Feuillage : persistant, vert clair, vire en automne. Tapis.
Fruit : octobre-novembre, rouge.

Association : *Pyracantha coccineum* ' Praecox ', bulbes *(Narcissus, Crocus),* fougères, iris, *Sarcococca nuscifolia.*

Dianthus (Œillet deltoïde)

Culture : planter au soleil dans un sol bien drainé et siliceux. Croissance rapide et épaisse. D'autres cultivars existent (' Albus ', ' Brillant ', ' Splendens '). Tailler les fleurs fanées. Bon marché.

deltoïdes ' Erectus ' (Europe)
Fleur : juin à septembre, rose pourpre vif. H : 18 cm. D/E : 25 cm/50 cm.
Feuillage : persistant, vert, compact. H : 15 cm. Tapissant.

Association : Iris,*Aquilegia* (ancolie).

Duchesnea (Fraisier de l'Inde)

Culture : planter au soleil ou en sous-bois, extrêmement envahissant. Ressemble à une fraise des bois sauvage, les fruits sont sans goût. Bon marché.

indica (Inde)
Fleur : mai à juillet, jaune. H : 10 cm. D/E : 60 cm/2,40 m.
Feuillage : persistant, vert clair. H : 10 cm. Invasif.
Fruit : juin à septembre, rouge. H : 10 cm.

Association : arbres et grands arbustes seulement, *Fothergilla, Corylus avellana* ' Contorta ' (noisetier), arbres fruitiers.

Epimedium (Epimède)

Culture : supporte le soleil, mais préfère un peu d'ombre. Pousse en milieu urbain sous couvert d'arbres. Raser en hiver.

pinnatum (Iran, Caucase)
Fleur : mai, jaune, petite. H : 30 cm. D/E : 30 cm/40 cm.
Feuillage : caduc, coloré en automne. H : 45 cm. Tapissant.

Association : *Tiarella, Tolmiea, Hedera.*

Euonymus (Fusain)

Culture : planter au soleil ou à l'ombre. Convient aux atmosphères citadines. Éviter un sol marécageux. Tous les cultivars ne portent pas de fruits.

fortunei (Japon)
Fleur : mai-juin, blanc-vert miniscules. H : 80 cm. D/E : 80 cm/1,80 m.
Feuillage : persistant, vert tendre. H : 80 cm. Buisson étalé. Espèce.
Fruit : octobre, orange et rose.

Association : *Sambucus* et cultivars (panaché et lacinié), *Ginkgo biloba pendula.*

Fatshedera (Fatshédéra)

Culture : planter en tout sol bien drainé. Convient au milieu urbain et industriel.

lizei
Fleur : octobre-novembre, blanc ivoire. H : 20 cm. D/E : 60 cm/1,20 m.
Feuillage : persistant, vert foncé/découpé. H : 15 cm. Tapissant.

Association : bambous, *Photinia robusta, Salix matsudana* ' Tortuosa '.

Gaulnettya (Gaulnettya)

Culture : planter en terre tourbeuse acide ; supporte la sécheresse.

wisleyensis ' Ruby ' (synonyme *Gaultheria* × *Pernettya*)
Fleur : mai-juin, blanche. H : 60 cm. D/E : 50 cm/60 cm.
Feuillage : persistant, vert foncé. H : 60 cm. Touffes serrées.

Fruit : octobre-novembre, rouge rubis.

Association : *Leucothoe, Gaultheria shallon, Berberis darwinii.*

Gaultheria (Palommier)

Culture : planter à l'ombre en terre tourbeuse acide. Supporte la sécheresse. *G. miqueliana* a des baies blanches ou roses.

procumbens (Amérique du Nord)
Fleur : juillet-août, blanc nacré. H : 10 cm. D/E : 20 cm/90 cm.
Feuillage : persistant, vert foncé/luisant. H : 10 cm. Tapissant, traçant.
Fruit : septembre, rouge (roux en automne. H : 10 cm.

Association : *Cornus canadensis, Vaccinium, Ilex, Berberis.*

Gaultheria (Palommier)

Culture : planter en terre tourbeuse, pousse en sous-bois. Excellent feuillage pour bouquets.

shallon (Amérique du Nord)
Fleur : juillet, blanche. H : 80 cm. D/E : 30 cm/60 cm.
Feuillage : persistant, vert foncé/luisant. H : 80 cm. Invasif, traçant.
Fruit : août, indigo. H : 80 cm.

Association : *Juniperus drupacea*, pins, cèdres.

Geranium (Bec-de-grue)

Culture : planter dans un sol bien drainé et souple, profond et humide de préférence.
G. endresii préfère une exposition plus ombragée.
G. ibericum ou *psilostemon* préfère une situation ensoleillée.

endressii ' Claridge Druce '
Fleur : mai à juillet, rose lilas. H : 45 cm. D/E : 40 cm/50 cm.
Feuillage : caduc, vert, très découpé. H : 30 cm. Tapissant.

ibericum ' Johnson's Blue '
Fleur : juin à août, bleu vif. H : 60 cm. D/E : 40 cm/60 cm.
Feuillage : caduc, vert/divisé/fin. H : 50 cm. Tapissant.

macorrhizum album (Alpes méridionales)
Fleur : mai à juillet, rose magenta pâle. H : 40 cm. D/E : 40 cm/80 cm.
Feuillage : semi-persistant, vert, odorant/tourne en automne. H : 30 cm. Tapissant.

psilostemon (Arménie)
Fleur : juin-juillet, magenta, œil noir. H : 80 cm. D/E : 60 cm/1 m.
Feuillage : caduc, vert vif/tourne en automne. H : 80 cm. Touffes serrées.

renardii (Caucase)
Fleur : mai à juillet, lavande pâle/pourpre. H : 20 cm. D/E : 20 cm/30 cm.
Feuillage : caduc, gris argenté. H : 15 cm. Tapissant.

sanguineum album (Europe)
Fleur : juin à septembre, blanche. H : 25 cm. D/E : 30 cm/50 cm.
Feuillage : caduc, vert. H : 20 cm. Tapissant.

Association : avec *G. ibericum* ' Johnson's Blue ' et *psilostemon* : pétunias blancs, *Convolvulus cneorum, Nepeta X faassenii, Cistus,* thym ; avec les autres : *Taxus* (if), *Juniperus* (genévrier), hémérocalle, *Salvia, Iris, Alchemilla conjuncta.*

Halimiocistus (Halimiociste)

Culture : (croisement de *Halimium* et de *Cistus*), sol bien drainé, au soleil.

ingwersenii
Fleur : juillet-août, blanc pur. H : 30 cm. D/E : 50 cm/60 cm.
Feuillage : persistant, vert foncé/mat. H : 30 cm. Coussin.

sahucii
Fleur : mai à septembre, blanche/cœur jaune. H : 30 cm. D/E : 50 cm/60 cm.
Feuillage : persistant, vert foncé/mat. H : 30 cm. Coussin.

Association : *Cistus, Helianthemum.*

Hedera (Lierre)

Culture : planter en terrain frais et ombragé.

colchica ' Dentata ' (Europe)
Feuillage : persistant, vert foncé teinté pourpre, larges feuilles dentées. H : 25 cm. D/E : 60 cm/90 cm. Tapissant ou grimpant.

Association : *Ficus, Hemerocalle,* fougères *(Adiantum, Athyrium).*

Hedera (Lierre d'Irlande)

Culture : planter en tout terrain sauf marécageux. *H. helix* ' Glacier ' demande une situation ensoleillée et un sol bien drainé.

helix hibernica (Irlande, Écosse)
Fleur : octobre, verdâtre. H : 25 cm. D/E : 80 cm/1,80 m.
Feuillage : persistant, vert foncé noir. H : 25 cm. Tapissant.

Association : *Ruscus,* houx, *Taxus,* bulbes.

helix ' Glacier '
A un feuillage panaché argent et de petites feuilles, il est plus fragile.

Association : *Spiraea X vanhouttei, Osmanthus delavayi, X Osmarea* ' Burkwoodii ', *Phillyrea.*

Helianthemum (Helianthème)

Culture : planter en situation ensoleillée. Supporte la sécheresse et le vent, le sol doit être bien drainé en hiver, pas trop riche. Ajouter de la chaux si trop acide. Bon marché.

nummularium ' Ben Fhada '
Fleur : mai à septembre, jaune or/centre orangé. H : 20 cm. D/E : 30 cm/80 cm.
Feuillage : persistant, gris-vert. H : 20 cm. Tapissant.

' Rhodanthe Carneum '
Fleur : juin à août, rose. H : 20 cm. D/E : 30 cm/80 cm.
Feuillage : persistant, gris-vert, vigoureux. H : 20 cm. Tapissant.

' Wisley Primrose '
Fleur : juin à août, jaune simple. H : 20 cm. D/E : 30 cm/80 cm.
Feuillage : persistant, argenté. H : 20 cm. Tapissant.

Association : *Cistus, Halimium ocymoides.*

Hemerocallis (Hémérocalle d'un jour)

Culture : facile, pousse même sous les pins. Convient au milieu urbain et au bord de la mer. Nettoyer à la fin de l'hiver. Très grand choix de cultivars horticoles. Bon marché.

fulva ' Kwenso Plena '
Fleur : juin à août, rouge orangé. H : 70 cm. D/E : 60 cm/80 cm.
Feuillage : caduc, vert vif. H : 60 cm. Touffes serrées drageonnantes.

Association : *Fatsia japonica, Choisya ternata,* lierres, *Cytisus battandieri.*

Iris (Iris)

Culture convient en milieu urbain, supporte la sécheresse (même sous des vieux cèdres), mais préfère une situation humide et ombragère.
I. innominata aime un sol tourbeux léger.
I. foetidissima ' Variegata ' apporte une note pittoresque.

foetidissima (Europe)
Fleur : juin, pourpre pâle. H : 55 cm. D/E : 30 cm/60 cm.
Feuillage : persistant, vert foncé luisant. H : 50 cm. Touffes serrées.
Fruit : août, rouge-orange.
foetidissima citrina (forme chinoise) a des fleurs jaunes et des baies plus grandes.

ochroleuca (Asie mineure)
Fleur : juin-juillet, blanche/taches. H : 90 cm. D/E : 60 cm/80 cm.
Feuillage : persistant, vert foncé (jaune). H : 80 cm. Touffes serrées.
Fruit : novembre à décembre, décoratif.

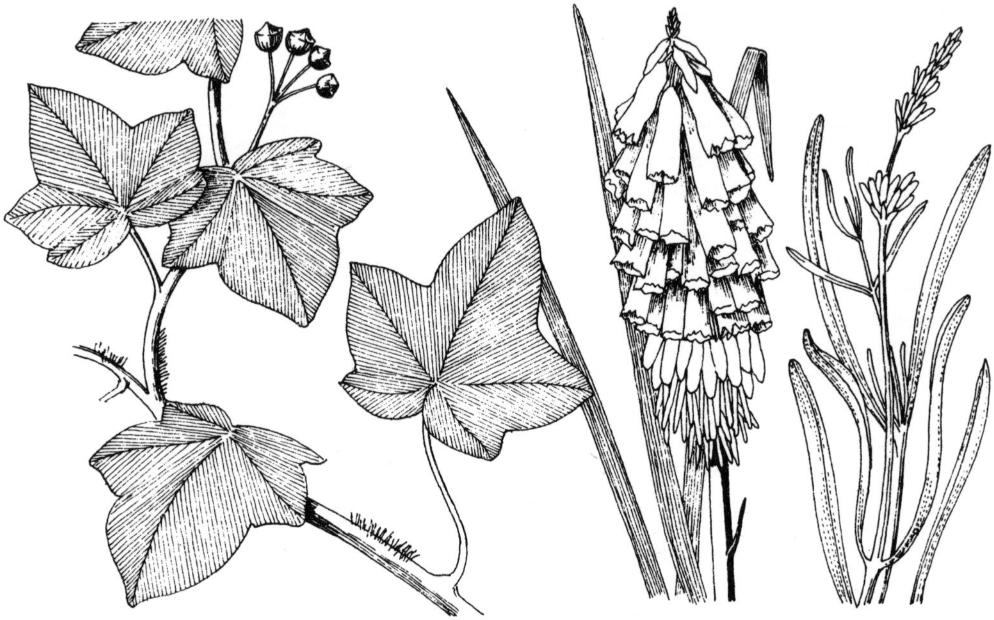

Hedera helix *Kniphofia uvaria* *Lavandula spica*

innominata (Oregon)
Fleur : mai-juin, jaune-orange. H : 20 cm. D/E : 20 cm/50 cm.
Feuillage : persistant, étroit. H : 15 cm. Touffes.

Association : cotonéaster, lavande, lierre (*Hedera* ' Glacier ').

Iris (Iris)

Culture : planter en bordure de plan d'eau ou sol humide. Laisse passer quelques herbes aquatiques.
I. pseudacorus ' Variegata ' est intéressant au printemps (feuilles striées jaune et vert).

pseudacorus (Europe)
Fleur : mai-juin, jaune vif. H : 80 cm. D/E : 40 cm/80 cm.
Feuillage : persistant, vert. H : 60 cm. Touffes serrées.

sibirica (Europe centrale, Russie)
Fleur : juin, bleu. H : 90 cm. D/E : 50 cm/60 cm.
Feuillage : persistant, vert clair, fin. H : 80 cm. Touffes serrées.
Fruit : juillet à décembre, décoratif.

Association : *Osmunda regalis, Matteucia struthiopteris.*

Jasminum (Jasmin d'hiver)

Culture : planter dans toutes les situations, mais plutôt à l'ombre et au nord.

nudiflorum (Chine)
Fleur : novembre-mars, jaune brillant. H : 60 cm. D/E : 60 cm/1,80 m.
Feuillage : persistant, vert foncé. H : 60 cm. Rampant.

Association : *Hedera* (lierre), *Hydrangea petiolaris.*

Kniphofia (Faux aloès)

Culture : supporte toutes les situations, à condition que le sol soit bien drainé et convenablement enrichi. Fleurit même à l'ombre. Planter serré pour obtenir un effet de couvre-sol.

uvaria (Afrique du Sud)
Fleur : août-septembre, rouge, jaune, orange. H : 80 cm. D/E : 50 cm/80 cm.
Feuillage : caduc, vert d'eau. H : 60 cm. Touffes.
K. uvaria ' Bee's Lemon ' a des fleurs jaune citron.

Association : *Liquidembar, Sorbaria.*

Lamium (Lamier)

Culture : requiert un sol frais, lourd ou léger. Laisse passer les mauvaises herbes à racines pivotantes. Bon marché.

gabdeolon ' Variegatum ' (Europe)
Fleur : juin-juillet, jaune. H : 35 cm. D/E : 50 cm/1,50 m.
Feuillage : persistant, panaché blanc (bronze en hiver). H : 30 cm. Tapissant, invasif.

Association : *Metasequoia glyptostroboïdes, Choisya ternata.*

Lamium (Lamier)

Culture : préfère un peu d'ombre, mais supporte tous les sols. Invasif, l'emporte même sur *Polygonum affine.*
L. maculatum a des fleurs rose mauve.

maculatum ' Roseum '
Fleur : mars-avril, rose tendre. H : 35 cm. D/E : 30 cm/60 cm.
Feuillage : persistant, panaché argent, bronze en hiver. H : 30 cm. Tapissant.

Association : *Agapanthus* ' Headbourne ' *Polygonum affine, Rosa* ' Elizabeth ', *Juniperus* ' Pfizeriana ', *Prunus, Malus.*

Lavandula (Lavande)

Culture : planter en situation ensoleillée. Tailler impérativement après la floraison pour conserver la forme et augmenter la longévité. Rabattre éventuellement en mars-avril.

spica ' Hidcote '
Fleur : juillet-août, violet foncé. H : 60 cm. D/E : 60 cm/80 cm.
Feuillage : persistant, bleu-gris. H : 40 cm. Coussins.

' Dutch '
Fleur : août-septembre, bleu. H : 60 cm. D/E : 80 cm/1 m.
Feuillage : persistant, gris. H : 40 cm. Coussins.

Association : *Cotoneaster horizontalis, Cistus ladaniferus,* bulbes.

Leucothoe (Leucothoe)

Culture : placer en terre tourbeuse acide dans une situation ombragée ou semi-ombragée. Bon feuillage pour bouquets.
L. fontanesiana ' Rainbow ' a un feuillage panaché crème, jaune et rose. Belles couleurs rouge bronze en automne.

fontanesiana (États-Unis du sud-est)
Fleur : mai, blanche. H : 90 cm. D/E : 80 cm/90 cm.
Feuillage : persistant, tige arquée verte. H : 90 cm. Touffes serrées.

Association : *Mahonia japonica* et cultivars, *Ilex* (houx), *Elaeagnus,* rhododendron, *Mahoberberis, Montbrietia.*

Lonicera (Chèvrefeuille)

Culture : plante de sous-bois, supporte une atmosphère marine, planter en tout terrain. Excellent par groupe de trois en bordure de talus.

pileata (Chine)
Fleur : mai, petite jaune. H : 60 cm. D/E : 80 cm/1,50 m.
Feuillage : semi-persistant, vert pâle horizontal. H : 60 cm. Buisson étalé, drageonnant.
Fruit : juin, violet translucide.

Association : *Cotoneaster horizontalis, Viburnum davidii,* fougères *(Athyrium, Dryopteris, Matteucia).*

Lysimachia (Herbe aux écus)

Culture : exige un sol humide, mais résiste à des situations plus difficiles où il devient moins invasif.

punctata (Europe du sud-est)
Fleur : juillet-août, jaune or étoilé. H : 80 cm. D/E : 60 cm/80 cm.
Feuillage : caduc, vert vif. H : 60 cm. Touffes serrées.

Association : *Rheum palmatum, Ligularia clivorum* ou *hodgsonii, Taxodium distichum.*

Mahonia (Mahonia)

Culture : planter en tout terrain, sauf situation trop ensoleillée. Pour obtenir un couvre-sol dense, tailler vigoureusement après la floraison. Supporte même la tondeuse à gazon. *M. a.* ' Repens ' ne dépasse pas 30 cm.

aquifolium ' Atropurpurea ' (Amérique du Nord)
Fleur : mars-avril, jaune intense/grappes. H : 80 cm. D/E : 60 cm/80 cm.
Feuillage : persistant vert brillant/pousses oranges/rouge pourpre en hiver. H : 75 cm. Buisson drageonnant. Espèce.

Association : *Senecio* ' Sunshine '.

Matteucia (Fougère d'Allemagne)

Culture : aime un sol humide ou marécageux, ombre ou mi-ombre. Se développe par rhizomes traçants. Convient pour les bords d'un ruisseau ou d'une mare. Supporte un peu le calcaire. Bon marché.

struthiopteris
Feuillage : caduc, vert. H : 80 cm. D/E : 30 cm/30 cm.

Association : *Primula pulverulenta, floridae, Osmunda regalis.*

Nepeta (Népète)

Culture : planter au soleil dans un sol bien drainé. Nettoyer au printemps après les derniers gels.
N. X *f.* ' Six Hills Giant ' à 60 cm de haut.

X faassenii *(Nepeta mussinii)*
Fleur : mai à août, bleu lavande. H : 35 cm. D/E : 40 cm/60 cm.
Feuillage : caduc, gris-vert/doux. H : 35 cm. Touffes.

Association : *Salvia superba,* bruyères, *Rosa* ' Iceberg ', *Clematis* ' Red Cardinal ' *Geranium psilostemon, Campanula portenschlagiana.*

Pachysandra (Pachysandre)

Culture : planter en sol fertile, non calcaire. Supporte la sécheresse au pied des arbres ; couvre-sol sans problème, change du lierre. Bon marché.

terminalis (Japon)
Fleur : avril, blanc-vert. H : 25 cm. D/E : 30 cm/40 cm.
Feuillage : persistant, vert mat. H : 25 cm. Tapissant.

Association : *Cephalotaxus, Magnolia grandiflora.*

Pernettya (Pernettya)

Culture : planter en terre acide et tourbeuse. Le soleil favorise la fructification. Planter côte à côte pieds mâles et femelles pour obtenir des fruits. Tailler au printemps, si nécessaire, pour améliorer la forme.

mucronata (Amérique du Sud)
Fleur : mars-avril, blanche. H : 50 cm. D/E : 40 cm/80 cm.
Feuillage : persistant, vert foncé/petit. H : 80 cm. Touffes serrées.
Fruit : octobre-décembre, lie-de-vin. H. 50 cm.

Association : cotoneaster rampant, *Eucryphia intermedia, Gaultheria shallon,* rhododendron, camellia.

Polygonum (Renouée)

Culture : planter en sol pas trop lourd ni trop ensoleillé. Développement rapide. *P. a.* ' Donald Lowndes ' plus compact, fleurs plus grosses, moins élégant que l'espèce. Bon marché.

affine (Méditerranée)

Fleur : juillet à novembre, rose puis rouge. H : 20 cm. D/E : 60 cm/80 cm.
Feuillage : caduc, vert, roux en automne. H : 15 cm. Tapissant/traçant.

Association : *Ruscus hypoglossum,* buis, ifs, cèdres.

Polygonum (Persicaire)

Culture : convient pour sol humide, mais pas trop à l'ombre pour obtenir une belle floraison.
P. amplexicaule var. *atrosanguineum* demande de l'espace.
P. bistorta ' Superbum ' supporte l'atmosphère saline.
P. campanulatum permet des effets immédiats et reste encore facile à contrôler.
P. cuspidatum var. *compactum* seulement pour vastes espaces sauvages.

amplexicaule var. ***atrosanguineum*** (Himalaya)
Fleur : juin à novembre, rouge. H : 1,20 m D/E : 80 cm/1 m.
Feuillage : caduc, vert foncé. H : 80 cm. Touffes serrées.

bistorta ' Superbum ' (Europe)
Fleur : juin à août, rose. H : 50 cm. D/E : 40 cm/80 cm.
Feuillage : caduc, vert/luisant/large. H : 30 cm. Drageonnant.

campanulatum (Himalaya)
Fleur : juin à novembre, rose carminé. H : 80 cm. D/E : 1,20 m/1,20 m.
Feuillage : caduc, vert-gris. H : 60 cm. Touffes.

Alchemilla, Stachys macrantha

Anaphallis triplinervis, Arabis albida ' Variegata ', *Berberis candidula*

Lychnis, Stachys, Nepeta, Cotinus

Alyssum saxatile, Festuca, Aubrietia

Anemone blanda

Cerastium tomentosum

Taxus baccata, Lamium galeobdolon

Spiraea aruncus

cuspidatum var. ***compactum***
Fleur : septembre, petite, blanche. H : 2 m. D/E : 80 cm/1,60 m.
Feuillage : caduc, vert, rond. H : 2 m. Traçant, invasif.

Association : conifères, *Sasa palmata.*

Rheum (Rhubarbe)

Culture : planter en situation ensoleillée, dans une terre tourbeuse riche et humide à très humide, fumer en automne.
R. p. ' Astrosanguineum ' a une magnifique coloration rouge à l'envers des feuilles.

palmatum (Chine)
Fleur : juin-juillet, rose à rouge. H : 2,40 m. D/E : 80 cm/1,20 m.
Feuillage : caduc, rouge pourpre, puis vert. H. : 1,50 m. Touffe.

Association : *Rosa rubrifolia,* arum, *Iris kaempferi, Osmunda regalis.*

Rodgersia (Rodgersie)

Culture : planter en terre riche, humide à très humide. Convient pour border un étang ou un cours d'eau. Pas parfaitement couvre-sol (à surveiller).

Lysimachia punctata

Rodgersia pinnata

Rosmarinus officinalis

aesculifolia (Chine)
Fleur : juillet, blanc nuageux. H : 80 cm. D/E : 80 cm/1 m.
Feuillage : caduc, vert, découpé, rugueux. H : 50 cm. Touffe.

pinnata ' Superba ' (Chine)
Fleur : juillet, rose foncé. H : 80 cm. D/E : 60 cm/80 cm.
Feuillage : caduc, vert, cuivré jaune. H : 50 cm. Touffe. Espèce.

Association : *Matteucia, Hydrangea quercifolia, Astilbe, Salix matsudana, Tortuosa.*

Rosa (Rosier)

Culture : les roses apprécient en général une situation ensoleillée. La terre doit être riche, bien draînée et plutôt calcaire. Nous déconseillons l'utilisation de roses pour de trop grandes surfaces, la taille étant toujours nécessaire.

' Max Graf ' *(R. rugosa x R. luciae)*
Fleur : juin à octobre (continu), rose vif/simple cœur doré. H : 80 cm D/E : 1,40 m/2,20 m.
Feuillage : caduc, vert/épines. H : 80 cm. Tapissant.

rugosa ' Repens Alba '
Fleur : juin puis septembre, remontant, blanche. H : 60 cm. D/E : 80 cm/1 m.
Feuillage : caduc, vert piquant. H : 60 cm. Tapissant, dense.

virginiana ' Harvest Fire ' (Amérique du Nord)
Fleur : juin à août, rose vif. H : 80 cm. D/E : 50 cm/80 cm.
Feuillage : caduc, splendides couleurs d'automne. H : 50 cm. Buisson.
Fruit : octobre-novembre, rouge vif. H : 80 cm.

wichuraiana (Japon)
Fleur : août à octobre (continu), rose simple. H : 50 cm. D/E : 1,20 m/2,80 m.
Feuillage : caduc, vert sans épine. H : 50 cm. Tapissant/marcottage naturel.

' Yesterday '

Fleur : juin à novembre (continu), rose, petite. H : 80 cm. D/E : 50 cm/80 cm.
Feuillage : caduc, vert tendre. H : 50 cm. Coussin.

Association : *Potentilla* ' Mandchu ', *Polygonum affine, Statice limonium, Anaphalis, Lamium* ' Beacon Silver ', *Hebe* ' Pagei ', *Satureia mantana* (sariette vivace).

Rosmarinus (Romarin)

Culture : planter en tout terrain bien drainé et ensoleillé. Supporte le vent marin et la sécheresse, utile pour terrasses. Tailler éventuellement pour garder la forme. Se bouture très facilement en automne. Bon marché.
R. o. ' Prostatus ', forme prostrée naturelle.

officinalis (Europe du sud)
Fleur : avril-mai, mauve pâle. H : 1,20 m. D/E : 60/1,20 m.

Feuillage : persistant, gris-vert, odorant. H : 1,20 m. Buisson étalé.

Association : roses, bulbes *(Ipheon), Salvia officinalis* ' Purpurascens ', *Santolina chamaecyparissus, Cistus purpureus, Grevillea rosmarinifolia.*

Rubus (Ronce)

Culture : planter en tout terrain riche ou pauvre, en talus sec ou humide, à développement rapide. Convient aussi bien au soleil qu'à l'ombre, en sous-bois. Ses feuilles luisantes forment un tapis superbe. Ne porte pas d'épines. Bon marché.

tricolor (Chine)
Feuillage : persistant, couleur bronze (hiver), pousses rouges velues. H : 40 cm. D/E : 1, 5 m. Tapissant (marcottage naturel).
Fruit : rouge vif (rare).

Association : *Rosa* ' Golden Wings ', *Rosa wichuraiana* ' Max Graf ', *Rubus tridel, Rubus cockburnianus, Rubus phoenicolasius, Betula utilis, Betula nigra, Tellima grandiflora, purpurea* ou *rubra.*

Ruscus (Petit houx)

Culture : plante parfaite de sous-bois. Planter serré pour obtenir un couvre-sol. *R. hypoglossum* utile pour talus. Nécessite des pieds mâles et femelles pour produire des baies. *R. aculeatus* fait de beaux bouquets.

aculeatus (Europe)
Fleur : H : 60 cm. D/E : 30 cm/90 cm.
Feuillage : persistant, vert clair. H : 60 cm. Touffes serrées.
Fruit : novembre-décembre, rouge (fréquent).

hypoglossum (Asie mineure)
Fleur : avril-mai, jaune. H : 50 cm. D/E : 50/90 cm.
Feuillage : persistant, vert foncé, piquant. H : 50 cm. Touffes serrées.
Fruit : rouge (rare).

Association : fougères *(Polystichum)*, bruyères, houx, chênes.

Salix (Saule)

Culture : convient pour un sol humide et frais, au bord d'un étang ou d'un ruisseau, clone mâle d'origine japonaise. Forme de curieuses crosses aplaties rougeâtres en hiver, utiles pour les bouquets. On peut encourager leur formation par un rabattage annuel.

sachalinensis ' Sekka ' (Japon)
Fleur : mars, chaton gris. H : 3 m. D/E : 20 cm/2 m.
Feuillage : caduc, vert-gris, long. H : 3 m. Touffes drageonnantes.

Association : *Stranvaesia davidiana, Salix matsudana* ' Tortuosa '.

Salvia (Sauge)

Culture : planter au printemps en sol léger et bien drainé, au soleil. Supprimer les fleurs si nécessaire pour garder la forme désirée et encourager la pousse du feuillage. Remplacer les plants tous les quatre ou cinq ans.

officinalis ' Purpurascens ' (Europe du sud)
Fleur : juin-juillet, bleu-violet. H : 60 cm. D/E : 80 cm/1,20 m.
Feuillage : caduc, pourpre, aromatique. H : 60 cm. Coussins.

Association : *Santolina chamaecyparissus, Berberis thunbergii* ' Atropurpurea ', *Parthenocissus henryana, Rosmarinus, Dianthus deltoïdes, Geranium renardii.*

Salvia (Sauge)

Culture : planter en toutes situations ensoleillées et bien drainées. Demande un nettoyage complet au début de l'hiver.

X ***superba*** *(virgata nemerosa)*
Fleur : juin à septembre, bleu pourpre. H : 60 cm. D/E : 40 cm/50cm.
Feuillage : caduc, vert moyen. H : 40 cm. Touffes.

Association : *Rosa* ' Iceberg ', *Nepeta* X *faassenii, Ceratostigma plumbaginoides.*

Ruscus aculeatus *Salvia officinalis* *Viola cornuta*

Santolina (Santoline)

Culture : demande un sol léger, bien drainé et au soleil. Supporte toutefois la mi-ombre. Doit être taillé en mars pour garder son aspect de coussin. A un feuillage vert foncé et fin.

chamaecyparissus (France du sud)
Fleur : juillet, jaune citron. H : 70 cm. D/E : 50 cm/80 cm.
Feuillage : persistant, gris, ciselé, odorant. H : 65 cm. Coussins.

Association : *Linum austriacum, narbonense, Rosa* ' Golden Wings ', *Rosmarinus.*

Sasa (Sasa)

Culture : planter en sol sec ou humide, seulement pour vastes espaces sauvages bordés de frontières infranchissables, car impossible ensuite à éradiquer.

palmata (Japon)
Feuillage : persistant, vert/large et long. H : 1,20 m. D/E : 60 cm/1,20 m. Touffes serrées.

veitchii (Japon)
Feuillage : persistant, large et long/vert bordé de blanc en hiver. H : 2 m. D/E : 60 cm/1,20 m. Touffes serrées.

Association : *Matteucia, Polygonum amplexicaule.*

Saxifraga (Saxifrage)

Culture : planter en sol frais, léger et bien drainé, exposition plutôt ombragée. Laisse passer quelques mauvaises herbes.
S. trifurcata convient pour un pied de mur.
S. umbrosa se développe bien à l'ombre, même en sous-bois.

trifurcata (Espagne)
Fleur : juin-juillet, blanche. H : 30 cm. D/E : 40 cm/50 cm.
Feuillage : persistant, vert foncé/luisant/mousseux. H : 15 cm. Coussins.

umbrosa (Désespoir du peintre) (Europe)
Fleur : mai-juin, blanc-rose. H : 30 cm. D/E : 25 cm/30 cm.
Feuillage : persistant, vert foncé en rosettes, charnu. H : 10 cm. Tapissant/traçant.

Senecio (Séneçon)

Culture : demande une situation bien ensoleillée et un sol bien drainé. Peut souffrir du gel en hiver, mais repartir le printemps suivant. Tailler après la floraison pour conserver la forme. Marcotte naturelle.

' Sunshine ' (Nouvelle-Zélande)
Fleur : juin-juillet, jaune en grappes. H : 90 cm. D/E : 1 m/1,20 m.

Feuillage : persistant, gris/oval. H : 90 cm. Buisson tapissant.

Association : *Mahonia aquifolium, Mahonia nervosa.*

Spiraea (Spirée)

Culture: planter en tout terrain ensoleillé, supporte la sécheresse d'un talus, même en milieu urbain. Demande une taille annuelle ou bisannuelle des tiges anciennes après la floraison.

thunbergii (Chine, Japon)
Fleur : mars-avril, blanc nuageux. H : 1 m. D/E : 90 cm/1,20 m.
Feuillage : caduc, vert tendre, fin. H : 1 m. Buisson.

Association : *Choisya ternata,* Iris, *Salvia* X *superba, Fatsia japonica.*

X ***vanhouttei***
Fleur : avril-mai, blanche le long des rameaux. H : 1,80 m. D/E : 1,20 m/1,20 m.
Feuillage caduc, vert bleuté, rameaux arqués. Buisson.

Association : *Spiraea prunifolia, Hedera helix* ' Glacier ', *Cercis siliquastrum.*

Stephanandra (Stéphanandre)

Culture : planter en tout terrain à condition qu'il ne soit ni trop pauvre ni trop maigre. Convient au talus ou le long d'un escalier par exemple. Tiges arquées couleur acajou.

incisa ' Crispa ' (' Prostrata ') (Japon)
Feuillage : caduc, vert tendre, divisé, doré en automne. H : 90 cm. D/E : 80 cm/1,20 m.
Buisson drageonnant.

Association: *Acer palmatum, Fuchsia* ' Ricartonii ', *Cotoneaster amoenus.*

Symphoricarpos (Symphorine)

Culture : planter en tout terrain, au soleil ou mi-ombre, bien que plus florifère au soleil. Résiste à la sécheresse. Convient pour des talus, ou sous-bois, en sol pas trop pauvre. Croissance rapide. Peut être taillé régulièrement et à ras à la tondeuse électrique au mois de mars.

X ***chenaultii*** ' Hancock '
Fleur : juillet, verdâtre, petite. H : 40 cm. D/E : 80 cm/1,20 m.
Feuillage : caduc, vert tendre. H : 80 cm. Buisson drageonnant.
Fruit : octobre, rose pourpre. H : 40 cm.

Association : *Euonymus fortunei* ' Emerald Gaiety ' (pour grandes surfaces aussi), ' Emerald Green '.
Ligustrum lucidum et *japonicum, Lonicera pileata, Pyracantha coccinea* ' Praecox '.

Tellima (Tellime)

Culture : convient pour un sous-bois humide ou sous des buissons, également pour un jardin de ville semi-ombragé. Tout à fait à l'ombre *T. g.* ' Purpurea ' sera moins coloré.

grandiflora (côte ouest des USA)
Fleur : mai-juin, verdâtre puis rose. H : 60 cm. D/E : 40 cm/80 cm.
Feuillage : persistant, rose, puis vert, puis rougeâtre en automne. H : 30 cm. Touffes serrées.
T. g. ' Purpurea ' a des feuilles pourpres virant au cuivre en automne et en hiver.

Association : *Rubus tricolor* en sous-bois, *Bergenia, Ajuga,* buis, Iris en ville.

Thymus (Thym)

Culture : planter en situation la plus ensoleillée possible dans un sol bien drainé, pauvre et sablonneux. Recouvrir de fougères en hiver en cas de gel prononcé. Pousse en grande surface ou en situation rocailleuse, même en bord de mer, supporte un piétinement léger.

X ***citriodorus*** ' Silverqueen ' (thym citronelle)
Fleur : juin-juillet, lilas pâle. H : 25 cm. D/E : 30 cm/60 cm.
Feuillage : persistant, vert argent. H : 25 cm. Touffes.

serphyllum ' Album ' (thym serpolet) (Europe)
Fleur : juin-juillet, blanche. H : 8 cm. D/E : 30 cm/60 cm.
Feuillage : persistant, vert argent. H : 5 cm. Touffes étalées.

vulgaris (Europe du sud)
Fleur : juin, mauve. H : 20 cm. D/E : 30 cm/80 cm.
Feuillage : persistant, vert foncé. H : 15 cm. Touffes étalées, tapissant.

Association : *Thymus vulgaris* avec *Allium schoenoprasum* (ciboulette), *Lavandula, Artemisia* et toutes plantes aromatiques, *Phlox douglasii.*

Tiarella (Tiarelle)

Culture : planter en terre tourbeuse, légère, fraîche et bien drainée. *T. trifoliata* supporte mieux la sécheresse (floraison juin à août).

cordifolia (Amérique du Nord)
Fleur : mai-juin, blanc crème. H : 25 cm. D/E : 30 cm/60 cm.
Feuillage : persistant, vert vif, bronze en automne. H : 10 cm. Touffes tapissantes.

wherryi (Amérique du Sud-Est)
Fleur : juin à octobre, blanc crème. H : 35 cm. D/E : 30 cm/60 cm.
Feuillage : persistant, vert pâle, rouille en automne. H : 15 cm. Touffes tapissantes.

Association : *Cotinus coggygria* ' Flame ', rhododendron, azalées, *Epimedium, Tolmiea, Ajuga, Tellima, Acaena* (cette dernière toutefois en séparant les combattants avec du plastique noir enterré).

Vancouveria (Vancouvéria)

Culture : planter en tout terrain, croissance lente au début. *V. planipetala* a un feuillage persistant.

hexandra (États-Unis)
Fleur : mai, blanche, petite. H : 30 cm. D/E : 25 cm/30 cm.
Feuillage : caduc, vert, léger. H : 20 cm. Touffes.

Association : *Epimedium,* fougères *(Dryopteris), Saxifraga umbrosa* (à distance), *Yucca, Hosta.*

Viburnum (Viorne)

Culture : planter en situation plutôt ensoleillée. Se plaît dans un sol assez lourd. Utile pour accentuer un dessin.

davidii (Chine)
Fleur : juillet, blanche, petite, serrée. H : 60 cm. D/E : 70 cm/80 cm.
Feuillage : persistant, vert foncé, luisant. H : 60 cm. Coussins.
Fruit : octobre, bleu vif (femelle). H : 60 cm.

Association : *Daboecia, Pieris, Cornus canadensis, Berberis* ' Parkjuweel ', *Tellima grandiflora, Caryopteris* X *clandonensis.*

Vinca (Pervenche)

Culture : planter en tout terrain, plutôt à l'ombre. Sol lourd à condition qu'il soit drainé. Bon marché.

major hirsuta (Europe)
Fleur : avril, pourpre. H : 25 cm. D/E : 30 cm/60 cm.
Feuillage : persistant, vert foncé, luisant. H : 20 cm. Invasif.

Association : *Mahonia japonica* et cvs, *Mahonia aquifolium, Paeonia suffruticosa, Yucca.*

Viola (Violette)

Culture : planter en tout terrain non pauvre et ombré.
V. c. ' Lilacina ' (lilas clair), ' Alba ' (blanc).

cornuta (Pyrénées)
Fleur : avril à novembre, lilas. H : 15 cm. D/E : 20 cm/60 cm.
Feuillage : persistant, vert clair. H : 15 cm. Touffes tapissantes.

Association : *Campanula portenschlagiana* avec *V. c.* ' Alba ', *Hosta sieboldiana, Agapanthus* ' Headbourne ', *Lamium* ' Beacon Silver '.

Campanula latifolia

Origanum aureum, Thymus, Satureia

Astilbe, Salix matsudana ' Tortuosa '

Hosta, Astrantia major, Juniperus horizontalis

Crocosmia

Rhus cotinus, Artemisia abrotanum

Evonymus Fortunei

Helleborus corsicus

Gunnera manicata, Liquidembar styraciflua

Viola (Violette)

Culture : planter en terrain sec, mais riche, plutôt à l'ombre. Résiste au soleil.

labradorica (Groenland)
Fleur : juin-juillet, bleu lavande (sans odeur). H : 12 cm. D/E : 20 cm/30 cm.
Feuillage : persistant, vert foncé et pourpre. H : 10 cm. Touffes tapissantes.

Association : *Rosmarinus, Lavandula, Symphitum grandiflorum, Omphalodes verna.*

Waldsteinia (Waldsteinia)

Culture : planter en tout terrain, à condition qu'il soit drainé.

ternata (Europe, Asie)
Fleur: mai, jaune vif (fraisier). H : 10 cm. D/E : 25 cm/50 cm.
Feuillage : persistant, vert foncé, luisant. H : 5 cm. Tapissant.

Association : *Epimedium* ' Sulphureum ', *Corydalis cheilanthifolia.*

Yucca (Yucca)

Culture : planter en tout sol bien drainé, au soleil (talus, pentes bien exposées). Très architectural. Ne fleurit que la deuxième année.

recurvifolia
Fleur : août-septembre, blanc crème. H : 1,80 m. D/E : 90 cm/2 m.
Feuillage : persistant, vert glauque. H : 90 cm. Touffes serrées.

Association : *Olearia haastii, Eryngium, Arabis, Lamium, Vancouveria.*

Tableau plate-bande

Moins de 30 cm		
TOUT TERRAIN		
Feuillage caduc		
Soleil ☼	**Bu**	*Muscari armeniacum* □
	H	*Phlox douglasii* cvs
	H	*Sedum spurium* cvs □
Soleil/mi-ombre ☼ ◐	**H**	*Arabis albida, albida* ' Coccinea ' □
	H	*Campanula porscharskyana, portenschlagiana* □
	H	*Corydalis cheilanthifolia, scouleri* # ○
	Bu	*Ipheon uniflorum (Triteleia uniflora)* □
	H	*Liatris spicata* ○
	H	*Origanum vulgare* ' Aureum ' ×
Soleil/ombre ☼ ●	**H**	*Epimedium rubrum, versicolor* ' Sulphureum ' ×
	H	*Epimedium Youngianum* ' Niveum '
Mi-ombre/ombre ◐ ●	**H**	*Brunnera macrophylla (Anchusa myosotidiflora)*
Feuillage persistant		
Soleil ☼	**H**	*Satureia montana* □
	H	*Iris unguicularis (stylosa)*
Soleil/mi-ombre ☼ ◐	**A**	*Euonymus fortunei* ' Kewensis '
	A	*Euonymus nanus* ' Turkestanii '
	H	*Limonium latifolium (statice)*
	H	*Liriope muscari (platyphylla)*
	H	*Myosotis scorpioides* ' Mermaid ' *(palustris)* ○
	H	*Saxifraga moschata,* ' Atropurpurea ' ' Compacta '
	H	*Stachys olympica (lanata)* □
	H	*Stachys olympica* ' Silver Carpet ' □
Soleil/ombre ☼ ●	**H**	*Iberis sempervirens* □
	H	*Lamium* ' Beacon Silver ', *maculatum* ' Album '
	C	*Taxus baccata* ' Repandens '
Mi-ombre/ombre ◐ ●	**H**	*Armeria maritima* cvs ○ ×
	A	*Sarcoccoca humilis*
ACIDE SEULEMENT		
Feuillage caduc		
Mi-ombre/ombre ◐ ●	**A**	*Hydrangea involucrata* ' Hortensis '
Ombre ●	**F**	*Adiantum podatum, podatum* ' Aleuticum '

Feuillage persistant **Soleil/mi-ombre** **Mi-ombre/ombre**	 **A** **F**	 *Rhododendron impeditum,* ' Sapphire ' *Blechnum spicant*
CALCAIRE SEULEMENT *Feuillage caduc* **Soleil** **Soleil/ombre**	 **H** **Bu**	 *Aubrietia deltoida* *Cyclamen neapolitanum*
Feuillage persistant **Soleil**	 **H**	 *Dianthus plumarius* cvs
Entre 30 cm et 1 m TOUT TERRAIN *Feuillage caduc* **Soleil** **Soleil/mi-ombre** **Soleil/ombre** **Mi-ombre/ombre**	 **A** **H** **H** **H** **H** **H** **H** **A** **A** **H** **A** **A** **A** **H** **A** **H** **A** **Bu** **H** **H**	 *Genista lydia, hispanica* *Gypsophila paniculata* et cvs *Ligularia clivorum (Senecio clivorum)* *Salvia* ' Purpurascens ' voir GS *Sedum spectabile* ' Autumn Joy ' *Achillea filipendulina, taygetea* ' Moonshine ' *Anaphallis triplinervis* *Deutzia gracilis* *Fuchsia magellanica* ' Versicolor ', ' Ricartonii ' *Mentha rotundifolia* ' Variegata ' *Potentilla* ' Mandchu ', ' Vilmoriana ' *Salix helvetica, lanata, lanata* ' Stuartii ' *Spiraea* X *bumalda, bullata* *Tradescantia virginiana* ' Blue Stone ' *Viburnum plicatum* ' Mariesii' *Astilbe* X *arendsii* cvs *Berberis* ' Parkjuweel ', *thunbergii* ' Atropurpurea ' *Crocosmia crocosmiiflora* *Hosta crispula, fortunei* ' Aureomarginata ' *Hosta sieboldiana* ' Elegans ', *undulata erromena*
Feuillage persistant **Soleil**	 **A** **A** **A**	 *Halimiocistus* voir GS *Hebe albicans, amstrongii, cupressoides, hectori* *Hebe* ' Pagei ', *salicifolia* ' Spender's Seedling '

	A	*Helichrysum splendidum* ×
	H	*Iris germanica, pallida* ' Dalmatica ' □ ×
Soleil/mi-ombre ☼ ◐	A	*Euonymus fortunei* ' Variegata '
	H	*Euphorbia amygdaloides, robbiae, griffithi* ' Fire Glow ' □
	H	*Euphorbia palustris, wulfenii* ○ □
	C	*Juniperus horizontalis,* X *media* ' Pfitzeriana '
	C	*Juniperus sabina* ' Tamariscifolia '
	H	*Ruta graveolens, graveolens* ' Jackman's Blue ' □
	A	*Senecio* ' Sunshine ' voir GS
Soleil/ombre ☼ ●	A	*Berberis amoena* voir GS, *candidula,* voir GS ∼
	A	*Berberis* X *stenophylla* ' Prostrata ', *verruculosa* ∼
	A	*Prunus laurocerasus* ' Zabelina '
Mi-ombre/ombre ◐ ●	A	*Ruscus aculeatus,* X *microglassus* voir GS
	A	*Sarcoccoca* voir GS
ACIDE SEULEMENT		
Feuillage caduc		
Mi-ombre/ombre ◐ ●	F	*Athyrium filix-femina* ' Plumosum '
	F	*Dryopteris cristata, dilatata, filix-mas, pseudo-mas*
	A	*Hydrangea* ' Blue Bird ', ' Mariesii ', ' Preziosa ' ○
Feuillage persistant		
Mi-ombre/ombre ◐ ●	F	*Polystichum aculeatum, setiferum divisilobum* ○
	F	*Polystichum setiferum proliferum* ○
	A	*Rhododendron* ' Blue Diamond '
Plus de 1 m		
TOUT TERRAIN		
Feuillage caduc	A	*Chimonanthus praecox*
Soleil ☼	A	*Elaeagnus commutata*
	A	*Ribes sanguineum* □
	H	*Campanula latifolia*
Soleil/mi-ombre ☼ ◐	A	*Cotinus coggygria* ' Flame ' □
	A	*Cotoneaster adpressus praecox, amoenus, horizontalis*
	A	*Cotoneaster lacteus, salicifolius* ' Autumn Fire '
	A	*Cotoneaster salicifolius flocossus, watereri*
	H	*Gunnera manicata* ○
	A	*Rubus* X *tridel* ' Benenden '
	A	*Sambucus nigra* ' Albovariegata '
	A	*Sambucus racemosa* ' Plumosa Aurea '

Mi-ombre/ombre ◐ ●	**A**	*Hydrangea quercifolia,* ○ *villosa*
Feuillage persistant **Soleil** ☼	**A** **A**	*Magnolia grandiflora* ' Treyveiensis ' □ *Olearia haastii* □
Soleil/mi-ombre ☼ ◐	**A** **Bb** **A** **A**	*Abelia* ' Edgard Gaucher ', X *grandiflora* *Arundinaria fortunei (Pleioblastus variegatus)* ○ *Hypericum patulum* ' Hidcote ' ⌗ *Photinia glabra* ' Rubens ', ' Robusta ', *serrulata*
Soleil/ombre ☼ ●	**A** **A**	*Choisya ternata* *Viburnum tinus lucidum* ' Purpureum '
Mi-ombre/ombre ◐ ●	**A**	*Skimmia japonica* ' Rubella ', ' Foremanii ' voir GS
ACIDE SEULEMENT *Feuillage caduc* **Soleil/mi-ombre** ☼ ◐	**F**	Osmunda regalis ○
Feuillage persistant **Mi-ombre/ombre** ◐ ●	**A** **A**	*Kalmia* ○ *Rhododendron* espèces et cvs ○

Achillea (Achillée)

Culture : planter en sol drainé et bien exposé.
A. filipendulina, espèce très répandue, a une couleur moutarde qui convient pour les régions du Midi.

taygetea ' Moonshine ' (Moyen-Orient)
Fleur : juin à septembre, jaune clair. H : 50 cm. E : 20 cm.
Feuillage : caduc, gris argenté. H : 50 cm. Touffes serrées.

Association : *Iris pseudacorus* (mélangé), *Photinia* Robusta, *Hedera helix* ' Glacier '.

Adiantum (Capillaire)

Culture : peut s'accrocher à un mur, mais pousse normalement dans les sous-bois frais. Demande une ombre profonde (sauf *A. p.* ' Aleuticum ' qui résiste mieux à l'ensoleillement).

pedatum (Amérique Nord, Japon)
Feuillage : caduc, vert clair. H : 30 cm. D/E : 40 cm/60 cm.

Anaphalis (Anaphalis)

Culture : planter en tout terrain drainé et ensoleillé mais restant frais. Les fleurs séchées gardent leur aspect décoratif.

triplinervis (Himalaya)
Fleur : juillet à septembre, blanc argenté. H : 60 cm. D/E : 35 cm/40 cm.
Feuillage : caduc, argent mat. H : 60 cm. Touffes serrées.

Association : *Euonymus fortunei* 'Variegata ', *Hosta crispula, Hebe* ' Pagei '.

Arabis (Corbeille d'argent)

Culture : prospère dans un sol léger et bien drainé, au soleil.
A. a. ' Coccinea ' a des fleurs roses qui s'associent bien avec l'espèce.

albida
Fleur : février à mai, blanche. H : 15 cm. D/E : 30 cm/60 cm.
Feuillage : caduc, gris. H : 10 cm. Tapis.

Association : *Aubrietia, Lamium maculatum* ' Album ', *Yucca recurvifolia.*

Armeria (Arméria)

Culture : planter en sol frais, plutôt ombragé. Nettoyage du feuillage à la fin de l'été. Plusieurs cultivars existent avec des tons de rose différents.

maritima (Europe)
Fleur : juin à août, rose. H : 30 cm. D/E : 20 cm/30 cm.
Feuillage : persistant, vert, en fourrure. H : 15 cm. Coussinets.

Association : *Saxifraga moschata, umbrosa, Tellima grandiflora.*

Arundinaria (Bambou)

Culture : planter en terrain frais ou même en bordure de plan d'eau plutôt ensoleillé. Peut être rasé en hiver pour obtenir un feuillage parfait en été.

fortunei (Japon)
Feuillage : persistant, vert foncé panaché blanc. H : 80 cm. D/E : 40 cm/80 cm. Touffes serrées.

Association : *Rodgersia, Astilbe pumila, Hydrangea.*

Astilbe (Astilbe)

Culture : planter en sol toujours frais et riche, plutôt tourbeux. Nettoyage possible en automne. De nombreux cultivars de *A.* X *arendsii* fournissent une pallette assez large du blanc au rouge lie-de-vin.

X ***arendsii***
Fleur : juin à août, rose nuageuse. H : 90 cm. D/E : 40 cm/60 cm.
Feuillage : caduc, vert foncé, découpé. H : 60 cm. Touffes serrées.

Association : *Cimicifuga racemosa,* fougères *(Matteucia), Salix matsudana* ' Tortuosa ', *Iris kaempferi,* arums.

Athyrium (Fougère femelle)

Culture : pour région tempérée, planter en sol humide, à situation ombragée.

filix-femina ' Plumosum '
Feuillage : caduc, vert doré, fin. H : 80 cm. E : 1 m.

Aubrietia (Aubriétie)

Culture : planter en situation ensoleillée et bien drainée, même sur un mur. Préfère cependant un sol calcaire. Nombreux cultivars à choisir en fleurs.

deltoida
Fleur : mars-avril, bleu-mauve. H : 5 cm. D/E : 20 cm/60 cm.
Feuillage : caduc, gris. H : 5 cm. Touffes tapissantes.

Association : plusieurs cultivars dégradés font un bel effet, on peut ajouter une ou deux taches blanches (corbeille d'argent) ou des bulbes (Crocus), *Iris reticulata.*

Berberis (Berbéris)

Culture : de croissance lente les berbéris forment un excellent appoint dans la structure des jardins (talus, coins peu cultivés, accès, etc.).
B. X *stenophylla* a de nombreux cultivars; l'espèce type a des branches arquées fort gracieuses.

X ***stenophylla*** ' Prostrata '
Fleur : avril, orange vif. H : 45 cm. E : 60 cm.
Feuillage : persistant, vert foncé, fin. H : 45 cm. Buisson rampant.
Fruit : octobre, pourpre pruiné. H : 45 cm.

Association : *Mahonia aquifolium, Mahonia nervosa, Iris bucharica, Berberis thunbergii* ' Atropurpurea '.

verruculosa (Chine occidentale)
Fleur : juin, jaune. H : 1 m. E : 1, 50 m.
Feuillage : persistant, vert foncé, denté, blanc au revers. H : 1 m. Buisson ramassé.
Fruit : août, noiré. H : 1 m.

Association : *B.* X *stenophylla* et cultivars.

Limonium, Alyssum

Thymus, Genista lydia

Liatris spicata

Matteucia struthiopteris, Vancouveria, Ornithogalum nutans

Leucothoe fontanesiana

Paeonia suffruticosa ' Rock's Variety ', *Hebe* ' Pagei ', *Saxifraga moschata*

Athyrium felix-femina, Liriope, Hosta

Osmunda regalis

Santolina chamaecyparissus

Lamium ' Silver Beacon ', *Potentilla* Mandchu '

Spiraea bullata, Cerastium tomentosum

Berberis (Berbéris)

Culture : planter en tout terrain. Ces arbustes supportent soleil ou ombre légère.

' Parkjuweel '
Feuillage : caduc, vert vif, rouge en automne. H : 1 m. Buisson trapu. E : 1,30 m.

Association : *Viburnum davidii* ou *Potentilla vilmoriana, Mahonia nervosa.*

thunbergii ' Atropurpurea ' (Chine occidentale)
Fleur : juin, jaune pâle, H : 1 m. E : 1,30 m.
Feuillage : caduc, pourpre printemps-été, rouge en automne. H : 1 m. Buisson trapu.

Association : *Rosmarinus, Prunus* ' Tai Haku ', *B. thunbergii* (espèce) avec *Parrotia, Aralia.*

Blechnum (Fougère)

Culture : choisir un endroit frais, en sous-bois. Apprécie un mulch abondant, acide.

spicant
Feuillage : persistant, vert foncé. H : 30 cm. D/E : 40 cm/60 cm.

Brunnera (Buglosse)

Culture : supporte un sol sec à condition qu'il soit à l'ombre, se ressème de lui-même.

macrophylla (synonyme *Anchusa myosotidiflora*) (Caucase)
Fleur : mai, bleu myosotis. H : 35 cm. D/E : 20 cm/60 cm.
Feuillage : caduc, vert mat, large. H : 30 cm. Touffes serrées.

Association : *Myosotis palustris* ' Mermaid ', *Cerastium, Saxifraga moschata.*

Campanula (Campanule)

Culture : planter en terre de jardin bien drainée.

latifolia (synonyme *macrantha*) (Europe, Asie)
Fleur : juillet-août, bleu-mauve. H : 1,60 m. D/E : 40 cm/40 cm.
Feuillage : caduc, vert tendre. H : 1,60 m. Touffes serrées.

Association : phlox blanc, *Rosa rugosa* et cultivars, *Hosta.*

porscharskyana (Dalmatie)
Fleur : juin à octobre, bleu lavande. H : 30 cm. D/E : 60 cm/80 cm.
Feuillage : caduc, vert, dentelé, dense. H : 30 cm. Tapissant.

portenschlagiana (Europe du sud)
Fleur : juin à septembre, mauve foncé. H : 15 cm. D/E : 30 cm/50 cm.
Feuillage : caduc, vert foncé, petit. H : 15 cm. Tapissant.

Association : *Stachys lanata, Dianthus, Nepeta, Houstonia.*

Chimonanthus (Chimonanthe)

Culture : planter en situation ensoleillée dans un sol bien drainé. Peut être palissé sur un mur sud ou ouest, lent à fleurir. Tailler après la floraison si nécessaire.

praecox (Chine)
Fleur : décembre à février, jaune, odorante. H : 2,50 m. E : 2,50 m.
Feuillage : caduc, vert, brillant. H : 2,50 m. Buisson touffu.

Association : *Kerria japonica, Crocus, Mahonia japonica* et cultivars.

Choisya (Oranger du Mexique)

Culture : planter en tout terrain bien drainé, dans les régions tempérées. Dans les régions plus froides une protection est nécessaire.

ternata (Mexique)
Fleur : avril-mai, blanche, odorante. H : 1,80 m. D/E : 1,60 m/2 m.
Feuillage : persistant, vert, brillant. H : 1,80 m. Buisson touffu.

Association : *Metasequoia glyptostroboides, Stachys lanata, Spiraea thunbergii, Fatsia japonica, Mahonia japonica* et cultivars.

Corydalis (Corydale)

Culture : planter en situation ensoleillée ou semi-ombrée pour augmenter la durée de la floraison, sol plutôt humide. Se ressème naturellement.

cheilanthifolia (Chine)
Fleur : mars-avril, jaune. H : 20 cm. D/E : 15 cm/20 cm.
Feuillage : caduc, vert tendre. H : 15 cm. Touffes.

scouleri (Amérique du Nord)
Fleur : avril-mai, pourpre. H : 40 cm. D/E : 30 cm/40 cm.
Feuillage : caduc, vert tendre. H : 30 cm. Touffes tapissantes.

Association : *Polystichum* et autres fougères, *C. cheilanthifolia* avec Waldsteinia.

Cotinus (Arbre à perruque)

Culture : planter en sol riche, profond et drainé dans une situation ensoleillée. Peut former un buisson tapissant grâce à une taille appropriée (hiver).

coggygria ' Flame ' (Europe/Caucase)
Fleur : août-septembre, rose pâle, légère. H : 3 m. E : 2,50 m.
Feuillage : caduc, vert, ovale, orange vif en automne. H : 3 m. Buisson.

Association : *Cryptomeria japonica* ' Elegans ', *Viburnum tomentosum* ' Mariesii '.

Cotoneaster (Cotonéaster)

Culture : planter en tout sol convenablement travaillé et amendé, dans une situation plutôt ensoleillée.
C. horizontalis couvre un mur jusqu'à 3 mètres.

adpressus var. ***praecox*** (Chine de l'ouest)
Feuillage : caduc, vert-gris, en arceau. H : 1, 20 m. E : 1, 50 m. Buisson étalé.
Fruit : octobre-novembre, rouge orangé, rouge en automne. H : 1,20 m.

amoenus (Yunan)
Fleur : juin, blanche. H : 1,20 m. E : 2 m.
Feuillage : semi-persistant, vert-gris en arceau. H : 1,20 m. Buisson compact étalé.
Fruit : septembre, rouge. H : 1,20 m.

horizontalis (Chine)
Fleur : mai-juin, blanc-rose. H : 3 m. E : 3 m.
Feuillage : caduc, vert foncé. H : 3 m. Buisson étalé.
Fruit : septembre, rouge cire. H : 3 m.

lacteus (Chine)
Fleur : juin-juillet, blanche. H : 3 m. E : 2,50 m.
Feuillage : persistant, vert et gris. H : 3 m. Port étalé.
Fruit : octobre à décembre, rouge. H : 3 m.

salicifolius ' Autumn Fire ' (Chine)
Fleur : juin, blanche. H : 3 m. E : 4 m.
Feuillage : semi-persistant, gris-vert, étroit. H : 3 m. Port étalé, pleureur.
Fruit : octobre, rouge-orange. H : 3 m.

salicifolia var. ***floccosa*** a un feuillage vert brillant et des petits fruits rouges en quantité.

X ***watereri***
Fleur : mai, blanche. H : 3,50 m. E : 3,50 m
Feuillage : semi-persistant, vert foncé. H : 3,50 m. Buisson fourni.
Fruit : octobre à décembre, rouge. H : 3,50 m.

Association : *Garrya elliptica, Quercus ilex, Betula utilis, Ilex aquifolium* 'Argentea-Marginata', *Sorbus cashmiriana, Sorbus aria* et cultivars, *Malus tschonoskii.*

Crocosmia (Montbrietia)

Culture : planter en tout terrain fertile, plutôt léger.

crocosmiiflora
Fleur : août-septembre, orange. H : 60 cm. D/E : 40 cm/60 cm.
Feuillage : caduc, vert tendre. H : 45 cm. Touffes traçantes.

Association : *Leucothoe, Pernettya, Eucryphia intermedia.*

Cyclamen (Cyclamen)

Culture : planter en sous-bois calcaire, même sec. Perd ses feuilles en mai. Il existe une espèce blanche.

neapolitanum (Italie, Grèce)
Fleur : août-septembre, rose. H : 15 cm. D/E : 15 cm/25 cm.
Feuillage : caduc, vert sombre. H : 10 cm. Colonie.

Association : sous des conifères à feuillage foncé (ifs, cyprès).

Deutzia (Deutzia)

Culture : planter en situation assez ensoleillée, sol frais et assez riche. Tailler après la floraison pour conserver une forme. Protéger des gels tardifs.

gracilis (Japon)
Fleur : mai, blanc pur. H : 1 m. D/E : 80 cm/1 m.
Feuillage : caduc, vert clair. H : 1 m. Buisson étalé.

Association : *Stachys lanata, Iris germanica* et cultivars (bleu), *Deutzia* X *elegantissima* ' Rosealind '.

Cotoneaster horizontalis — *Dianthus plumarius* — *Gunnera manicata*

Dianthus (Œillet mignardise)

Culture : sol bien drainé, plutôt sablonneux et une situation ensoleillée.

plumarius ' C. T. Musgrave ', ' White Ladies '
Fleur : juillet-août, rose, blanc simple. H : 25 cm. D/E : 25 cm/30 cm.
Feuillage : persistant, gris, abondant. H : 20 cm. Coussin.

Association : *Iris, Nepeta nervosa* avec œillet bleu
Armeria maritima, Stachys lanata avec œillet blanc ou rose.

Dryopteris (Fougère)

Culture : convient aux bois humides, ombragés.
D. filix-mas est envahissant par semis.

pseudo-mas (borreri)
Feuillage : caduc, vert clair. H : 80 cm. D/E : 60 cm/1 m.

Elaeagnus (Chalef)

Culture : prospère en sol pauvre, sablonneux, même calcaire, mais au soleil.

commutata (Amérique du Nord)
Fleur : mai, argentée. H : 2 m. D/E : 2 m/2,50 m.
Feuillage : caduc, argent intense. H : 2 m. Arbuste drageonnant.
Fruit : août, argenté. H : 2 m.

Association : *Olearia mollis, Helianthemum* ' Wisley Primrose ', *Ceanothus impressus.*

Epimedium (Epimède)

Culture : planter en sol frais, plutôt léger, neutre ou acide, riche en matière organique, soleil ou ombre. Nécessite un nettoyage à la cisaille avant la floraison.

X ***rubrum***
Fleur : avril-mai, rouge. H : 30 cm. D/E : 30 cm/40 cm.
Feuillage : caduc, brun rouge, puis vert, puis coloré en automne. H : 40 cm. Touffes. Cultivar.

X ***versicolor*** ' Sulphureum '
Fleur : mai, jaune pâle, pendante. H : 30 cm. D/E : 30 cm/40 cm.
Feuillage : semi-persistant, cuivré puis vert. H : 40 cm. Touffes. Cultivar.

youngianum ' Niveum ' (Japon)
Fleur : avril-mai, blanche. H : 15 cm. D/E : 20 cm/40 cm.
Feuillage : caduc, bronzé. H : 20 cm. Touffes. Cultivar.

Association : *Tiarella, Tolmiea, Ajuga.*

Euonymus (Fusain)

Culture : apprécie un sol ordinaire, en situation ensoleillée ou semi-ombre. Tailler pour conserver un aspect dense.

fortunei ' Variegata ' (Japon)
Fleur : D/E : 80 cm/1 m.
Feuillage : persistant, vert panaché argent. H : 1 m. Buisson dense. Espèce.

Association : *Sambucus nigra* ' Albo Marginata ', *Arundinaria japonica.*

Euphorbia (Euphorbe)

Culture : exige un sol drainé et une situation ensoleillée. Tailler chaque fois que nécessaire pour obtenir des coussins.
E. griffithii a de splendides couleurs en automne.
E. palustris requiert un sol plus lourd et plus humide.

amygdaloides robbiae
Fleur : mai à juillet, vert jaune. H : 40 cm. D/E : 40 cm/50 cm.
Feuillage : persistant, vert foncé. H : 40 cm. Touffes.

griffithii ' Fire Glow ' (Himalaya)
Fleur : mai-juin, orange vif. H : 80 cm. D/E : 40 cm/50 cm.
Feuillage : caduc, vert. H : 60 cm. Touffes.

wulfenii (Europe)
Fleur : mai à juillet, vert-jaune vif. H : 1 m. E : 80 cm.
Feuillage : persistant, vert foncé bleuté. H : 80 cm. Touffes serrées.

Association : *Stachys lanata, Ruta graveolens, Helleborus corsica, Rosa virginiana* avec *E.* ' Fire Glow '.

Fuchsia (Fuchsia)

Culture : placer en sol humifère, riche, humide mais bien drainé. Planter profond, rabattre au ras du sol après les premières gelées, couvrir d'une litière d'aiguilles de pin ou de fougères ou de feuilles mortes.

magellanica ' Riccartonii '
Fleur : juillet à octobre, rouge. H : 1 m. E : 80 cm.
Feuillage : caduc, vert. H : 1 m. Touffes.

Association : *Cistus laurifolius, Juniperus drupacea, Lavandula* ' Hidcote ', *Rosa* ' Golden Wings ', *Hoheria sextylosa, Crinium, Lamium maculatum* ' Album '.

magellanica ' Versicolor '
Fleur : juillet à octobre, rouge. H : 1 m. E : 80 cm.
Feuillage : caduc, panaché rose. H : 1 m. Touffes.

Association : *Rosa* ' Lavender Pinnochio ', *Aster laterifolius* ' Horizontalis ', *Crinium, Agapanthus.*

Genista (Genêt)

Culture : planter en situation ensoleillée en sol léger et bien drainé.
G. hispanica convient seulement en région tempérée.

hispanica (Europe du sud-ouest)
Fleur : juin-juillet, jaune or. H : 1 m. D/E : 1,80 m/2 m.
Feuillage : caduc, vert foncé, épineux. H : 1 m. Buisson étalé.

lydia (Europe du sud-est)
Fleur : mai-juin, jaune riche. H : 90 cm. D/E : 1,60 m/1,80 m.
Feuillage : caduc, tige arquée. H : 90 cm. Buisson étalé.

Association : *Santolina, Linum narbonense, Camassia leichtlinii* ' Atrocoerulea '.

Gunnera (Gunnera)

Culture : planter en sol frais et même humide, en situation ensoleillée ou semi-ombragée. Couper les feuilles de *G. manicata* avant les premiers gels et les retourner sur la souche, couvrir de fougères. Diviser régulièrement en avril pour contenir la croissance.

manicata (Brésil)
Fleur : avril, rougeâtre conique. H : 1 m. D/E : 3 m/3 m.
Feuillage : caduc, vert géant. H : 2,50 m. Touffes, invasif.

Association : *Osmunda regalis,* arums, *Iris kaempferi, Onoclea sensibilis.*

Gypsophila (Gypsophile)

Culture : planter en sol bien drainé, neutre, nécessitant un amendement calcaire en terre acide. N'aime pas être transplanté.

paniculata (Europe de l'Est)
Fleur : juin à août, blanc nuageux. H : 90 cm. D/E : 80 cm/90 cm.
Feuillage : caduc, gris-bleu. H : 30 cm. Coussin.

Association : Phlox nain, *Tradescantia* ' Blue Stone '.

Hebe (Véronique)

Culture : planter en sol travaillé et bien drainé.

albicans (Nouvelle-Zélande)
Fleur : juin, blanche. H : 60 cm. D/E : 40 cm/60 cm.
Feuillage : persistant, glauque. H : 60 cm. Coussin.

Association : *Hosta glauca (H. sieboldiana).*

amstrongii (Nouvelle-Zélande)
Fleur : juin à août, blanche. H : 90 cm. D/E : 60 cm/90 cm.
Feuillage : persistant, vert foncé doré. H : 90 cm. Buisson dense.

H. hectorii plus petit n'a pas besoin d'être taillé.

Association : *Elaeagnus commutata, Daphne odora* ' Aureomarginata ', *Phormium tenax* ' Purpureum ', *Hosta fortunei* ' Aureomarginata '.

cupressoides (Nouvelle-Zélande)
Fleur : juin-juillet, bleu pâle. H : 80 cm. D/E : 1 m/1,20 m.
Feuillage : persistant, gris-vert. H : 80 cm. Buisson étalé.

Association : cyprès, *Rosmarinus, Santolina.*

pinguifolia ' Pagei ' (Nouvelle-Zélande)
Fleur : mai-juin, blanche. H : 30 cm. D/E : 80 cm/90 cm.
Feuillage : persistant, vert glauque. H : 30 cm. Coussin.

Association : *Anaphalis triplinervis, Stachys lanata.*

salicifolia ' Spender's Seedling '
Fleur : juin à août, blanche. H : 60 cm. D/E : 80 cm/1,20 m.
Feuillage : persistant, vert clair. H : 60 cm. Buisson tapissant.

Association : *Cimicifuga, Ilex* (houx), *Buxus* (buis), *Rosa* ' Iceberg '.

Helichrysum (Immortelle)

Culture : placer en situation ensoleillée. Ce buisson gagne à être taillé au printemps.

splendidum (Afrique du Sud)
Fleur : juillet-août, jaune. H : 90 cm. D/E : 80 cm/90 cm.
Feuillage : persistant, gris argent. H : 90 cm. Buisson compact.

Association : *Hebe cupressoides, Cistus laurifolius, Genista.*

Hosta (Hosta)

Culture : planter en sol frais, tourbeux et riche, au soleil ou à l'ombre, la dimension des feuilles toutefois variera en raison inverse de l'ensoleillement.

crispula (Japon)
Fleur : août, lilas foncé. H : 60 cm. D/E : 60 cm/80 cm.
Feuillage : caduc, vert bordé blanc. H : 50 cm. Touffettes.

sieboldiana ' Elegans ' (Japon)
Fleur : juillet-août, mauve pâle. H : 50 cm. D/E : 1,20 m/1,20 m.
Feuillage : caduc, glauque. H : 40 cm. Touffe étalée.

Association : bulbes, fougères *(Athyrium, Dryopteris), Vinca minor, Hebe* ' Pagei ', *Houstonia caerulea.*

fortunei ' Aureomarginata ' *(Japon)*
Fleur : juillet, lilas. H : 90 cm. D/E : 1 m/1,20 m.
Feuillage : caduc, vert bordé doré. H : 70 cm. Touffes étalées.

undulata erromena (Japon)
Fleur : août, mauve. H : 60 cm. D/E : 80 cm/90 cm.
Feuillage : caduc, vert uni. H : 50 cm. Touffettes.
H. undulata a un feuillage taché de blanc.

Association : *Hebe amstrongii, Berberis thunbergii* ' Aurea ', *Geranium ibericum* ' Johnson Blue ' ou *Geranium psilostemon, Helleborus corsica.*

Hydrangea (Hydrangea)

Culture : planter en terre riche, tourbeuse et fraîche, situation plutôt ombragée. Ne pas tailler cette espèce naine.

involucrata " Hortensis '
Fleur : juillet à octobre, crème, double. H : 40 cm. D/E : 50 cm/60 cm.
Feuillage : caduc, vert clair. H : 30 cm. Touffes basses.

Association : *Epimedium* X *rubrum, Tiarella wherryi, Sedum* ' Autumn Joy '.

Hydrangea (Hortensia)

Culture : placer en sol acide si la couleur bleue est souhaitée, terre tourbeuse, riche et fraîche, situation ombragée.
H. ' Blue Bird ' est plus rustique que ' Blue Wave '.
H. quercifolia aime un sol humide en situation ombragée.
H. villosa, moins rustique, apprécie une situation ensoleillée, sinon abritée et supporte un sol plus sec.

serrata ' Blue Bird '
Fleur : juillet à septembre, bleue, plate. H : 80 cm. D/E : 1,20 m/1,50 m.
Feuillage : caduc, vert tendre. H : 80 cm. Buisson étalé.

Association : *Choisya ternata.*

' Mariesii '
Fleur : juillet à septembre, blanc-rose, plate. H : 80 cm. D/E : 1 m/1,20 m.
Feuillage : caduc, vert tendre. H : 80 cm. Buisson étalé.

Association : *Polygonum campanulatum.*

serrata ' Preziosa '
Fleur : juin à novembre, rose vif (boule, puis rouge foncé). H : 1 m. D/E : 80 cm/90 cm.
Feuillage : caduc, vert, tige rouge. H : 1 m. Buisson dressé.

Association : *Sedum* ' Ruby Glow '.

quercifolia (États-Unis)

Fleur : août, blanche, en grappes pendantes. H : 1,60 m. D/E : 1 m/1,20 m.
Feuillage : caduc, vert découpé, vire au rouge en automne. H : 1,60 m. Buisson.

Association : *Rodgersia pinnata* ' Superba ' ou *Rodgersia aesculifolia.*

villosa (Chine)
Fleur : août, bleu lavande, plate. H : 2 m. E : 2 m.
Feuillage : caduc, vert-gris, velu. H : 2 m. Buisson.

Association : *Hydrangea serrata* ' Preziosa ', *Clematis viticella.*

Hypericum (Millepertuis)

Culture : planter en tout sol fertile en situation ensoleillée.
H. calcynum (millepertuis), trop répandu et trop envahissant, n'est pas recommandé ici même en grande surface, à plus forte raison dans une plate-bande.

patulum ' Hidcote '
Fleur : juillet à octobre, jaune or. H : 1,60 m. D/E : 1,80 m/2,20 m.
Feuillage : semi-persistant, vert foncé. H : 1,60 m. Buisson étalé.

Association : *Origanum* ' Aureum ' (marjolaine), *Lysimachia punctata* ' Aurea ', *Hebe* ' Pagei ', *Salvia* X *superba.*

Iberis (Thlaspi)

Culture : planter en sol fertile, bien drainé, situation ombragée ou ensoleillée.

sempervirens (Europe du sud)
Fleur : février à avril, blanc pur. H : 20 cm. D/E : 40 cm/60 cm.
Feuillage : persistant, vert sombre. H : 25 cm. Coussin.

Association : *Choisya ternata, Berberis* X *stenophylla,* bulbes *(Narcissus poeticus).*

Ipheon (Iphéon)

Culture : planter en sol drainé, léger, situation plutôt ensoleillée.

uniflorum (Triteleia uniflora) (Pérou)
Fleur : avril-mai, bleu pâle. H : 15 cm. D/E : 10 cm/15 cm.
Feuillage : caduc, vert tendre, odorant. H : 10 cm. Touffes serrées.

Association : *Rosmarinus, Lamium maculatum* ' Album '.

Iris (Iris)

Culture : placer en situation ensoleillée, sol neutre mais surtout bien drainé. Planter, si possible, sur une légère butte. Couper les fleurs fanées. Replanter tous les 3 ans pour encourager la floraison.

pallida ' Dalmatica '
Fleur : juin, bleu lavande clair, odorante. H : 1 m. D/E : 60 cm/80 cm.
Feuillage : semi-persistant, gris. H : 90 cm. Touffes.

Association : *Crocus tomasinianus* 'Whitewelll Purple', *Sedum spathulifolium* 'Atropurpurea'.

germanica et cultivars (Europe du sud)
Fleur : mai, couleurs variées. H : 80 cm. D/E : 10 cm/60 cm.
Feuillage : semi-persistant, vert clair. H : 60 cm. Touffes serrées.

Association : *Spiraea vanhouttei, Rubus* X *tridel, Deutzia gracilis.*

unguicularis (stylosa) (Algérie)
Fleur : novembre à mars, bleu clair. H : 30 cm. D/E : 35 cm/40 cm.
Feuillage : persistant, vert foncé. H : 25 cm. Touffes serrées.

Association : *Stachys, Rosmarinus.*

Juniperus (Genévrier)

Culture : planter en tout sol fertile, situation plutôt ensoleillée.

horizontalis (Amérique du Nord)
Feuillage : persistant, vert bleuté. H : 30 cm. E : 1,20 m. Port étalé.

X ***media*** 'Pfitzeriana' ***(chinensis)*** (Chine)
Feuillage : persistant, vert bleuté, pointes pendantes. H : 1 m. E : 1,80 m. Port étalé.

sabina 'Tamariscifolia' (Europe du sud)
Feuillage : persistant, vert, fin. H : 1 m. E : 1,50 m. Port étalé.

Association : rosiers, fougères, fuchsias, iris, arbres et arbustes pleureurs.

Kalmia (Laurier des montagnes)

Culture : planter en terre tourbeuse, légère, acide seulement, situation plutôt ombragée. Très rustique. Croissance lente au démarrage. Ne supporte pas la transplantation.

latifolia (Amérique du Nord)
Fleur : juin, rose soutenu, hexagonale. H : 3 m. D/E : 2 m/3 m.
Feuillage : persistant, vert sombre, brillant, toxique. H : 3 m. Arbuste fourni à la base.

Association : sous-bois de chênes, rhododendron à feuilles persistantes (azalées notamment), *Pieris formosa, Acer japonicum, Cornus florida.*

Lamium (Lamier)

Culture : planter en tout sol bien drainé, soleil ou mi-ombre pour garder sa couleur.

maculatum 'Album' : mêmes caractéristiques que ci-dessous, mais fleur blanche et feuillage panaché argent.

'Beacon Silver'
Fleur : mai, rose. H : 10 cm. D/E : 40 cm/50 cm.
Feuillage : persistant, platine. H : 10 cm. Tapissant.

Association : convient en de multiples situations où une tache claire est nécessaire, *Potentilla* 'Mandchu', *Rosa* 'Yesterday'.

Liatris (Liatris)

Culture : planter en sol riche, profond, toujours frais, même marécageux et plutôt ensoleillé. Plante facile, mais floraison variable dans le temps. Utile pour les bouquets.

spicata (États-Unis)
Fleur : septembre, pourpre, en épis. H : 80 cm. D/E : 30 cm/40 cm.
Feuillage : caduc, vert foncé. H : 60 cm. Touffes serrées.

Association : *Rosa* 'Iceberg', *Anemone* X *hybrida* ou *Astilbe chinensis pumila, Hydrangea aspera.*

Ligularia (Séneçon)

Culture : placer en sol frais et humide, situation ensoleillée ou sol plus sec à l'ombre.

clivorum (Senecio clivorum) (Chine)
Fleur : juillet, jaune foncé. H : 1,20 m. D/E : 1 m/1,20 m.
Feuillage : caduc, vert, très large. H : 80 cm. Touffes étalées.

Association : *Lysimachia punctata, Rheum palmatum.*

Limonium (Statice)

Culture : planter en sol fertile et frais, situation plutôt ensoleillée.

latifolium (Russie du sud)
Fleur : juillet à septembre, nuage mauve. H : 60 cm. D/E : 50 cm/60 cm.
Feuillage : persistant, vert. H : 15 cm. Fleur étalée.

Association : *Hosta, Galtonia candicans, Rosa* 'Cornelia' ou 'Felicia'.

Magnolia (Magnolia)

Culture : placer en tout sol fertile et léger, drainé et profond. Planter de préférence au printemps. Dans les régions moins tempérées, palisser sur un mur au sud ou sud-ouest. Feuillage plus jaune sur sol calcaire, mais fleurit plus vite.

grandiflora 'Treyveiensis'
Fleur : juin à décembre, blanche, odorante. H : 6 m. D/E : 5 m.
Feuillage : persistant, vert, épais, brillant, ondulé. H : 6 m. Arbre garni du pied.
Fruit : novembre, rouge. H : 6 m.

Association : *Salix matsudana* ' Tortuosa ', *Photinia* ' Robusta ', *Hedera helix* ' Glacier ', *Spiraea* X *vanhoutteii, Phillyrea, Osmanthus delavayii.*

Mentha (Menthe)

Culture : planter en tout sol fertile, frais en été de préférence, mais plutôt exposé au soleil.

rotundifolia ' Variegata '
Feuillage : caduc, vert panaché crème. H : 60 cm. D/E : 60 cm/1 m. Coussin.

Association : *Euonymus fortunei* ' Kewensis ', *Saxifraga moschata, Hosta undulata, Houstonia caerulea.*

Muscari (Muscari)

Culture : bulbe à planter à 8 cm de profondeur en tout sol bien drainé.

armeniacum (Europe du sud-est)
Fleur : avril-mai, bleu intense. H : 15 cm. D/E : 10 cm/15 cm.
Feuillage : caduc, vert. H : 12 cm. Touffes.

Association : *Iberis* ou *Cerastium, Deutzia gracilis.*

Myosotis (Myosotis)

Culture : plante aquatique, pousse en sol frais pas forcément marécageux, situation ensoleillée.

scorpioides ' Mermaid ' ***(M. palustris)*** (Europe)
Fleur : avril à octobre, bleu myosotis. H : 25 cm. D/E : 15 cm/25 cm.
Feuillage : persistant, vert foncé. H : 20 cm. Touffes.

Association : *Matteucia struthiopteris, Hydrangea quercifolia, Exochorda racemosa* ou *Potentilla* ' Mandchu ', *Cerastium.*

Nepeta (Népète)

X ***faassenii*** (voir page 33).

Olearia (Oléaria)

Culture : planter en tout sol drainé et bien exposé. Convient en milieu urbain et au bord de la mer.

haastii (Nouvelle-Zélande)
Fleur : juillet, marguerite blanche. H : 2,20 m. E : 2 m.
Feuillage : persistant, vert-gris. H : 2,20 m. Buisson dense.

Association : *Lamium maculatum* ' Album ', *Lavandula* ' Hidcote ', *Eryngium.*

Origanum (Marjolaine)

Culture : placer en tout sol fertile, drainé, exposé au soleil. Raccourcir pour encourager une végétation plus dense. Perd sa couleur dorée à l'ombre.

vulgare ' Aureum '
Fleur : juillet-août, jaune-vert. H : 20 cm. D/E : 40 cm/60 cm.
Feuillage : caduc, vert-jaune. H : 20 cm. Tapissant.

Association : *Hypericum* ' Hidcote ', *Genista hispanica.*

Osmunda (Osmonde royale)

Culture : planter en bordure de plan ou de cours d'eau, ou dans des marécages. Prend de belles couleurs en automne. Éliminer toute ronce existante.

regalis
Feuillage : caduc, vert clair, palme. H : 1,20 m. Touffes étalées. D/E : 3 m/3 m.

Association : *Iris kaempferi, Zantedeschia* (arum), bambous.

Hosta crispula *Osmunda regalis* *Ribes sanguineum*

Phlox (Phlox)

Culture : placer en sol fertile, bien drainé, au soleil.

douglasii (Amérique du Nord)
Fleur : mai, blanche, rose, bleue. H : 10 cm. D/E : 20 cm/30 cm.
Feuillage : caduc, vert, mat. H : 5 cm. Petit coussin.

Association : *Campanula, Stachys lanata, Verbena nervosa, Lamium* ' Beacon Silver '.

Photinia (Photinia)

Culture : tout sol fertile et profond, drainé et amendé, situation ensoleillée. Convient tout à fait en milieu urbain.

glabra ' Rubens '
Fleur : juin, blanche. H : 2,50 m. E : 2 m.
Feuillage : persistant, jeune pousse rouge cire. H : 2,50 m. Buisson touffu.
Fruit : octobre, rouge. H : 2,50 m.

' Robusta '
Feuillage : persistant, jeune pousse rouge, cuivre puis vert foncé brillant. H : 5 m. E : 5 m. Arbuste garni du pied.

Association : *Magnolia grandiflora* et cultivars, *Salix matsudana* ' Tortuosa ', *Osmanthus delavayii, Hedera helix* ' Glacier '.

Polystichum (Polystichum)

Culture : sol frais, situation ombragée, pour ravins, forêts ou sous-bois humides.
P. proliferum a un port plus étalé.

aculeatum (Europe, Amérique, Asie)
Feuillage : persistant, vert foncé, brillant. H : 40 cm. D/E : 40 cm/80 cm.

setiferum ' Divisilobum '
Feuillage : persistant, vert moyen. H : 60 cm. D/E : 80 cm/1,20 m.

Potentilla (Potentille)

Culture : exige sol fertile, drainé et plutôt léger, situation ensoleillée pour obtenir la meilleure floraison.

dahurica ' Mandchu ' (hémisphère nord)
Fleur : mai à octobre, blanc pur. H : 40 cm. D/E : 50 cm/60 cm.
Feuillage : caduc, vert, coloré en automne. H : 40 cm. Buisson étalé.

' Vilmoriana ' (hémisphère nord)
Fleur : juin à octobre, jaune crème. H : 1,80 m. E : 1,80 m.

Feuillage : semi-persistant, gris argent. H : 1,80 m. Buisson touffu dressé.

Association : *Filipendula hexapetala, Lamium* ' Beacon Silver ', *Rosa* ' Yesterday ' avec *P.* ' Mandchu '; *Rosa* ' Golden Wings ' avec *P.* ' Vilmoriana '.

Prunus (Laurier-cerise)

Culture : planter au soleil ou ombre, même dans les sols les plus ingrats; supporte la sécheresse.

laurocerasus ' Zabeliana ' (Europe de l'Est, Asie Mineure)
Fleur : mars-avril, blanche, verticale. H : 90 cm. D/E : 80 cm/2 m.
Feuillage : persistant, vert foncé. H : 90 cm. Buisson étalé.
Fruit : juin, noir, petit. H : 90 cm.

Association : lierre, *Pachysandra, Saxifraga umbrosa, Taxus baccata* ' Repandens ' ou ' Graciosa '.

Rhododendron (Rhododendron)

Culture : planter en terre tourbeuse et acide, toujours fraîche, mais jamais inondée, donc bien drainée et à l'abri des vents desséchants, situation semi-ombragée à ensoleillée. N'a pas besoin d'un sol profond. Enlever les fleurs fanées des grands arbustes.

impeditum (Chine)
Fleur : avril, bleu-mauve. H : 20 cm. D/E : 50 cm/60 cm.
Feuillage : persistant, vert. H : 20 cm. Buisson bas.

' Sapphire '
Fleur : avril, bleu lavande. H : 30 cm. D/E : 50 cm/60 cm.
Feuillage : persistant, vert. H : 30 cm. Buisson bas.

Association : *Anemone blanda, Anemone clerbois.*

Les rhododendrons de grande taille forment d'excellents couvre-sol en situation ombragée. Toutefois, ne jamais mélanger de rhododendrons à feuilles caduques et à feuilles persistantes. Cette règle d'expérience est difficile à expliquer, sinon peut-être par le port et la couleur de chaque groupe qui se marie mal avec l'autre.

Ribes (Groseillier)

Culture : planter en sol fertile, bien drainé, au soleil. Très odorant toute l'année.

sanguineum (Amérique du Nord)
Fleur : mars, rose vif en grappes. H : 2,50 m. D/E : 2,30 m/2,50 m.
Feuillage : caduc, vert clair. H : 2,50 m. Buisson étalé.
Fruit : septembre, noir. H : 2,50 m.

Association : selon la couleur du cultivar :

Lavandula, Buxus, Lilium

Stachys lanata, Deutzia gracilis, Iris germanica

Association réussie de couvre-sol

bulbes : jacinthes *(Hyacinthus orientalis),* tulipes,
Prunus yedoensis ' Ivensii ',
Prunus subhirtella ' Pendula Rubra '.

Rosa (Rosier) (voir aussi page 40).

Culture : planter en sol riche, bien drainé, au soleil, en terre assez lourde. Des traitements fréquents, en hiver, au débourrage des feuilles, avant et après la floraison, ainsi que des tailles appropirées, assurent le succès. Maintenir la hauteur en taillant les espèces ci-dessous. *R. rugosa* peut se rabattre tout à fait si nécessaire, *R.* ' Iceberg ' n'est couvre-sol qu'après 8/10 cm, de même les cultivars de *R. rugosa.*

' Cornelia ', ' Felicia ', ' Penelope '
Fleur : juin à septembre, remontante rose. H : 1 m. E : 1 m.
Feuillage : caduc, vert foncé. H : 1 m. Buisson couvrant.

rugosa ' Double Blanc de Coubert '
Fleur : juin à septembre, remontante blanche. H : 1 m. D/E : 50 cm/1 m.
Feuillage : caduc, vert. H : 1 m. Buisson épais.
Fruit : octobre, rouge. H : 1 m.

Association : *R.* ' Penelope ' avec *Cytisus battandieri, Clematis* ' Ville de Lyon '. *R.* ' Iceberg ' avec *Caryopteris* X *clandonensis, Salvia* X *superba.*

Rubus (Ronce)

Culture : planter en tout terrain, soleil ou semi-ombre. Tailler et fumer après la floraison pour encourager de nouvelles pousses arquées, sans cette taille le buisson devient très touffu.

X ***tridel*** ' Benenden '
Fleur : mai, blanc pur, fontaine. H : 3 m. E : 3 m.
Feuillage : caduc, vert, arqué, sans épine. H : 3 m. Buisson touffu.

Association : *Rosa rugosa* ' Roseraie de l'Haÿ ', *Camassia* ou *Iris germanica* (bleu), *Deutzia gracilis.*

Ruscus (Petit houx) (voir page 41).

Ruta (Rue)

Culture : planter en sol drainé, situation ensoleillée. Nécessite une taille en avril pour maintenir une forme dense.
R. g. ' Jackman's Blue ' est une touffe plus compacte, de 60 cm/40 cm.

graveolens (Europe du sud)
Fleur : juin-juillet, jaune. H : 80 cm. D/E : 50 cm/60 cm.

Feuillage : persistant, glauque. H : 80 cm. Touffes denses.

Association : romarin, *Hebe cupressoides, Artemisia abrotanum, Artemisia schmidtiana* ' Nana ', euphorbe.

Salix (Saule)

Culture : les saules poussent en tout terrain, plutôt glaiseux et frais.
S. lanata atteint 1,20 m, a des chatons plus petits et des feuilles plus longues que *S. l.* ' Stuartii '.
S. purpurea doit être taillé à ras et supporte un sol plus sec, convient pour border un plan ou cours d'eau.
Les formes naines ont une croissance lente.

helvetica
Fleur : mars, chaton gris. H : 60 cm. D/E : 20 cm/80 cm.
Feuillage : caduc, pubescent gris puis vert-gris. H : 60 cm. Coussin.

lanata ' Stuartii ' (Europe, Asie du nord)
Fleur : mars, bouton orange, chaton gris-jaune. H : 80 cm. D/E : 20 cm/1,20 m.
Feuillage : caduc, jeune tige. H : 80 cm. Coussin.
Fruit : jaune-gris, puis vert vif.

Association : *Hebe* ' Pagei ', *Elaeagnus commutata (argentea).*

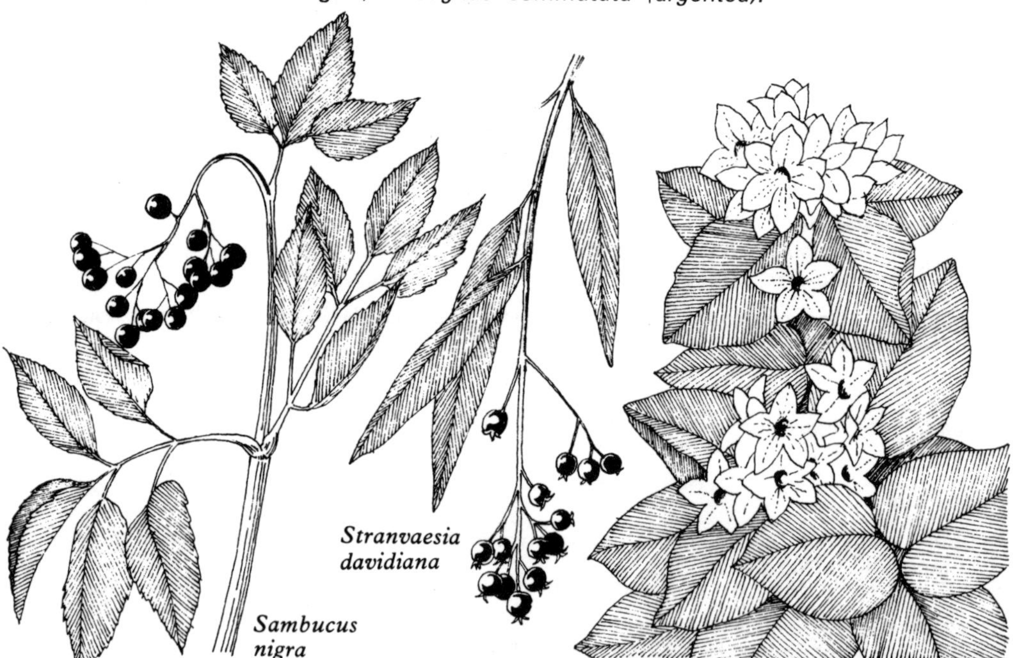

Viburnum tinus lucidum

Salvia (Sauge)
' Purpurascens ' (voir page 42).

Sambucus (Sureau)

Culture : planter en sol fertile, situation ensoleillée. Tailler sans crainte en hiver pour obtenir la forme voulue.

nigra ' Albovariegata ' (Europe)
Fleur : juin, blanche. H : 4 m. E : 4 m.
Feuillage : caduc, vert panaché argent. H : 4 m. Arbuste touffu.
Fruit : octobre, noir. H : 4 m.

Association : *Arundinaria japonica, Euonymus fortunei* ' Variegata '.

racemosa ' Plumosa Aurea ' (Europe, Chine du nord)
Fleur : mai, blanche. H : 3 m. E : 2,50 m.
Feuillage : caduc, doré, découpé, superbe. H : 3 m. Buisson touffu.

Association : *Robinia* ' Frisia ', *Cytisus battandieri, Lysimachia nummularia* ' Aurea ', *Ceanothus impressus, Salvia* X *superba.*

Satureia (Sariette)

Culture : exige un sol amendé et drainé, une situation ensoleillée.

montana (Europe)
Fleur : juillet à octobre, blanche. H : 30 cm. D/E : 25 cm/30 cm.
Feuillage : semi-persistant, vert argent. H : 30 cm. Buisson semi-dressé touffu.

Association : *Physostegia* (blanc), *Sidalcea* (rose), *Rosa* ' Cornelia ', ' Felicia ', ' Iceberg '.

Saxifraga (Saxifrage)

Culture : planter en tout sol, situation moyennement ensoleillée et fraîche.
S. moschata ' Atropurpurea ' a des fleurs rouges;
S. moschata ' Compacta ' a des tiges plus hautes que l'espèce;

moschata (Pyrénées)
Fleur : avril-mai, blanc ivoire. H : 10 cm. D/E : 25 cm/50 cm.
Feuillage : persistant, vert vif. H : 8 cm. Coussinet tapissant.

Association : utilisation très utile en bordure des plates-bandes avec *Helleborus corsicus, Hosta, Viburnum* ' Mariesii '.

Sedum (Orpin)

Culture : choisir une exposition sur un sol bien drainé. Les cultivars de *S. spurium* vont du pourpre (' Atropurpureum ') au rouge sang (' Shorbuser Blut ').

S. spectabile supporte un sol plus frais et ombragé.

spectabile ' Autumn Joy ' (Chine)
Fleur : septembre à novembre, rose, puis rouge foncé. H : 50 cm. D/E : 60 cm/80 cm.
Feuillage : caduc, vert glauque, charnu. H : 25 cm. Touffes.

Association : *Helleborus niger* (rose nacré), *Potentilla* ' Mandchu ', *Skimmia* ' Rubella '.

spurium (Causase, Iran)
Fleur : juillet-août, rose vif. H : 10 cm. D/E : 10 cm/15 cm.
Feuillage : semi-persistant, vert vif. H : 10 cm. Touffes.

Association : *Olearia haastii, Phlox* (blanc), *Dianthus* (blanc).

Senecio ' Sunshine ' (Seneçon) (voir page 43).

Skimmia (Skimmia)

Culture : placer en situation pas trop ensoleillée, en tout terrain frais et riche. Pour obtenir des fruits, principal attrait de ces arbustes, mélanger *S.* ' Rubella ' (mâle) et *S.* ' Foremanii ' (femelle). Croissance assez lente, planter serré, puis transplanter. Résiste à la pollution, mais craint le vent marin.

japonica ' Foremanii '
Fleur : mars-avril, verte en bouton, blanche. H : 1,50 m. D/E : 50 cm/80 cm.
Feuillage : persistant, vert clair. H : 1,50 m. Buisson.
Fruit : octobre à mars, rouge vif. H : 1,50 m.

' Rubella ' (Chine)
Fleur : mars-avril, pourpre en bouton, blanche. H : 1,50 m. D/E : 50 cm/80 cm.
Feuillage : persistant, vert foncé. H : 1,50 m. Buisson.

Association : houx, *Gaultheria procumbens.*

Spiraea (Spirée) (voir aussi page 44).

Culture : planter en tout sol fertile, en situation plutôt ensoleillée. Tailler les vieux rameaux à la base après la floraison pour encourager de nouvelles pousses pour la floraison de l'année suivante.

bullata
Fleur : juillet-août, rose soutenu. H : 90 cm. D/E : 60 cm/80 cm.
Feuillage : caduc, vert foncé, denté. H : 90 cm. Touffes compactes.

Association : *Cerastium, Ilex aquifolium* ' Crispa '.

Stachys (Oreille d'ours)

Culture : planter en sol fertile et bien drainé, plutôt au soleil. Enlever les fleurs fanées.

S. ' Silver Carpet ', ne fleurissant pas, évite ce travail, lorsque cette fleur n'est pas souhaitée pour elle-même.

olympica (synonyme *S. lanata)* (Caucase, Iran)
Fleur : juillet, mauve, en épis. H : 40 cm. D/E : 20 cm/50 cm.
Feuillage : persistant, argent, velu. H : 10 cm. Touffes tapissantes.

Association : *Cistus* X *purpureus, Fuchsia* ' Versicolor ', *Agave, Nepeta* X *faassenii, Salvia* ' Purpurascens '.

Stranvaesia (Stranvaesia)

Culture : planter en tout sol fertile, situation plutôt ensoleillée. Supporte la sécheresse mais pas le vent glacé. Fleurs et fruits sont rares, sauf dans les régions les plus tempérées.

davidiana (Chine)
Fleur : juin, blanche. H : 2 m. E : 1,50 m.
Feuillage : persistant, vert tirant au rouge. H : 2 m. Buisson.
Fruit : août-septembre, rouge vif. H : 2 m.

Association : *Ilex aquifolium* ' Golden Queen ' ou *Taxus baccata* ' Aurea ', X *Stranvina (Stanvaesia* X *Photinia), Hebe amstrongii, Mentha* ' Variegata ' ou *Elaeagnus macrophylla* ou *commutata, Berberis* X *stenophylla, Paeonia lutea* et cultivars, *Taxus baccata* ' Repandens '.

Taxus (If nain)

Culture : planter en tout sol fertile, au soleil ou à l'ombre.

baccata ' Repandens ' (Europe, Afrique du Nord)
Feuillage : persistant, vert-noir. H : 30 cm. D/E : 70 cm/80 cm. Buisson étalé.

Association : *Prunus laurocerasus* ' Zabeliana ', *Cotoneaster dammeri* ' Repens ', *Berberis* X *stenophylla* ' Prostrata '.

Tradescantia (Misère)

Culture : planter en tout sol drainé, mais toujours frais, situation ensoleillée ou semi-ombragée.

virginiana ' Blue Stone ' (Amérique du Nord)
Fleur : juin à septembre, bleu nuit. H : 60 cm. D/E : 50 cm/80 cm.
Feuillage : caduc, vert généreux. H : 60 cm. Buisson touffu.

Association : *Gypsophila paniculata, Rosa chinensis* ' Mutabilis '.

Viburnum (Viorne)

Culture : planter en tout sol convenablement cultivé, situation plutôt ensoleillée, mais fraîche au pied. Tailler les pousses verticales pour conserver le port étalé.

plicatum ' Mariesii ' (Chine, Japon)
Fleur : juin, blanche, dressée. H : 1 m. D/E : 2,50 m/2,50 m.
Feuillage : caduc, vert tendre, lie-de-vin en automne. H : 1 m. Port horizontal.

Association : *Skimmia japonica* ' Foremanii ', *Rhododendron* ' Elizabeth ', *Cryptomeria japonica* ' Elegans '.

Viburnum (Laurier-tin)

Culture : planter en tout sol fertile, au soleil ou en pleine ombre, n'apprécie guère les situations trop éventées.
V. tinus lucidum ' Purpureum ' est nettement supérieur à l'espèce type. Il peut être mélangé avec celle-ci.

tinus lucidum ' Purpureum ' (Europe du sud-est)
Fleur : mars-avril, blanc rosé. H : 3 m. E : 3 m.
Feuillage : persistant, pourpre puis vert foncé. H : 3 m. Buisson touffu.

Association : *Cornus alba* ' Sibirica ', bulbes (tulipes blanches), *Viburnum farreri* et cultivars, *Cotoneaster lactea.*

les jardins couvre-sol

ABRÉVIATIONS : FF : fleurs; F : feuillage; f : fruit; t : tige; p : pousse. Dans les listes suivantes, avec les plantes couvre-sol sont mentionnés certains végétaux ne présentant pas ce caractère, mais pouvant y être associés dans les divers types de jardins.

Jardin aromatique

Chimonanthus (FF)
Choisya ternata (FF, F)
Dianthus (FF)
Elaeagnus (FF)
Gaultheria procumbens (F)
Genista (FF)
Hebe cupressoides (F)
Helichrysum (F)
Iris (FF)
Jasminum (FF)
Juniperus (F)
Lavandula (FF, F)
Mahonia japonica (FF)
Mentha (F)
Nepeta (F)
Olearia X haastii (FF)
Origanum (F)
Osmanthus (FF)
Pelargonium (FF, F)
Rosa (FF)
Ribes sanguineum (F)
Rosmarinus officinalis (F)
Ruta graveolens (F)
Salvia (F)
Santolina (F)
Satureia (FF)
Skimmia (FF, F)
Thymus (F)
Viola (FF)
Yucca (FF)

Jardin d'automne

(voir aussi jardin doré, jardin pourpre)

Anaphalis (FF)
Berberis (f)
Cotinus (F)
Cotoneaster (F, f)
Cyclamen neapolitanum (FF)
Epimedium (F)
Euonymus (F)
Hydrangea quercifolia (FF, F)
Hydrangea involucrata 'Hortensis' (FF)
Hydrangea serrata 'Preziosa' (FF, F)
Hypericum (FF)
Mahonia (F)
Osmunda (F)
Potentilla dahurica 'Mandchu' (FF, F)
Rosa rugosa (F, f)
Rosa virginiana (F, f)
Sedum spectabilis 'Autumn Joy' (FF)
Skimmia (FF, f)
Stephanandra (F)
Sternbergia lutea (FF)
Spiraea prunifolia (F)
Symphoricarpos (f)
Viburnum 'Mariesii' (F)

Jardin gris

Acaena 'Blue haze'
Anaphalis triplinervis
Arabis 'Variegata'
Atriplex
Aubrietia
Buddleia alternifolia
Cerastium
Cotoneaster lacteus amoenus
Cytisus battandieri
Dianthus
Elaeagnus macrophylla
Elaeagnus pungens
Eucalyptus
Euonymus fortunei 'Variegata'
Euonymus fortunei
'Silver Queen'
Geranium renardii
Gypsophila
Halimium ocimoides
Hebe albicans
Hebe pinguifolia 'Pagei'
Helianthemum
'Wisley Primrose'
Helichrysum
Hippophae rhamnoides
Hosta sieboldiana 'Elegans'
Hydrangea villosa
Iris pallida 'Dalmatica'
Lamium maculatum
Lavandula
Nepeta
Olearia mollis
Perowskia
Potentilla 'Vilmoriana'
Pyrus salicifolia 'Pendula'
Rubus thibetanus
Salix helvetica
Salix lanata
Salix sachalinensis 'Sekka'
Sambucus nigra
'Albovariegata'
Santolina
Satureia montana
Senecio 'Sunshine'
Stachys lanata
Tencrium fruticans
Thymus 'Silver Queen'
Yucca

Jardin d'hiver

Caltha palustris
Chimonanthus praecox
Chiodonoxa
Corylopsis
Crocus
Eranthis
Galanthus
Garrya elliptica
Gaultheria procumbens
Hamamellis mollis
Iris
Jasminum nudiflorum
Kerria
Leucojum
Mahonia X *media*
Scilla
Skimmia
Stachyurus
Viburnum 'Farreri'
Viburnum tinus

Jardin glaiseux et calcaire

Ajuga
Alchemilla
Berberis
Bergenia
Brunnera macrophylla
Caltha
Clematis
Cotoneaster
Crataegus
Epimedium
Euonymus fortunei
Forsythia
Geranium
Hedera
Hemerocallis
Hosta (avec de l'humus)
Lamium
Lonicera
Mahonia
Peltiphyllum
Phillyrea
Polygonatum
Polygonum
Prunus
Pyrus
Ribes
Rodgersia
Rosa
Rubus
Salix
Sambucus
Sorbaria
Spiraea

Symphoricarpos
Tellima
Vancouveria
Viburnum
Vinca
Waldsteinia

Jardin pour les régions froides

Arctostaphylos uva-ursi
Cotinus coggygria
Cryptomeria japonica
'Elegans'
Elaeagnus commutata
Euonymus fortunei
Gaulnettya
Gaultheria shallon
Juniperus
Kalmia latifolia
Leucothoe fontanesiana
Lonicera pileata
Mahonia aquifolium
Pachysandra terminalis
Pernettya mucronata
Salix
Spiraea
Taxus baccata

Jardin doré

Aralia elata 'Aureovariegata' (F)
Berberis thunbergii 'Aurea' (F)
Chamaecyparis obtusa 'Nana Aurea' (F)
Corydalis cheilanthifolia (FF, F)
Cupressocyparis leylandii 'Castlewellan Gold' (F)
Cupressus sempervirens 'Swana's Golden' (F)
Ginkgo biloba 'Pendula' (F aut.)
Hebe amstrongii (F)
Hedera helix 'Gold Heart' (F)
Hydrangea petiolaris (F aut.)
Hypericum patulum 'Hidcote' (FF)
Juniperus 'Plumosa Aurea' (F)
Ligustrum ovalifolium 'Aureum' (F)
Lysimachia nummularia 'Aurea' (F, FF)
Lysimachia punctata (FF)
Origanum vulgare 'Aureum' (F)
Populus alba 'Richardii' (F)
Potentilla arbuscula (FF)
Potentilla fruticosa (FF)
Potentilla 'Tangerine' (FF)
Rosa rugosa (F aut.)
Sambucus racemosa 'Plumosa Aurea' (F)
Taxus baccata 'Fastigiata Aureomarginata' (F)
Waldsteinia (FF)

Jardin d'été

Acaena
Achillea
Alchemilla
Anaphalis
Astilbe
Campanula
Cotinus
Crocosmia
Dianthus
Eucryphia
Fuchsia
Geranium
Gypsophila
Halimiocistus
Hebe
Helianthemum
Helichrysum
Hemerocallis
Hosta
Hydrangea
Hypericum
Kniphofia
Lavandula spica
Ligularia
Limonium
Lysimachia
Magnolia grandiflora
Mentha
Myosotis palustris
Nepeta

Olearia
Origanum
Phlox
Polemonium
Potentilla
Polygonum
Rheum
Rodgersia
Rosa
Salvia
Santolina
Satureia
Senecio
Thymus
Tiarella
Tradescentia
Viola
Yucca

Jardin de terrasse

(en milieu urbain ou industriel)

Achillea
Arabis
Aubrietia
Berberis
Chimonanthus
Choisya
Cotoneaster
Dianthus
Elaeagnus
Genista
Helianthemum
Hebe
Helichrysum
Hypericum patulum 'Hidcote'
Iberis
Ipheon
Iris
Lamium
Mahonia
Muscari
Olearia
Origanum
Phlomis
Phlox douglasii
Photinia
Polygonum
Potentilla
Prunus laurocerasus 'Zabeliana'
Ribes sanguineum
Rosa
Rubus
Ruscus
Ruta
Salvia
Sambucus
Satureia
Senecio
Spiraea
Stachys
Stephanandra
Taxus baccata 'Repandens'
Thymus
Viburnum tinus

Jardin de sous-bois humide

(grandes surfaces)

Ajuga
Anemone
Astilbe pumila
Cornus canadensis
Duchesnea indica
Epimedium
Gaultheria procumbens
Gaultheria shallon
Geranium endresii
Hedera colchica
Iris foetidissima
Lamium
Leucothoe
Lonicera pileata
Lysimachia
Matteucia
Rubus tricolor
Ruscus
Salix sachalinensis 'Sekka'
Tellima
Tolmiea
Viola cornuta

Jardin de marécage

Ajuga reptens 'Atropurpurea'
Arundinaria
Astilbe
Blechnum spicant
Caltha palustris
Euphorbia robbiae

Filipendula
Gunnera manicata
Hydrangea quercifolia
Iris X kaempferi
Juncus
Ligularia
Lysichitum
Lysimachia punctata
Magnolia virginiana
Matteucia
Metasequoia
Osmunda
Phyllostachys
Primula
Rheum palmatum
Rodgersia
Salix viminalis
Sambucus
Sasa
Trollius
Viburnum opulus
Zantedeschia

Jardin d'ombre (ville)

Acaena microphylla
Alchemilla
Amelanchier laevis
Berberis
Corydalis
Cotinus coggygria
Cotoneaster dammeri
Cotula squalida
Cytisus battandieri
Deutzia
Epimedium
Euonymus fortunei
Fatshedera
Ficus
Hebe pinguifolia 'Pagei'
Hedera helix
Hemerocallis et cultivars
Hosta
Iris
Juniperus horizontalis
Lysimachia nummularia
Nepeta
Olearia
Pachysandra terminalis
Phillyrea
Polygonum
Polystichum aculeatum
Potentilla
Rubus tricolor
Salvia X superba
Sasa veitchii
Skimmia japonica
Stranvaesia
Symphoricarpos X chenaultii 'Hancock'
Teelima
Viburnum tinus
Vinca minor
Waldsteinia

Jardin en forte pente

Acaena
Arctostaphylos uva-ursi, nevadensis
Arundinaria japonica
Bergenia
Clematis vitalba
Coronilla varia
Cotoneaster dammeri
Duchesnea indica
Fatshedera
Hedera helix
Helianthemum
Hemerocallis
Iris
Kniphofia
Lamium
Lonicera japonica 'Halliana'
Lonicera pileata
Mahonia repens
Nepeta
Pachysandra
Polygonum affine
Rosa 'Max Graf'
Rosa X paulii
Rosa wichuraiana
Rosmarinus
Rubus tricolor
Stephanandra
Symphoricarpos
Thymus
Vinca
Yucca

Jardin pourpre

Ajuga reptans 'Atropurpurea'
Aubrietia
Berberis thunbergii 'Atropurpurea'
Bergenia cordifolia 'Purpurea'

Clematis
Chrysanthemum rubellum
Cornus canadensis (F aut.)
Cotinus coggygria 'Royal Purple'
Fuchsia
Geranium
Hebe 'Amy'
Hebe 'La Belle Séduisante'
Hedera 'Purpurea' (F aut.)
Iris
Lavandula 'Hidcote'
Leucothoe fontanesiana (F aut.)
Mahonia aquifolium 'Atropurpurea'
Osmanthus heterophyllus 'Purpureus' (p)
Parthenocissus himalayana rubrifolia
Pernettya mucronata (F aut.)
Phormium tenax 'Purpureum'
Rheum palmatum
Rhododendron 'Purple Splendour' (FF)
Rosa 'Roseraie de l'Haÿ'
Rubus tricolor (F aut.)
Salvia officinalis 'Purpurascens'
Salvia X *superba*
Skimmia 'Rubella'
Tradescentia (FF)
Viburnum tinus lucidum 'Purpureum' (p)
Viburnum tomentosum *'Mariesii'* (F aut.)
Viola labradorica (F)

Jardin de printemps (avril-mai)

Ajuga
Amelanchier
Arabis
Arctostaphyllos
Aubrietia
Berberis
Bergenia
Brunnera
Camellia
Cerastium
Cercis
Choisya ternata
Coronilla
Corydalis
Cotoneaster
Crataegus
Deutzia gracilis
Duchesnea indica
Epimedium
Euphorbia
Forsythia
Genista
Geranium
Iberis
Ipheon
Iris
Kalmia
Magnolia
Malus
Muscari
Myosotis
Nepeta
Osmanthus delavayi
X *Osmarea burkwoodii*
Pieris
Potentilla
Prunus
Rhododendron
Rosmarinus
Rubus tridel
Sambucus
Saxifraga moschata
Saxifraga umbrosa
Spiraea
Tiarella cordifolia
Vancouveria
Viburnum
Viola
Waldsteinia

Couvre-sol pour rosiers

Acaena
Anaphalis
Arabis
Aubrietia
Campanula portenschlagiana
Cotoneaster dammeri
Fuchsia
Gypsophila
Hebe pinguifolia 'Pagei'
Helianthemum
Iberis
Lamium 'Beacon Silver'
Lamium maculatum 'Album'
Mahonia aquifolium 'Atropurpurea'
Nepeta
Phlox subulata
Polygonum affine

Rosa ' Max Graf '
Rosa rugosa ' Repens Alba '
Salvia
Santolina
Satureia montana
Saxifraga moschata
Stachys
Thymus
Viola labradorica

Jardin bleu

Anchusa (FF)
Aquilegia (FF)
Borago (FF)
Camassia (FF)
Campanula (FF)
Chamaecyparis ' Pembury Blue ' (F)
Clematis (FF)
Crocus (FF)
Delphinium (FF)
Hebe ' Autumn Glory ' (FF)
Hebe pinguifolia ' Pagei ' (F)
Hepatica (FF)
Hyacinthus (FF)
Hydrangea (FF)
Ipheon (FF)
Iris (FF)
Juniperus (F)
Lavandula (FF)
Limonium (FF)
Meconopsis (FF)
Muscari (FF)
Myosotis (FF)
Nepeta (FF)
Salvia (FF)
Scilla (FF)
Tradescentia (FF)
Veronica (FF)
Viola (FF)

Jardin de bord de mer

(A) supporte les embruns marins
(B) peut servir de coupe-vent

Arctostaphylos (A)
Armeria (A)
Arundinaria fortunei (A)
Atriplex (A)
Berberis (A)
Buddleia alternifolia (A)
Bupleurum (B)
Cerastium (A)
Choisya (A)
Cotoneaster dammeri (B)
Crataegus (B)
Daboecia (A)
Dianthus (A)
Elaeagnus macrophylla
Elaeagnus pungens
Eucryphia intermedia (AB)
Euonymus (A)
Euphorbia (A)
Fuchsia magellanica (A)
Genista (A)
Griselina littoralis (A)
Gypsophila (A)
Halimium (A)
Hebe (B)
Hedera helix (A)
Hippophae rhamnoides (AB)
Hydrangea (A)
Juniperus horizontalis (AB)
Lavandula (A)
Limonum (A)
Lonicera pileata (A)
Mahonia (A)
Olearia (AB)
Osmanthus (AB)
Phlomis fruticosa (A)
Polygonum bistorta (A)
Potentilla (A)
Quercus ilex (AB)
Rosa (A)
Rosmarinus (AB)
Ruta graveolens (A)
Salix (AB)
Salvia officinalis ' Purpurascens ' (A)
Santolina (A)
Sempervivum (A)
Senecio (AB)
Spartium junceum (A)
Thymus serpyllum (A)
Ulex europaeus (AB)
Vinca minor (A)
Yucca filamentosa (AB)

index

Jackie May est le pseudonyme d'un duo d'écrivains marié. Josh et Kelly vivent près de Phoenix, en Arizona, avec leurs quatre enfants et leur chat, Mr. Darcy. Jackie May est leur seule fille (et ne cesse de réclamer sa part des droits d'auteurs, puisqu'ils utilisent son nom).

De la même autrice :

Nora Jacobs :
1. *Démasquée*
2. *Désirée*
3. *Déchirée*
4. *Déchaînée*

Shayne Davies :
1. *Moi, rousse et fauchée*
2. *Lui, blond et paumé*

Ce livre est également disponible
au format numérique

www.milady.fr

Jackie May

Lui, blond et paumé

Shayne Davies – 2

Traduit de l'anglais (États-Unis) par Alix Dewez

Milady

Milady est un label des éditions Bragelonne

Titre original : *Magic in Those Eyes*

ISBN : 978-2-8112-2270-3

Bragelonne – Milady
60-62, rue d'Hauteville – 75010 Paris

E-mail : info@milady.fr
Site Internet : www.milady.fr

À Nick.
Tu es un véritable chef-d'œuvre.
Shayne

Chapitre premier

Je mène la danse dans une bataille chorégraphiée à la Bollywood, femmes contre hommes, quand il entre dans l'*Occulte*. Il ne marche pas, il flotte. Littéralement, à cinq centimètres du sol, jambes droites, attiré vers moi par une force défiant toutes les lois de la gravité. Ses yeux de cristal sont rivés aux miens.

Ardee Todd. Dans un smoking ajusté à la perfection. Un huit sur dix sur mon échelle du sex-appeal.

La musique s'arrête. La foule ébahie s'écarte devant lui, créant une allée qui le mène droit vers moi. Et voilà que je glisse à mon tour vers lui, submergée de désir. Je suis sous son charme. Un peu comme… comme n'importe quel homme de Détroit face à Nora Jacobs.

« Shayne », murmure-t-il sans desserrer les lèvres.

« Oh ! Todd… » gémit mon regard.

Lorsqu'il arrive à quelques centimètres de moi, j'entrouvre la bouche afin de recueillir son baiser, mais il se fige. Un puissant projecteur nous éclaire soudain. Ardee Todd contracte alors les muscles et son costard se déchire, révélant son uniforme de base-ball des Tigers de Détroit, avec crampons et tout. La foule se joint à mon cri de stupeur : « Oh, Todd ! »

En uniforme ! Mon neuf sur dix sur l'échelle du sex-appeal.

Un mambo endiablé s'échappe soudain des enceintes. Todd me prend les mains, me colle à lui et m'entraîne dans une danse si torride, si érotique que Cecile le succube en tombe de son tabouret, sonnée. Je me tortille, me dandine, rejette ma chevelure en arrière, lève la jambe. Puis je reviens dans les bras de Todd et me laisse choir dans un renversé théâtral…

Soudain, le temps semble ralentir. La musique joue toujours, mais paraît étouffée, secondaire. Toujours renversée, je regarde la foule, la tête en bas, mes cheveux balayant le sol. J'ai aperçu quelqu'un près des portes. Il vient d'entrer, les mains dans les poches, les manches de sa chemise retroussées, la cravate desserrée, son col ouvert révélant les tatouages de son cou.

Jay Brenner est un humain. Il n'a rien à faire à l'*Occulte*, et ça se voit. Ses yeux inquiets courent de visage en visage, se baissent en signe de soumission quand un grand loup-garou le bouscule de l'épaule.

Ardee Todd me redresse, la musique reprend, mais tout va beaucoup trop vite à présent. J'aimerais calmer les choses, garder un œil sur Brenner, mais mon cavalier ne cesse de me faire tournoyer et de me coller son visage au nez. Tendant le cou, je repère Brenner en train de se diriger vers le bar.

Non, non, non !

Nora Jacobs travaille à ce bar. Elle rince un verre, indifférente à la scène qui se joue. Les gens sont trop occupés à me regarder danser pour passer des commandes. Si Brenner atteint le comptoir, il aura droit à toute son attention. Il tiendra au mieux deux secondes avant de succomber à son chant de néréide et de finir piégé pour l'éternité dans sa collection de minets. Ce à quoi Nora réagira par un petit : « Oups ! haha ! »

Pas question !

Plantant les talons dans le sol, je pivote avec Ardee Todd dans les bras, puis le repousse de toutes mes forces. Alors qu'il valdingue dans la foule en glapissant, je me jette à corps perdu dans la marée de clubbeurs qui me sépare du bar. Brenner n'est plus qu'à quelques pas du comptoir. Il lève un doigt. Ouvre la bouche pour héler Nora Jacobs, qui se tourne vers lui. Je fends la foule à toutes jambes sans hésiter à jouer des coudes et à écraser des pieds. Je bondis sur un tabouret, plonge derrière le bar et, au moment où leurs regards vont se croiser, fauche brutalement Nora. Nous nous écrasons par terre. Elle peste, furieuse. Son harem d'esclaves d'amour ne va pas tarder à rappliquer.

Je la maintiens au sol et désigne Brenner en lançant par-dessus mon épaule :

— Ce gars-là ! Lui ! Il a tenté d'agresser Nora !

Brenner se retrouve aussitôt entouré d'hommes en colère. À l'aide de sa magie, Oliver Harrington lui entrave les bras tandis que Rook le loup-garou et Parker le vampire le hissent au-dessus de leur tête. Avec un rugissement assourdissant, Terrance le troll leur dégage un passage dans la foule pour leur permettre d'expulser Brenner du night-club. Ce dernier a tout juste le temps de me jeter un regard éploré – « Pourquoi, Shayne ? » – avant de disparaître.

« Pourquoi ? » J'ai bien une réponse à cette question – moins des mots qu'un sentiment qui enfle dans ma poitrine et imprègne toutes les fibres de mon être. Une excitation plus nerveuse qu'enthousiaste, plus désespérée qu'optimiste, si vous me suivez. C'est à la fois douloureusement triste et follement grisant. Comme vouloir…

Une main sur mon bras m'arrache à mes pensées. Celle de Nora Jacobs, qui me dévisage avec de grands yeux humides. Je me rends subitement compte qu'elle utilise ses pouvoirs de télépathe sur moi. Je m'écarte d'un mouvement brusque.

Sans me quitter de ses belles prunelles à la con de princesse Disney, elle demande :

— Lui as-tu déjà avoué ?

— De quoi ? je lâche.

Elle rougit. Sérieux, la nana *rougit*, quoi !

— Qu'il est *ta préférence* ?

— Ma… quoi ?

— Que c'est *Ton mec à toi* ? Que tu es *Morgane de lui* ?

— OK, ce sont des chansons bien sympas, mais que cherches-tu à… ?

— Que tu l'aimes ?

Je cille et réponds avec un peu trop d'empressement :

— Houla ! Qui ? Ardee Todd ? Tsss ! C'est pas nouveau.

Elle m'adresse un petit sourire entendu.

— Non, pas Ardee Todd. Je te parle de…

Je me mets les doigts dans les oreilles et me carapate en criant :

— Lalala ! j'entends rien !

Fin.

Bon, en vérité, je n'ai pas vraiment fait ce rêve, mais, vous voyez, on répète aux écrivains qu'il faut « montrer plutôt que raconter ». Ce n'est pas pour rien que tant d'histoires commencent par un rêve. Honnêtement, vous préférez quoi : lire un long monologue mélancolique sur mes sentiments naissants pour l'inspecteur Brenner, ou me regarder larguer l'homme de mes rêves pour lui ? Ce que je ne ferais jamais en vrai. Danser le mambo avec

Ardee Todd ? Ha ! rien au monde ne pourrait me faire renoncer à *ça*. Nora peut bien avoir Brenner si ça lui chante.

« Vous ne seriez pas encore en train d'exagérer par hasard ? » me dirait Brenner. Puis il déboutonnerait sa chemise lentement, très lentement. Minute, quoi ?

— Shayne ?

La voix de Brenner – le vrai, pas celui qui se désape dans ma tête – grésille dans mon oreillette sans fil.

— Shayne, vous êtes là ?

— Elle est encore stone, émet Ben sur la même fréquence.

Je me redresse devant le volant d'une vieille Ford.

— Non, c'est bon, je suis là, Ben. Calmos.

— Moi, calmos ? C'est toi qui prends des pilules pour te détendre.

— Calmos.

— Bon, calmos tout le monde, intervint Brenner.

— T'as pris ton cachet ce matin ? insiste Ben.

— Oui, maman ! je crie.

Et l'inspecteur de demander subitement d'un ton inquiet :

— Attendez, vous l'avez pris, Shayne ?

Traître. J'étrangle le volant.

— Si je le prends, les voix dans ma tête finiront par partir ?

La voix autoritaire de Nolan s'impose :

— Calmos tout le monde. (Bizarrement, quand c'est lui qui le dit, on se tait tous.) Shayne, à toi de jouer.

— Je sais, calmos !

Minute, zut, il a raison. L'homme à la barbe de Gandalf me fait signe d'avancer. J'enclenche la première et roule au pas au milieu d'une foule de démons du West Side. Certains prennent leur temps pour se pousser, craignant de renverser leur bière ; je manifeste mon agacement par une succession de coups de Klaxon. Lorsqu'ils frappent le capot de ma voiture du poing, assortissant leurs moqueries de doigts d'honneur, je fais vrombir le moteur, un rugissement assez puissant pour faire trembler leurs précieux gobelets. Ce tacot a l'air bien agressif, notamment grâce au moteur potable que Nolan y a foutu, mais il ne remportera aucune course.

— Brenner, aboie Nolan, on en est où ?

J'entends Brenner grogner sous l'effort, comme s'il soulevait des poids. Le tintement de chaînes résonne dans mon oreillette.

— Je suis dessus.

— Magnez-vous. Shayne approche de la ligne de départ.

Je jette un coup d'œil par ma fenêtre. Un peu plus loin, près des *food trucks*, j'aperçois une belle rangée de voitures d'expo – des bolides tunés rutilants avec de magnifiques peintures et d'énormes moteurs qui dépassent de leur capot. Brenner se trouve sous l'une d'elles. Pour une fois, je suis soulagée de ne pas le voir. S'il se faisait repérer, notre plan tomberait à l'eau.

— J'essaie de rester discret, réplique-t-il. La voiture n'aide pas. Chaque fois que quelqu'un vient s'extasier devant, je dois attendre. Qu'est-ce qui se passera si on me surprend en dessous ? (Un « clang ! » retentit, suivi d'une bordée de jurons.) Et ces chaînes sont bigrement lourdes.

— Pour vous, peut-être, ricane Ben.

Je soupire. Ben ne se lasse pas de rappeler à Brenner ses limites d'être humain.

— Ah, toi ! ne commence pas, l'avertis-je. Tu ne t'es pas porté volontaire pour t'occuper des chaînes à ce que je sache.

— Parce que n'importe qui pouvait le faire. En revanche, tout le monde n'a pas mon adresse au volant, pas vrai ? Et tout le monde ne peut pas manier une grue depuis ce toit comme Nolan. Il ne restait donc que Brenner pour poser les chaînes. Et puis personne ne pouvait se fondre aussi bien que lui dans cette foule de toxicos et de démons.

Ça m'ennuie de l'admettre, mais il a raison sur tous les points. Je fais donc mine de devoir klaxonner et engueuler des gens sur la route, puis change promptement de sujet.

— Nolan, t'arriverais à repérer l'autre pilote de là-haut ?

— Je le vois.

— Alors ? C'est elle ? (Je brûle d'impatience. J'ai encore du mal à y croire...) Réponds ! C'est elle ?

— Tu arrives juste à côté. Regarde par toi-même.

En émergeant de la foule, je découvre la ligne de départ, divisée en deux voies par une série de feux tricolores. Juste à côté de moi apparaît un modèle unique de Pontiac Épave 2006, avec des enjoliveurs absents, des portières brutes, un pare-brise fissuré et une aile trouée de balles.

Mon cœur s'envole. Je n'ai jamais vu de voiture plus splendide. Une vraie « dormeuse », un bolide caché. Son capot rouillé renferme le chef-d'œuvre de Nolan – un moteur qu'il aime à mourir (super chanson). On parle là de *ma* Pontiac Épave. Voilà des mois que je suis privée de domicile sans elle.

Ouvrant ma fenêtre, je m'adresse au crétin quelconque qui la conduit :

— Tu te fous pas un peu de ma gueule avec ta poubelle ?

La vitre côté passager se baisse de quelques centimètres, puis se bloque. Non, mais oui, elle est cassée, il faut qu'il...

— Donne un coup ! Tape dedans !

J'entends une main la frapper de l'intérieur, puis la vitre tombe enfin.

— Nickel, dis-je, tu as pris le coup d'OH MON… !

Je me fige avec un large sourire aux lèvres, car le Latino au volant n'a RIEN d'une épave. Il est à tomber, avec des traits anguleux, un crâne rasé, des yeux sulfureux et un sourire de prédateur. Je lui décoche mon plus beau rictus sarcastique.

— Oh ! je ne crois pas une seconde que cette épave soit une dormeuse. Impossible.

Il hausse les épaules et, je vous jure, il arrive à rendre ça sexy en diable.

— Sans contrefaçon.

— Super chanson, mais, franchement, des impacts de balles ? C'est un peu *too much.*

— Hé, je les prends comme je les trouve !

— Et tu l'as trouvée où celle-là, dans une zone de guerre ?

— C'est clair qu'elle a du vécu.

— Et elle a un nom ?

Ses yeux se plissent avec une arrogance malicieuse.

— Oups ! j'ai oublié de lui demander.

Je laisse passer un bref instant en esquissant un sourire entendu – juste assez pour lui signifier que je suis partante pour flirter sans vergogne.

— Tant qu'elle démarre au quart de tour, pas vrai ?

— Elle tient bien la route, ça c'est sûr.

Malheureusement, la voix de Nolan vient gâcher la magie de l'instant.

— Bon sang, Brenner, attachez ces chaînes et vite ! Ils sont sur la ligne de départ, on a…

Je retire mon oreillette, étouffant la petite voix dans mon poing, et enchaîne :

— Fais juste attention au petit accroc quand tu passes la quatrième, ou je gagnerai une demi-seconde sur toi.

Une lueur d'amusement passe dans son regard. J'admire sa retenue alors qu'il brûle sûrement de me demander comment je peux connaître un détail si spécifique. De toute façon, il n'a pas le temps de poser la question. Le feu rouge passe à l'orange. Mon concurrent m'adresse un sourire renversant et fait rugir son moteur.

— Un dernier mot ?

— Ouais. Si tu répètes « calmos » plusieurs fois d'affilée, ça fait un effet bizarre.

Vert.

Nos voitures s'élancent, mais l'Épave prend évidemment la tête. Je vois, à ses petites embardées entre chaque vitesse, que son pilote ne la conduit pas depuis très longtemps. Il ne l'a pas encore bien en main. Il l'a malgré tout assez domptée pour me coller dans son rétroviseur.

Après avoir enclenché la cinquième, je remets mon oreillette. Ça gueule à qui mieux mieux sur la fréquence.

— ... en position avec la grue, rage Nolan. J'abaisse le crochet vers vous, alors finissez le travail.

— ... devons être prudents, bon sang ! réplique Brenner. J'ai deux bouteilles de nitro sous le nez. Vous voulez raser la zone ? Les chaînes sont...

— ... les chaînes, les chaînes ! râle Ben. Arrêtez de vous branler. Attachez ces foutues chaînes à l'axe. C'est quand même pas compliqué !

— ... démerdez-vous, lâche Nolan. Faites un nœud s'il faut, mais je dois soulever cette voiture tout de suite !

Je décide d'intervenir.

— Il a raison, Brenner. La course attire tous les regards. C'est le moment ou jamais pour vous de filer.

— D'accord ! répond-il. Alors allez-y, je m'en fous. Baissez le crochet. Ce sera prêt.

Devant, mon Épave ralentit pour négocier l'intérieur d'un virage. J'exécute la même manœuvre une seconde plus tard. Le moteur de la Ford grogne comme pour protester contre mon pied de plomb. Gros bébé.

— Ben ? On approche de la boucle.

— Je suis déjà sur le pas de la porte.

Un peu plus loin, la piste passe derrière un entrepôt abandonné. Sur quatre cents mètres, la foule nous perdra de vue. Un pick-up en piteux état fonce vers nous dans une ruelle adjacente. J'entends Ben pousser un ululement hystérique.

— Petit cochon, petit cochon, laisse-moi entrer !

Il défonce un grillage et nous coupe la route. L'Épave pile en catastrophe et dérape sur quatre-vingt-dix mètres dans un nuage de fumée de pneus, évitant de justesse la collision. Ben descend tranquillement de voiture, un pistolet pointé vers le sublime pilote de l'Épave.

— Dehors ! Sors de là, allez !

— Attends ! je hurle par-dessus le crissement de mes roues.

Je serre le frein à main, bondis de mon siège et passe devant Ben pour gagner le côté conducteur de mon Épave. Je m'efforce de ne pas me montrer trop vive en toquant à la vitre, même si le temps presse. On n'a qu'une seconde ou deux.

— Tu veux bien ouvrir ?

Derrière moi, Ben est à bloc, le visage rouge, les cheveux hirsutes, les yeux injectés de sang. Le flingue paraît riquiqui dans son énorme poing. Un vrai barjo.

— Je vais te plomber la gueule !

Je me retourne sur lui.

— Mais tu vas arrêter, oui ? Monte dans la Ford.

— C'est pas ce qui était prévu.

Dans mon oreillette, Nolan dit :

— Shayne, qu'est-ce que vous fichez, bon sang !? On n'a pas de temps à perdre.

— Je sais, on est partis. (Je désigne la Ford.) Ben !

Il range son arme en grommelant, puis court vers le tacot. La vitre de l'Épave se baisse. Le pilote a la mine grave quoique curieuse.

— J'en déduis que c'est ta voiture ?

— Désolée. Longue histoire. Si ça peut te consoler, on comptait te menotter au pick-up, mais c'était quand je pensais avoir affaire à un loubard repoussant. Du coup, je me dis maintenant que… tu peux peut-être juste te pousser ?

Je fronce le nez comme pour dire : « Tu veux bien ? »

Il ne lui faut qu'une seconde pour se décider. Il se décale sur le siège passager et, enfin, après des semaines d'attente, je m'installe au volant de mon Précieux. Trois détails me frappent aussitôt : le siège est trop reculé, le rétroviseur ajusté, et ma figurine d'Ardee Todd a disparu du tableau de bord. Mon passager m'observe attentivement.

– Tu avais raison pour l'accroc entre la troisième et la quatrième. J'imagine que tu vas me montrer comment manier la bête ?

En réponse, je passe la première, puis joue des pédales en alternant à la perfection accélérateur et embrayage. Sans même un couinement de pneus, mon Épave démarre en trombe, nous collant à nos dossiers. En une poignée de secondes, j'ai déjà enchaîné les vitesses, sans aucun hic entre la troisième et la quatrième. Il serait plus prudent de ralentir à l'abord du prochain virage, mais l'envie me prend de frimer et je garde le pied au plancher. Je braque ; l'Épave glisse sur l'asphalte dans un parfait dérapage contrôlé.

— Oh ; putain ! s'écrie le bel inconnu.

Je ne saurais dire s'il est impressionné ou terrifié. Sans doute terrifié, car il se cramponne des mains et des pieds pour ne pas passer par la fenêtre. Lorsque nous revenons en ligne droite, il s'empresse de boucler sa ceinture.

— OK, on s'est bien amusés, mais que se passera-t-il à notre retour au stand ?

— Eh ben quoi ?

— Tu crois qu'on te laissera sans sourciller embarquer ma caisse ?

— Ce n'est pas la tienne. Tu n'es que le pilote. Elle appartient à ta horde.

— Et tu crois qu'ils te laisseront partir comme ça ?

— T'inquiète, ils ne nous remarqueront même pas.

Je tends le doigt vers la foule devant nous. Plus personne ne suit la course. Tout le monde nous tourne le dos, la tête penchée en arrière pour contempler le spectacle absurde qui se déroule dans le ciel nocturne. Suspendu par des chaînes au crochet de l'immense grue d'un bâtiment en construction se trouve un bolide vert pétant – une vraie beauté, aussi éblouissante qu'un diamant géant, mais *beaucoup* plus chère. Il monte, toujours plus haut, au-dessus de la foule ébahie. Mon bel inconnu perd son sang-froid.

— Tu sais à qui elle appartient, cette voiture ?

Je hausse les épaules.

— Au maître de la horde ? Il a plein de bagnoles.

— Et il a fallu que tu choisisses *celle-là*. Putain, meuf ! (Là encore, je ne sais pas s'il est impressionné ou s'il me prend pour une tarée.) S'il lui arrive quoi que ce soit… Si tu lui fais ne serait-ce qu'une rayure… Si tu t'avises même de la *regarder* trop longtemps !

— Je ne lui ferai rien du tout, alors détends-toi. Elle va juste rester là-haut un moment.

Évidemment, au même instant, l'une des chaînes casse, et la voiture émeraude se met à se balancer dangereusement. J'ai à peine le temps de laisser échapper un hoquet de stupeur que l'autre chaîne cède. La foule se disperse précipitamment alors que le bolide chute de trois étages, avant de s'écraser sur le nez. L'espace d'un instant, on croirait qu'il va rester à la verticale. Lentement d'abord, puis très vite, il bascule ensuite comme un arbre sur le dos. Ses vitres éclatent et son toit s'aplatit.

Oh ! et il explose dans une énorme boule de feu rouge.

Bizarrement, je ne ris plus du tout, et mon passager émet une sorte de cri étranglé en tendant les mains, comme s'il était à *ça* de rattraper la voiture.

Mon cœur cesse de battre une seconde. Brenner était en dessous quelques instants auparavant. Zigzaguant au milieu de la foule paniquée, j'appuie sur mon oreillette et crie :

— Vous êtes à l'abri ?

— Oui, me confirme Nolan en courant, haletant. Qu'est-ce qui s'est pa… ?

— Pas toi ! je l'interromps. Brenner, vous êtes à l'abri ? Brenner !

— Je suis parti, répond Ben.

— Brenner ?

Mais Ben continue :

— Ne repars pas par le même chemin, Shayne. Il y a…

Des agents de police. Je les vois. Toute une tripotée. Une marée de lumières bleues et rouges qui convergent vers la scène. En soi, ça fait partie du plan, Brenner les a appelés dix minutes plus tôt, mais je ne pensais pas qu'ils arriveraient si vite. Et j'avais seulement prévu de donner un coup de pied dans la fourmilière, pas de mettre le feu aux poudres. Les gens courent partout maintenant, hurlent, se précipitent devant ma voiture. Je martèle mon Klaxon et multiplie les appels de phares. Mon Latino se tasse sur son siège pour ne pas être reconnu.

— Des flics ? T'es avec eux ?

— Pas ce soir.

Tournant à gauche, je mets les gaz vers une ruelle adjacente. Plusieurs types bondissent hors de ma route en lâchant leurs gobelets. Mon capot et mon pare-brise se retrouvent aspergés de bière. J'accélère jusqu'à cent quarante et remonte trois pâtés de maisons abandonnées avant qu'une voiture de patrouille isolée déboule dans la rue devant moi en freinant d'un coup sec. L'agent descend et dirige sa lampe torche vers moi. Il sait très bien que je ne m'arrêterai pas. Il attend juste que je passe pour jeter un coup d'œil à mes plaques.

— T'as retiré la plaque d'immatriculation ? je demande.

— Non, répond mon passager en s'écrasant sur son siège.

— OK. On va faire à ma manière.

Je donne un coup de volant à droite, pile brutalement et exécute un demi-tour complet en envoyant l'arrière de ma voiture à l'opposé de l'agent. Celui-ci scrute l'habitacle avec de grands yeux en laissant échapper un chapelet d'injures silencieuses. J'enclenche aussitôt la marche arrière pour poursuivre ma route à reculons. Au carrefour suivant, je me remets dans le bon sens, avant de filer à cent cinquante à l'heure sur six pâtés de maisons. Une ruelle sombre se profile. Je freine, bifurque dans la venelle et me range derrière une benne à ordures. Je coupe le moteur, nous plongeant dans le noir, avant d'appuyer de nouveau sur mon oreillette.

— Brenner ? (Toujours pas de réponse. Mon cœur s'affole.) Brenner, vous avez pu vous enfuir ? Les mecs ?

Mon compagnon de virée se redresse sur son siège.

— T'es pas de la police ?

— Les mecs, répondez. Ben ?

— C'est bon, me rassure-t-il. Je suis loin maintenant. Et toi ?

— C'est bon pour moi. Brenner ? Nolan ?

— Nolan a déjà dit qu'il était parti, me rappelle Ben.

— Raccroche ! je lâche. Libère la fréquence.

Mon cœur halète toujours. Quelques battements, puis pause… quelques battements… pause…

Le Latino me scrute avec attention.

— Minute. T'es pas de la police, mais tu serais pas de l'AFO ?

Je m'apprête à lui intimer de la boucler pour me laisser écouter quand Nolan se manifeste :

— Il est avec moi, Shayne.

— Brenner ?

— Il est là. Son oreillette est tombée quand il courait.

Le soulagement m'envahit.

— Il est là ?

— Je viens de te le dire.

— Je veux l'entendre.

— Fais pas chier.

— Nolan !

— On se retrouve à la maison.

Puis il coupe la communication. *Connard.* Mais peu importe. L'essentiel, c'est que…

Je m'avachis sur mon siège, libérée d'un énorme poids.

— Si c'est ta voiture, poursuit mon passager, alors tout ce que j'ai entendu sur…

Je pousse un long soupir sonore. Mes idées s'éclaircissent.

— Mince ! tu es Shayne Davies.

Bien, maintenant que l'amour de ma vie est en sécurité, je peux me remettre à flirter avec l'amour de ma nuit. Je lui décoche un sourire éclatant.

— Navrée pour cette histoire. C'est vraiment pas contre toi. T'étais juste au volant de la mauvaise voiture ce soir.

— J'en sais trop rien, réplique-t-il avec un sourire espiègle et un haussement d'épaules. Moi, j'ai l'impression que t'as vachement envie d'être contre moi.

Ouh ! pas mal. Je plisse les yeux.

— Même si je suis celle que tu penses ?

Il s'accoude à la console entre nous.

— Surtout si c'est toi.

— Ce qui serait une bonne ou une mauvaise chose ?

— Hé ! je suis du West Side.

— Et alors ?

En soi, je connais déjà la réponse, mais bon… peut-être que j'aime entendre les autres parler de moi, d'accord ? Ne me jugez pas.

Dardant sur moi un regard pénétrant, il baisse la voix comme avec respect.

— Alors… il paraît que Shayne Davies a délogé toute seule Arael Moaz, le grand patron de l'East Side. Notre plus grand rival. Tu sais depuis quand on attendait ça ?

Voilà qu'il se penche vers moi, une lueur ardente dans les yeux. Et moi…

Non.

Je ne comprends pas. J'étais là, à fond dans le truc. À peine quelques secondes plus tôt, j'étais… Bon, en réalité, je crois comprendre. Il a dit que Shayne Davies avait délogé Arael Moaz toute seule, donc moi, immédiatement, j'ai envie de répondre : « Non, pas toute seule, Brenner était là, et je n'aurais rien fait sans lui. » Du coup, je pense à Brenner, ce qui me coupe tout désir d'embrasser ce pas-Brenner ultra canon.

— Je me dis maintenant que j'ai une dette envers Shayne Davies. Une *grosse* dette. Pas vrai ?

Sa voix vibrante de lubricité me ramollit de nouveau le cerveau. C'est bon, on peut reprendre le flirt. Parce que, voyez-vous, cet homme est certainement un…

— Incube ?

Son sourire se fait espiègle.

— Démon de la vitesse.

Ouh ! un glouton de l'adrénaline. Il aime foncer. Eh bien, vous savez quoi ? Moi aussi. Et je n'ai pas foncé, ni fait quoi que ce soit avec un mec, depuis des mois. Depuis… que j'ai rencontré Celui-Dont-On-Ne-Prononcera-Pas-Le-Nom. Non par manque de candidats. De fait, j'ai eu au moins trois fois l'occasion de… mais j'ai passé mon tour parce que… Une minute. Pourquoi exactement ? Ce ne serait pas de l'infidélité puisque nous ne sommes pas en couple. C'est Brenner qui a décidé qu'on serait seulement coéquipiers et pas davantage, pour une mystérieuse raison sans doute aussi sérieuse qu'ennuyeuse. Les mois ont passé depuis, et je commence à être grave en manque…

— Ça va ? me demande le démon, troublé, en agitant la main devant mon visage.

Je cligne des yeux.

— Oui, non, c'est juste que je te déteste, voilà tout.

Il cille, blessé.

— Pardon ?

— Franchement ! Tu es sexy comme pas permis, disponible, tu adores foncer, ce qui résume à peu près tout ce que j'aime chez un homme, alors *descends*.

Il glousse au début. Puis son visage se décompose.

— T'es sérieuse ?

— Oui, s'il te plaît. Désolée, je sais, c'est…

La panique me gagne. Ce sentiment que j'éprouvais dans mon rêve éveillé, ce mélange de désir irrépressible et d'appréhension paralysante, il me taraude, me crie que je devrais rentrer au plus vite à la maison si Brenner y retourne.

— Descends ! Allez !

Il lève les mains, complètement paumé.

— Mais pourquoi ?

Sa confusion m'énerve. On va avoir droit à une rupture difficile.

— Écoute, si ça peut te rassurer, ce n'est pas moi, c'est toi.

— T'es cinglée !

J'attrape mon portable.

— Faut que je te fasse coffrer ? je le menace avant d'ordonner à mon téléphone : Siri, appelle Nick Sublime.

Furieux, il tire sur la poignée et ouvre la portière d'un coup de pied.

— Fais gaffe, l'avertis-je.

Il la claque si fort ensuite que la vitre tremble, puis s'abaisse d'un coup. Je redémarre, écrase l'accélérateur, quitte la ruelle dans un crissement de pneus.

Puis je m'arrête. Déchirée. J'ai horreur de ce genre de situation, horreur de me sentir comme ça. Je me plaque contre l'appuie-tête et étrangle le volant. Enfin, après une profonde inspiration pour me calmer, je fais marche arrière jusqu'à voir l'homme réapparaître côté passager. Ses yeux me lancent des éclairs.

Je lève les mains comme pour dire : « Mon gars, me demande pas, d'accord, parce que même moi je ne me comprends plus à ce stade, sans parler d'expliquer mon comportement. »

— Écoute, avant de partir, je voudrais savoir…

Il souffle, agacé.

— Oh ! mais tu connais déjà la réponse. J'allais t'emmener au septième ciel. Jusqu'au bout de la nuit. Tu viens de rater…

— Non, non, pas ça. Quand tu as obtenu la voiture, est-ce qu'il y avait une figurine à grosse tête sur le tableau de bord ?

Alors qu'il s'empourpre, prêt à exploser, je décide de mettre les voiles. Ses insultes me poursuivent :

— Espèce de sale conne, t'es pas du tout Shayne Davies !

— En tout cas je suis pas Morgane de toi ! je gueule.

Puis je sursaute en entendant la voix retentissante de Nick Sublime dans mon oreillette :

— Dis-moi qu'il s'agit d'une erreur de numéro, Shayne. Puis dis-moi que tu n'as rien à voir avec tous ces échanges radio de la police du côté du West Side.

Je retire aussitôt l'oreillette.

— Siri, raccroche.

Je file à toute allure dans le vain espoir de semer ma honte. A-t-on idée d'être aussi idiote ? Brenner se moque bien de savoir avec qui je couche, ou si je couche tout court. Il ne serait même pas au courant. Il n'aborde pas vraiment ce genre de sujet. Si je m'absente deux jours, il ne me demande même pas où j'étais ni ce que je faisais.

« *Un démon de la vitesse* » qu'il a dit.

« *M'emmener au septième ciel* » qu'il a dit.

« *Au bout de la nuit.* »

Je pousse un soupir exaspéré.

— Super chanson.

Chapitre 2

Même si Brenner me laisse squatter quand j'en ai envie, je ne dors jamais bien chez lui. Comme il est impératif que je me lève la première, je mets toujours l'alarme sur mon téléphone, mais, évidemment, stressée à l'idée de louper le réveil, je passe la nuit à me tourner et me retourner. Ce matin-là, je me réveille en sursaut, paniquée, pour m'apercevoir en fin de compte que j'ai encore une heure devant moi. Il fait nuit. Malgré le givre aux fenêtres, je transpire dans mon cocon de tissu : chaussettes en laine, pantalon de pyjama, sweat-shirt, gros duvet.

Je ne tarde pas à comprendre que mon réveil n'a rien à voir avec le stress. Des spasmes ininterrompus me secouent les jambes. Je ne me suis pas transformée depuis des jours. Il est temps de me dégourdir les pattes.

Je savoure encore un instant mon doux cocon de chaleur, puis serre les dents et rejette la couverture, avant de courir à la fenêtre. Bloquée par le givre, elle me demande plusieurs tentatives avant de s'ouvrir enfin en laissant entrer une bourrasque glacée. Un petit cri m'échappe et je me mets à danser sur place tout en me déshabillant. À la seconde où je me retrouve nue, « pouf ! », je me transforme en renarde, emmitouflée dans ma belle fourrure.

Un frisson d'aise me parcourt, comme après la première gorgée d'un bon chocolat chaud. Je prends le temps d'étirer mes pattes arrière, puis bondis sur le rebord de la fenêtre, avant de descendre sur le balconnet de l'étage. Les vieilles planches, qui céderaient sûrement sous mon poids humain, grincent à peine sous celui de ma renarde. Pour gagner le jardin, rien de plus simple : je saute sur une palissade, puis sur le couvercle d'une poubelle et atterris dans le manteau de neige immaculé.

Je passe l'heure suivante à arpenter le quartier, sillonnant les clôtures qui séparent les propriétés. Je regarde des ratons laveurs fouiller une poubelle. Ils ne trouveront rien ; la maison est abandonnée. Tout comme la plupart des maisons du coin. Ils détalent à mon approche. L'un d'eux tombe dans la poubelle, dont il se met à griffer frénétiquement les parois. Crétin !

Évidemment, je prends soin d'éviter la maison avec le chien. De retour chez Brenner, je me perche sur la palissade pour admirer l'unique guirlande lumineuse qui orne la toiture. On est loin de la magie de l'hiver, le cordon pendouille par endroits et plusieurs ampoules manquent, mais c'est la nôtre. Brenner ne voulait pas trop mettre l'accent sur Noël (j'y reviendrai). Cependant, il a accepté de mettre cette guirlande derrière, au-dessus des chambres.

Ma famille fête Noël. Nous décorons nos mobil-homes. Néanmoins, à l'instar de toutes nos célébrations, nous versons davantage dans l'extravagance que dans le traditionnel. On met des poulets à rôtir sur le feu de camp, on visse des bondes dans une dizaine de tonneaux de bière, et on s'amuse à faire éclater des pétards à la table des enfants. Les festivités prennent fin quand « Vive le vent » devient « Vive le vin ».

Un Noël à la Brenner en revanche… c'est comme un sourire de l'homme lui-même : chaleureux, authentique, mais souvent nerveux et, parfois (surtout en ce moment), mélancolique. C'était le cas lorsqu'on a accroché la guirlande. Je le taquinais, je rigolais bêtement, sans parvenir à le dérider un seul instant, jusqu'au moment où ses cohabitants sont partis, nous laissant seuls. Alors, l'improbable s'est produit : les rôles se sont inversés. Il s'est décontracté, et moi je suis devenue tendue comme un string. J'épiais ses moindres gestes, faisant le vœu désespéré que, pour Noël, il m'embrasse là, sur ce toit, sous ces lumières. Il aurait eu le goût du chocolat chaud à la menthe que nous buvions. Malheureusement, côté baiser, je retrouve un peu l'ambiance « Vive le vent » avec lui.

J'aperçois un visage derrière la fenêtre du rez-de-chaussée. D'instinct, je me ramasse, prête à décamper. Ce n'est que la petite Jasmine. Mignonne, quoique morose, elle affiche souvent un regard méfiant sous sa chevelure de Tina Turner. Elle est si craintive, surtout vis-à-vis du monde extérieur, que je m'attends à la voir aussitôt s'éloigner de la fenêtre. À ma grande surprise, elle reste, même quand je descends de la palissade et traverse le jardin en quelques bonds de lapin. Elle a certes un léger mouvement de recul, mais ne fuit pas.

Je me sens étrangement fière d'avoir son attention. Voilà deux mois que je connais Jasmine, juste assez pour comprendre que je ne l'amadouerai jamais. Elle ne parle qu'à sa mère et, même là, seulement à mi-voix. La nouvelle arrivante que je suis n'a généralement droit qu'à de brefs regards noirs et de l'indifférence. Pourtant, elle est là, devant moi, les yeux ronds de curiosité. Elle paraît presque… pas triste.

Grâce à moi !

Je plonge la tête la première dans une congère pour m'y cacher. Le froid restant supportable, j'attends quelques instants avant de sortir la tête d'un coup : « Bouh ! » Elle cligne des yeux, surprise, puis ouvre la bouche. Sa réaction équivaut pour moi à un stade entier de fans en délire. Je m'ébroue, avant de ruer en rond comme un mustang. Je m'arrête avec la tête qui tourne. Quand je parviens à poser les yeux sur la fenêtre, Jasmine a disparu.

Non, elle a seulement bougé. Je la vois glisser un regard timide par la baie coulissante. Sans sa chevelure volumineuse pour la trahir, elle serait passée inaperçue.

Voilà qui change tout. Jasmine ne manifeste jamais l'envie de sortir. Seule sa mère arrive à lui faire quitter la maison pour l'école. Je ne l'ai jamais vue approcher la porte du jardin. J'en viens à me demander s'il y a un problème. J'incline la tête de côté, seul moyen pour moi d'exprimer la curiosité. Pendant un instant, rien ne se passe. Puis Jasmine penche la tête pour m'imiter. Ma belle queue à pointe blanche en frétille de joie. Je m'avance.

Mais le bruit d'un interrupteur dans la maison m'alerte. Jasmine s'écarte d'un bond de la baie alors que sa mère entre dans la pièce d'un pas traînant, les yeux bouffis, marmonnant quelque chose à propos de son petit ange et de porridge. Je ne peux pas m'attarder davantage ; si Regina est debout, ça signifie que je suis à la bourre.

Le cœur battant, je refais mon parcours en sens inverse jusqu'à ma fenêtre. À peine arrivée dans ma chambre, je me métamorphose. Dans l'air glacé, mon corps nu se couvre aussitôt de chair de poule. Je ramasse mon attirail de nuit, le roule en boule et le planque sous le matelas, avant de soulever un autre coin pour récupérer une micro-pile de vêtements légers. C'est la tenue de nuit que je veux porter dans l'imagination de Brenner : un débardeur court et une miniculotte.

J'entends des pas dans le couloir. Rejetant mes cheveux sur le côté, j'adopte ma petite mine du matin, genre fatiguée et mignonne à la fois, puis sors de la chambre en titubant.

Pas besoin de faire mine de grelotter – de violents frissons me secouent la colonne vertébrale. En revanche, mon bâillement exagéré reste une excuse pour m'étirer de toute ma hauteur et exhiber mon abdomen. Juste à temps, car je l'entends monter l'escalier au bout du couloir.

Sauf que ce n'est pas Brenner, mais Kenny Junior, le fils adolescent de Regina. En me voyant, il écarquille les yeux :

— Crévindiou !

Je n'ai même pas le temps de baisser les bras que Brenner débarque à son tour et me pousse sur le côté dans la minuscule salle de bains. Je heurte le lavabo, faisant tomber un tube de dentifrice et des barrettes par terre. Sans me lâcher l'épaule, il lance à Kenny :

— Tu me rapportais mon rasoir ?

— Je vais le poser là, répond le gamin.

Je ne le vois pas, mais sa voix laisse deviner un sourire benêt.

— OK, c'est bon, le spectacle est fini, dit Brenner. Désolé.

L'ado éclate de rire.

— « Désolé » ?

— Et toi aussi tu l'es pour ne pas avoir frappé, pas vrai ?

— Euh… oui ?

— Ça ne se reproduira plus ?

Je grimace, embarrassée.

— Promis !

Brenner me donne un coup de coude.

— Pas vous.

J'entends Kenny redescendre l'escalier avec un soupir rêveur. Celui de Brenner, en revanche, évoque plutôt de la lassitude. Il entre dans la pièce en fermant la porte.

— Bravo, vous avez illuminé sa journée.

— Oh ! ça va, il a presque dix-huit ans. Vous croyez qu'il n'a pas déjà tout vu ?

— Pas *à la maison*, avec sa mère juste en bas. Pas comme ça... (il désigne ma poitrine) avec le Massif central sous les yeux.

J'ouvre la bouche, à la fois atterrée et ravie. Quel surnom parfait pour mes nichons !

Brenner décroche une cravate déjà nouée d'une patère derrière la porte. Il ne s'embête jamais à refaire ses nœuds de cravate. Quand vient le moment d'en retirer une, il la desserre simplement pour la faire passer par sa tête. Tricheur !

— Vous vous apprêtez à sortir ? demande-t-il.

— Et vous ? je demande d'un ton faussement pudique en ramassant le dentifrice.

— Mon service commence ce soir, mais j'y vais maintenant.

— Vous doublez vos heures ? Pour quoi faire ?

Je note qu'il remonte sa cravate à fond sur son col fermé. Ses manches vont jusqu'aux poignets, boutonnées. Sa chemise est repassée. Ses cheveux blonds peignés avec soin.

— Qu'est-ce qui se passe ? je l'interroge.

Il essaie de me prendre le dentifrice, mais je le tiens hors de portée. Il pose alors sur moi un regard complexe.

— Rien qu'aujourd'hui, évitez de...

Il lève les mains, à court de mots.

— De faire quoi ?

Il sort dans le couloir pour gagner sa chambre en face.

— Où est ma veste de costume ?

Sa « veste de costume » ? Il va à un enterrement ? Je le suis d'un pas décidé.

— De faire *quoi*, Brenner ? Qu'est-ce qui se passe, bon sang !?

Il se retourne en collant un doigt à ses lèvres et ferme la porte de sa chambre derrière nous.

— Évitez de descendre en petite tenue.

Alors, pardon, mais je n'ai absolument pas mérité cette remarque.

— Vous me prenez pour une idiote ? C'est quoi votre problème ?

Sa veste est suspendue à un crochet derrière la porte. Je la lui jette au visage.

— Ça fera dix-huit mois aujourd'hui. Voilà mon problème, d'accord ? Vous n'avez pas remarqué le comportement de Regina ces derniers temps ? Elle est… (Il cherche le mot idoine en enfilant sa veste.) Elle est irritable.

— Sérieusement ?

Il lui manque une case ou quoi ? C'est son humeur *par défaut*. En soi, c'est tout à fait normal après ce qu'elle a traversé. Mais je suis franchement censée connaître toutes les nuances de son irritabilité ?

Brenner secoue la tête, avant de se corriger :

— Je veux dire, plus que d'habitude. C'est pour ça que je préférais y aller doucement sur les décorations de Noël. La semaine prochaine, ça fera dix-huit mois depuis Rachelle. Vous savez ce qui se passe au bout de dix-huit mois.

À vrai dire, non. Mais je le devine, car nous suivons un protocole similaire à l'Agence.

— Le dossier sera enterré ?

— Il sera officiellement classé sans suite. On nous retirera l'affaire. Plus aucune ressource n'y sera dédiée. Ce sera fini.

— Et Regina est au courant ?

Il me regarde comme si j'étais débile.

— Vous êtes sérieuse ?

Oh là là ! ce qu'il est susceptible ce matin.

— D'accord, question idiote. Mais, merde, pourquoi vous ne m'avez pas prévenue plus tôt ? Je serais allée dormir ailleurs cette nuit.

— Quel est le rapport ?

— Elle ne me supporte pas.

— Mais non.

Je reformule ma phrase :

— Soit, elle ne supporte pas ma *présence*, parce que je vous détourne de votre travail.

Plutôt que de le nier, il choisit de reporter la faute :

— Vous ? Et moi alors ? Je n'ai rien. Je veux dire… (Il baisse la voix.) Officiellement, ça fera dix-huit mois la semaine prochaine, mais l'enquête piétine depuis déjà un an. Regina pense que je m'y consacre non-stop alors qu'on m'a confié trois autres affaires entre-temps, sans parler de cette histoire dans l'East Side avec vous. Rien qu'hier soir, on a écopé d'un nouveau dossier sensible : une femme disparue. Il y a toujours une nouvelle affaire à traiter. Comment suis-je censé revenir sur un vieux dossier ?

— Alors laissez tomber. Si vous n'avez pas de pistes, que pouvez-vous faire de plus ?

Il baisse les épaules, découragé.

— Je peux mettre un costume et doubler mes heures pour donner au moins l'impression de me plier en quatre.

— Arrêtez, vous pensez vraiment n'avoir rien fait pour Regina ? Regardez-moi. Hé ! (Je m'approche pour l'obliger à me regarder en face.) Ils *habitent* chez vous. Que font les autres inspecteurs pour les familles des victimes ? Ils leur donnent une tape sur l'épaule, au mieux se montrent à un enterrement ou à une battue. Vous avez accueilli sa famille chez vous. (Je saisis le revers de sa veste et l'attire vers moi.) Franchement, à la place de Regina, je…

Je laisse ma phrase en suspens, mais le non-dit est trop évident : « Je serais amoureuse de vous. »

Brenner me contemple de son doux regard, alors que nous nous tenons là, aussi proches que lors de notre premier et unique baiser (cinquante-trois jours plus tôt). L'espace d'un instant, il m'effleure le creux du dos du bout des doigts… avant d'enfouir promptement les mains dans les poches de son pantalon. Le trouble renaît dans ses yeux. Encore ce mur. Chaque fois que nous nous rapprochons ainsi, cette lueur tourmentée apparaît dans son regard, et il se referme comme une huître.

En temps normal, si un homme persistait à me rejeter comme ça, je me vengerais avec les techniques habituelles : ignorer ses appels, soupirer à ses plaisanteries, flirter devant lui avec son meilleur ami. Cependant, avec Brenner, je crains de faire un faux pas. On en revient à cette sensation dans ma poitrine, comme de gentils petits papillons qui me cachent leur visage et me font craindre, si je les touche, de les voir se retourner avec d'immenses crocs menaçants. Du coup, je me débine, en optant pour la technique alternative de – *je n'en reviens pas* – me montrer patiente.

Lissant le revers de sa veste, je reprends :

— Bien, cette brève entrevue aura été fort productive, mais, avec votre costume, je me sens légèrement négligée, alors…

Son trouble disparaît. Il jette un coup d'œil à ma nudité à peine camouflée.

— Bien sûr, c'est la veste. Désolé.

— Non, simplement, j'aurais mis des talons.

Je prends soin de rajuster ma culotte en sortant.

Quand nous descendons, je suis habillée le plus sobrement possible. En d'autres termes : j'ai dompté ma chevelure en queue-de-cheval et noué mes lacets.

La famille finit son petit déjeuner dans un silence religieux. Du haut de ses huit ans, Jasmine nous ignore, perchée sur les genoux d'un vieux monsieur en fauteuil roulant. C'est Pépé. Normalement, je le taquinerais en lui lançant qu'il a l'air plus sexy que jamais ; il s'est acheté un nouveau fauteuil roulant, ou quoi ? Mais, un certain décorum étant de rigueur ce matin, je me contente de lui décocher un clin d'œil. Il me glisse un coup d'œil en coin – son idée d'un regard séducteur – et murmure :

— Crévindiou !

Kenny Junior passe un sac à dos sur son épaule.

— Brenner. Shayne.

Il assortit mon nom d'un petit sourire ; je le gratifie en retour d'un regard offusqué, qui ne fait qu'élargir sa risette. La voix sévère de Regina le coupe dans son élan.

— Viens faire un bisou à maman.

Je ne l'avais pas vue dans la cuisine qui, plongée dans l'obscurité, a les volets fermés. Sa silhouette sombre est courbée sur le plan de travail à côté de l'évier, et elle a le visage enfoui contre ses mains jointes, comme si elle priait. Kenny efface aussitôt son sourire et s'empresse d'aller l'embrasser sur le front, avant de repartir aussi sec.

Au claquement de la porte d'entrée, Regina relève la tête. Lentement, péniblement, elle se tourne vers nous en se laissant aller contre le plan de travail, les bras croisés. Pendant un moment, elle dévisage Brenner sans un mot. Impossible de distinguer son expression dans la pénombre, mais le blanc de ses yeux reste fixe. Brenner soutient son regard avec une assurance certainement plus feinte que réelle.

— Ne m'attendez pas ce soir, je fais des heures sup. Je ne veux pas louper le capitaine quand il arrivera. Je compte déposer une demande afin de pouvoir travailler quelques semaines sur… (il reconsidère sa phrase) des affaires plus anciennes. Comme on vient d'en recevoir une nouvelle, il y a deux heures, tout le monde est sur le pont…

Elle l'interrompt :

— Une autre fille portée disparue ?

— Oui.

— Noire ?

— Je ne sais pas pour l'instant, répond-il même si c'est sans doute un mensonge.

— Étudiante ?

Il se contente de hausser les épaules. Je comprends sa prudence ; il ne veut pas lui donner de faux espoirs. À l'évidence, Regina tient à savoir si cette nouvelle disparue correspond au profil de Rachelle – le genre de triste miracle qui relancerait le dossier de sa fille.

— Je ne te cache jamais rien, Regina, tu le sais. Demain, j'aurai plus d'infos. Tu seras la première au courant.

Elle répond d'un bref hochement de tête. Conscients que nous n'en obtiendrons pas davantage, nous nous dirigeons vers le vestibule.

— Brenner.

Elle tend le menton vers une bibliothèque branlante adossée au mur.

— Oh ! fait-il, avant de récupérer un sac en papier kraft sur l'étagère du haut.

Mais… elle lui prépare ses repas maintenant ? Dès que nous arrivons dehors, je me tourne vers lui pour lui poser la question et il me fourre le sac dans les mains.

— Joyeux anniversaire.

Il le sort d'un ton très détaché, comme s'il venait de me tendre mon café du matin, alors qu'en réalité il vient d'ébranler mon univers.

Personne ne se souvient de mon anniversaire. Jamais. Pour deux raisons. D'une part, c'est juste avant Noël ; ensuite, je suis née le même jour que la petite Bunica, ma vieille arrière-grand-mère, doyenne respectée de notre meute. Chaque année depuis dix ans, elle nous soutient que ce sera son dernier anniversaire ; du coup, on lui organise une fiesta de tous les diables qui se conclut généralement par une intervention de la police. Seul son nom figure sur le gâteau, et c'est à elle que revient l'honneur de souffler les bougies.

Une fois, j'ai commis l'erreur de m'en plaindre à ma mère. Elle m'a adressé un sourire vide, arguant que, si j'atteins un jour les deux cents ans après avoir immigré dans un nouveau pays avec juste quelques piécettes en poche et revendiqué seule un territoire pour y fonder une meute, je pourrai alors avoir l'honneur de souffler toutes les bougies du gâteau. Ce à quoi j'ai répondu… « S'trop nul les gâteaux, de toute façon. »

J'ouvre fébrilement le sac, regarde à l'intérieur et vois une figurine coiffée d'une casquette des Tigers de Détroit.

— Oh, non, Brenner !

Mais si, c'est bien ça : une figurine à grosse tête d'Ardee Todd. La même qui ornait avant le tableau de bord de ma Pontiac Épave.

— Chut ! m'intime-t-il en m'éloignant de la porte d'entrée. Ce n'est rien. Ça m'a pris deux secondes pour en trouver une sur Internet.

— Ce n'est pas *rien*.

Je me laisse traîner jusqu'au trottoir, trop occupée à contempler la grosse tête caricaturale entre mes mains.

« Rien » ? Pour moi, ça représente *tout*. Ça signifie qu'il prend note de mes goûts et de mes passions. Ça signifie qu'il a réfléchi à ce cadeau. Ça pourrait même signifier qu'il m'aime, sans avoir les moyens d'acheter une bague pour le moment.

— Je voulais vous prendre un blouson des Tigers, comme celui que vous avez perdu, mais je ne connais pas votre taille, alors…

Il se raidit subitement à mon côté. Je lève les yeux pour voir le problème, et me fige à mon tour, le souffle coupé, en découvrant une somptueuse voiture garée devant le trottoir.

Une Pontiac G6 de 2006, peinte d'un beau bleu nuit nacré, avec deux bandes blanches sur le dessus, deux entrées d'air sur le capot, et des roues blanches. Les mains en œillères, je scrute l'intérieur par les vitres teintées et… oui, je retrouve bien mon doux foyer. C'est ma voiture. Mon Épave, mais sur son trente et un. Aux couleurs des Tigers de Détroit.

Brenner émet un sifflement admiratif.

— Shayne, c'est… Waouh !

J'ouvre la portière conducteur. Un blouson des Tigers tout neuf est soigneusement plié sur le siège. Lorsque je le soulève, presque pieusement, un mot tombe par terre. Brenner le ramasse et le lit à haute voix :

— « Shayne, ceci n'est *pas* un cadeau d'anniversaire. Je sais que tu en as horreur. Toutefois, maintenant que tu es un agent spécial de l'AFO, il te faut une voiture spéciale. Fini les dormeuses. Il est temps de jouer dans la cour des grands. Nolan. » (Il marque une pause.) « P.-S. : le blouson n'est *pas* de moi. Tout le monde a participé. »

Au fur et à mesure de sa lecture, ma stupeur se mue très vite en colère. Quel ramassis de mensonges ! Typique de Nolan. « Pas un cadeau d'anniversaire » ? Ça ne fait que deux semaines qu'on a récupéré l'Épave. Il a sûrement dû suer jour et nuit pour abattre un tel travail en si peu de temps.

Et le nouveau style ? Certes, je savais qu'il faudrait la relooker un peu, au cas où les démons du West Side la chercheraient. Pour moi, on allait simplement reboucher les trous, peut-être peindre les portières dans de nouvelles couleurs dégueulasses, mais ce serait toujours mon Épave. Et regardez-la maintenant ! Plus moyen de bluffer avec une telle merveille. Tous les amateurs de course de Détroit voudront me défier ; tous les flics dégaineront leur radar à mon approche.

« Il est temps de jouer dans la cour des grands. » Et la voilà ! juste là – cette bon Dieu d'autorité que Nolan brandit à tout-va, comme s'il savait ce qui est mieux pour moi. Cette nouvelle voiture – cette « voiture spéciale » comme il l'appelle – n'est qu'une autre façon de me rabâcher son sermon préféré : « Tu n'es plus une gamine, Shayne. Grandis. »

Eh ben, j'en ai peut-être pas envie !

Et, pour info :

— J'aime les cadeaux d'anniversaire, Brenner. Ce n'est pas… Je ne sais pas pourquoi il a dit ça. (En fait, si, parce que je déteste en effet les cadeaux… de *Nolan*.) Et puis le blouson n'est sûrement pas à ma taille.

Je vérifie l'étiquette. Si, c'est la bonne taille, évidemment, parce que Nolan connaît ce genre de détail. Il a seulement précisé que le blouson était un cadeau commun parce qu'il sait que je ne le porterais pas si ça venait de lui. En tout cas, pas tout de suite.

— Bref, il va sans dire que je le rémunérerai pour son travail.

Et pas en couchant avec lui, contrairement à ce qu'il espère.

Brenner m'adresse un petit sourire.

— C'est vraiment un sacré boulot, Shayne. On dirait qu'il vous réserve ses plus belles prestations.

Là, c'en est trop.

— Mais je ne lui ai rien demandé. Et puis je préfère nettement votre cadeau.

Il éclate de rire, avant de se détourner.

— Bon, j'y vais.

— Je ne plaisante pas. Regardez ! (Je m'assois sur le siège conducteur et désigne le tableau de bord.) Pas de figurine. Il a oublié le plus important. Ça ne m'étonne même pas. Il a toujours *détesté* ma figurine d'Ardee Todd.

Brenner me refait face.

— Il la détestait ?

— Ah ça ! j'en sais rien, à part que, chaque fois qu'il faisait un tour avec l'Épave, Ardee Todd tombait « accidentellement » dans la boîte à gants *fermée.*

L'inspecteur désigne la statuette dans mes mains.

— Enfin, vous n'allez tout de même pas mettre ce truc dans la voiture.

— Et pourquoi pas ?

— Voyons, ce n'est plus la même voiture. Ça détonnerait trop. Ce n'est…

A-ha ! Je termine sa phrase pour lui :

— Vous avez raison, ce n'est plus mon Épave.

Il laisse échapper un soupir de frustration.

— Pouvez-vous vraiment le lui reprocher, Shayne ?

— Toujours.

— Franchement, ne mettez pas cette figurine sur le tableau de bord.

— Ah oui ? Laissez-moi une journée avec cette voiture. Je me mangerai quelques poteaux, je la rayerai contre des buissons. Elle redeviendra mon Épave en moins de deux.

Bon, *là*, je me comporte peut-être comme une gamine en effet. Jamais de la vie je n'esquinterais sciemment cette voiture. C'est vraiment une bagnole de rêve pour moi. J'aurais seulement aimé que Nolan ne l'agite pas comme ça sous le nez de Brenner.

Sans surprise, ce dernier réagit en adulte. Alors qu'il repart tout en secouant la tête d'un air désapprobateur, il me lance par-dessus son épaule :

— Eh bien ! je pense que vous seriez folle de ne pas enfiler ce blouson tout de suite pour aller vous balader au volant de ce bolide. C'est ce que vous attendiez depuis des mois, Shayne. Vous êtes de retour.

Sa remarque me donne des palpitations. Il a raison. J'ai passé les deux derniers mois à me plaindre de ne plus me sentir moi-même – sans voiture, sans blouson, avec un nouveau boulot, résignée à accrocher une guirlande de Noël avec un homme qui ne partage pas mon lit. D'ailleurs, depuis que j'ai mon insigne de l'AFO, les gens me regardent différemment, me parlent différemment, me traitent avec – oserais-je le dire – respect. Alors, oui, pas non plus au même niveau que Nora Jacobs, mais, quand même, j'ai la sensation de m'être enfin imposée. Je fais maintenant partie du club.

Même ma mère a changé de disque. La semaine dernière, elle a pris mon parti contre Ben et Nolan quand ils se sont plaints de ne plus me voir chez nous. « Contrairement à vous, Shayne a un vrai travail. » Ben a haussé les sourcils en feignant l'étonnement, avant de faire mine de s'incliner bien bas devant moi. Nolan s'est montré plus subtil ; il m'a adressé un regard appréciateur, amusé de me voir aussi embarrassée que si ma mère venait d'exiger un bisou devant le lycée. J'aurais dû tous les envoyer chier, mais je ne l'ai pas fait.

Vous voyez ? je ne suis plus moi-même.

J'attends que Brenner s'éloigne dans sa voiture. À la seconde où il disparaît au coin de la rue, j'ôte mon gros manteau, le jette sur la banquette arrière et enfile les manches serrées du blouson. Je me croirais enlacée dans les bras d'Ardee Todd. Oh ! en parlant du loup… Je décolle la protection de l'adhésif sous la figurine, puis la colle sur le tableau de bord.

Je claque la portière. Le moteur démarre avec un grondement vorace qui m'arrache un sourire roublard. La grosse tête d'Ardee Todd acquiesce vivement.

Une voiture spéciale pour un agent spécial.

Chers lecteurs : toutes mes excuses pour ce retard, mais je vous prierais de bien vouloir redresser vos sièges et attacher vos ceintures, car nous sommes maintenant prêts à entamer notre tome deux. Il était temps !

Chapitre 3

Pensez à la sensation la plus délirante possible. Genre, une sortie endiablée en centre-ville avec vos copines un vendredi soir. La totale, avec super musique, mecs canon à tire-larigot, votre robe préférée, et un gros coup de chance côté cheveux. Existe-t-il plus grisant que ça ?

La réponse est oui. Ça s'appelle : montez tout de suite dans ma voiture. Pas devant, c'est la place d'Aretha Franklin.

Je ne suis plus qu'une fusée bleu et blanc qui touche à peine la route. Le bruit cumulé du moteur et de la musique est si retentissant que les oiseaux s'envolent à deux rues à la ronde tandis que des sans-abri terrifiés se réfugient dans les petites ruelles. Une voiture de police apparaît, gyrophare allumé, derrière moi. Ma réaction se fait en deux temps. D'abord, je m'esclaffe ; ensuite, je fais le tour du pâté de maisons en dérapant dans les virages et, alors que le flic n'en est encore qu'au second coin, je passe comme l'éclair dans son rétroviseur.

Le temps qu'Aretha Franklin cède le micro à Patti LaBelle dans ma *playlist*, je suis en train de foncer sous le pont Ambassadeur. Sur la voie de gauche, une Mercedes noire met son clignotant, puis tourne sur ma voie. Je la reconnais, et je sais qui la conduit. Parker Reed, le sous-directeur vampire de la DAD, rentre de sa nuit de travail. Il fuit le soleil levant, pressé de gagner la demeure sombre et caverneuse de Terrance, sous le pont. Eh bien ! ça me semble le moment idéal pour bizuter le petit bleu, même s'il s'agit de mon supérieur – avec le nouveau look de ma voiture, il n'a aucun moyen de savoir que c'est moi. J'accélère en klaxonnant furieusement et lui coupe la route. Il pile, évitant de justesse la collision.

Rendue sur Jefferson Avenue, dans le centre-ville, je dois ralentir à cause de la circulation. Toutefois, cela donne un charme différent à ma balade – je profite de la fête dans ma bagnole, entourée de gens qui se rendent au travail en ce lundi matin, la mine aigrie. Bande de nuls ! Il fait moche aujourd'hui. Froid et humide, avec des congères de neige boueuse dans la rue. Alors que, dans ma voiture, c'est ambiance karaoké ultra *hot* !

Au feu rouge, un pick-up s'avance à ma droite. Quand le conducteur baisse sa vitre, je découvre avec joie un visage séduisant et familier qui me sourit. C'est Wulf, le loup-garou. Oui, ses parents ne se sont pas foulés : un loup, *wolf*, Wulf.

Je me penche et donne un coup dans la vitre côté passager pour qu'elle s'entrouvre, pile au moment où arrive un refrain de Billy Ocean des plus appropriés. J'accompagne la chanson :

— *Get outta my dreams !* (Je désigne le loup-garou, puis mon siège passager.) *Get into my car !*

Oui, Wulf, sors de mes rêves et grimpe dans ma voiture !

Gêné, il remonte aussitôt sa vitre. Je coupe la musique avant qu'il l'ait complètement relevée.

— Hé ! vous êtes fermés pour les vacances ?

Il travaille comme barman à la discothèque de l'*Occulte*.

— Malheureusement non. Tu connais Terrance, un vrai malade. On ouvre tous les soirs. Cela dit, on a enfin réussi à le convaincre de fermer pour Noël. Faut croire qu'il se sent généreux cette année.

— Oh ! ça n'a rien à voir avec de la générosité. C'est surtout un béguin trollesque pour Nora Jacobs.

Il éclate de rire.

— Je ne pense pas qu'il ait ce genre de sentiments pour elle.

— Peut-être, mais je viens de voir Parker s'empresser de rentrer chez eux.

— Lui, oui, il a carrément le béguin.

— Mais pas toi, Wulf ? Tu travailles avec la tentation incarnée. D'un autre côté, j'imagine que Rook remplit déjà son quota de loups ?

Il lève les mains en signe d'impatience.

— Bon, écoute, je voulais seulement te souhaiter un bon anniversaire, d'accord ?

Non mais je rêêêve ! Je donne un second coup à la fenêtre pour l'ouvrir totalement.

— Comment tu sais ça ?

Il fait mine de s'offusquer.

— Quoi, tu crois que je ne connais pas ta date d'anniversaire ?

De joyeux papillons, sans crocs, me chatouillent le ventre. Wulf, le loup, *flirte* avec moi ? Même les deux jours où on a travaillé ensemble à l'*Occulte*, il m'a à peine décroché trois mots. Je vous jure, j'ai l'impression d'avoir gagné un tour de poitrine avec mon badge – tous les mecs me remarquent d'un coup.

— Non, sérieusement, qui a vendu la mèche ?

— Elvira. Elle a pris soin de le rappeler à tout le monde au night-club.

Évidemment, Elvira Harrington. La seule qui m'appréciait déjà *avant* que je sois cool.

Wulf fait doucement avancer son pick-up, anticipant le passage au vert.

— Il y a la fête chez vous cet aprèm, pas vrai ?

— Oui, mais pas pour moi. C'est pour ma petite Bunica. Elle fête son milliard d'années.

— Mais tu seras là, hein ?

Houla ! tout doux, mon garçon.

— Normalement, Ray n'a convié que la meute de la rivière Huron. Voudrais-tu me faire croire que Wulf, le loup solitaire, fait partie d'une meute à présent ?

Son regard se ferme subitement. Il ébauche un haussement d'épaules.

— Non… enfin… je ne sais plus quoi penser.

— Oh, pauvre petit ! je le taquine. Moi aussi je serais perdue si mes parents m'avaient donné un nom d'animal à une lettre près. Quoique… avec « Shayne », je suis pas loin.

Tout s'enchaîne à merveille : alors que Wulf comprend tout juste la blague, le feu passe au vert et je démarre en trombe.

En traversant Woodward Avenue, j'entraperçois le gigantesque sapin de Noël au milieu du Campus Martius Park. Je salue le centre municipal, avec sa restauration toujours en cours du monument de marbre que j'ai contribué à détruire deux mois plus tôt. Je passe devant les hautes tours chatoyantes du Renaissance Center. Les trottoirs sont bondés de gens au nez rouge et au souffle blanc. Un frisson de fierté me parcourt. Mes concitoyens. Mon Détroit. *J'adore cette ville.*

Arrivée à l'Agence, je découvre avec étonnement une dizaine de voitures garées sur le parking. Il y a du monde ce matin. Je fais deux fois le tour du coin, à la recherche d'une Porsche ou d'une moto appartenant à Nick Sublime. Une fois certaine que la voie est libre (pas de Nick à l'horizon), je me gare sur un emplacement qui passe inaperçu depuis la rue, au cas où le flic patrouillerait dans les parages.

Il y a foule à l'intérieur. Outre les têtes habituelles à leurs bureaux, deux groupes de personnes se pressent autour d'une table chargée de pâtisseries et de viennoiseries. Les groupes sont bien distincts : des sorciers des beaux quartiers d'un côté, de gros bonnets faes de l'autre. Aucun n'adresse la parole à l'autre. D'ailleurs, les faes ne parlent pas du tout, même entre eux, se contentant de scruter en silence notre modeste petit bureau, avec un dédain affiché.

— Un buffet de petit déjeuner, énoncé-je, sans doute un peu trop fort. (Pas moyen de m'en empêcher – je suis d'excellente humeur, prête à monopoliser l'attention.) C'est votre petit rituel du matin ? Faudrait vraiment que je travaille en journée. C'est toi l'organisateur, Oliver ? Ça te ressemble bien.

Pas de réponse de la part du jeune et mignon directeur adjoint. Assis à son bureau, droit comme un piquet dans son costard-cravate, les yeux rivés sur ses papiers, Oliver Harrington m'ignore. Soit... Je pointe Ren du doigt avec un clin d'œil.

— Ce n'est sûrement pas ton idée en tout cas. Que des douceurs et pas de saucisses. Je me trompe ?

Les sorciers se taisent pour me jeter un coup d'œil. Les joues gonflées, Ren s'efforce de contenir son hilarité. Lorsque je perçois des ondes malveillantes, comme des aiguilles qui me piquent la colonne vertébrale, je comprends que Darla a certainement les yeux fixés sur moi. La voilà ! avec son regard assassin qui me suit par-dessus son écran d'ordinateur.

Je me pavane jusqu'au buffet. Quel festin ! Et chic en plus de ça, avec de beaux napperons et ces petites pinces inutiles pour se servir. Je me remplis une assiette avec les doigts en piochant une double portion de chaque pâtisserie. Aux sorciers, je dis :

— Y en aura pour tout le monde. (Puis je me tourne vers les faes.) Faites pas attention à moi. Je suis nouvelle.

Alors, l'atmosphère change subitement du côté des faes. Les hommes redressent les épaules en me lorgnant avec intérêt. Les femmes me détaillent de la tête aux pieds avec un œil critique. Tous se rapprochent de quelques pas. Leurs charmes de camouflage, si beaux, si éblouissants, me donnent l'impression de contempler le soleil.

L'un d'eux désigne la table d'un geste, puis s'incline de façon gracieuse.

— Naturellement. Ce buffet n'est-il pas en votre honneur ?

Euh...

En me retournant, je m'aperçois que les sorciers se sont aussi rapprochés de leur côté. Tous ont la quarantaine ou plus, très distingués, très riches. Docteurs, avocats, politiciens.

À ce moment-là, j'ai une révélation. « En mon honneur » ? Pour mon anniversaire ?

— Oh purée ! je m'exclame, faisant sursauter mon auditoire. Vous êtes sérieux ? C'est Elvira qui a tout manigancé ? Oliver ! C'est Elle qui t'a convaincu de me faire la surprise ? Elle est cachée sous ton bureau, c'est ça ?

Tandis qu'Oliver agite frénétiquement la main devant sa gorge, un autre homme entouré d'un charme d'illusion s'avance. Contrairement à son aimable collègue, il n'a pas l'air de vouloir me souhaiter un bon anniversaire. Il m'épingle d'un regard étréci.

— Je dois avouer que je ne suis guère impressionné. Après ce que j'ai ouï dire sur vous, je m'attendais à rencontrer une femme plus...

— Plus belle, termine une fae, apparemment tout aussi déçue.

Je me tourne vers elle, ahurie.

— Pardon ?

— Exactement, confirme l'autre en fronçant les sourcils. Où est le magnétisme ? Je ne sens rien. (Il s'adresse à son groupe.) Regardez : je me tiens à un mètre d'elle. Je la regarde droit dans les yeux. J'observe sa silhouette, honnêtement, très plate, et je n'éprouve aucune attirance sexuelle.

Je m'empourpre et pète un plomb.

— Oh ! vous voulez des sensations dans votre pantalon ?

J'écrase un pain aux raisins dans ma main.

— C'est parce qu'elle n'a pas de charme de camouflage, commente la fae en me considérant d'un air blasé Elle sera bien plus attrayante avec un charme. N'est-ce pas, mademoiselle Jacobs ?

Le pain aux raisins se transforme en bouillie dans mon poing.

— « Mademoiselle Jacobs » ?

Elle penche la tête de côté, avant de tenter :

— Nora Jacobs ?

Dans le silence qui suit, un petit rire insidieux s'élève de derrière l'écran de Darla. Je me fends d'un sourire courtois en m'efforçant de rester polie :

— À vrai dire, non, je ne suis pas Nora Jacobs. Et, pour reprendre vos mots, monsieur, je suis « honnêtement » stupéfaite qu'il reste encore des gens à Détroit qui ne connaissent pas sa tête. Je pensais que tout le monde ici était passé dans son plumard depuis le temps.

Oliver se lève pour protester :

— Shayne !

J'ignore son intervention ; je n'ai pas fini de jouer les pestes.

— Alors que, moi, je n'ai couché qu'avec un seul d'entre vous. (Je choisis au hasard un sorcier plutôt bel homme avec une barbe poivre et sel.) Ce mec-là.

Un cri de stupeur général monte du groupe de sorciers.

— Shayne !

Cette fois, Oliver a l'air vraiment énervé, ce que je n'imaginais pas possible. L'homme à la barbe grise esquisse un sourire méprisant.

— Savez-vous qui je suis ?

— Et vous, vous savez qui je suis ? je rétorque, à deux doigts de brandir mon insigne tout-puissant sous leur nez.

— À l'évidence, Shayne Davies.

Je secoue la tête.

— C'est pas du jeu. Oliver vient de le dire.

— Soit. (Il plisse les yeux.) Monsieur Harrington, voudriez-vous révéler à Mlle Davies qui je suis ?

Les épaules d'Oliver s'affaissent. Il se racle la gorge, puis déclare docilement :

— Agent Davies, voici Connery Harrington. *Mon père.*

Deux types de « Oh ! » me viennent à l'esprit à ce moment-là. Le premier ressemble à : « Oh ! c'est donc lui le père d'Oliver ! » Et l'autre à : « Oh… désolée. »

Un silence de mort s'installe ; à mes yeux, le moment idéal pour m'esquiver dignement. Je bats en retraite à reculons.

— Oliver, je suis navrée. Je ne sais que dire, si ce n'est que… je suis peut-être ta mère biologique.

Oui, je sais. Mais c'est plus fort que moi ! Je suis génétiquement incapable de laisser quelqu'un d'autre avoir le dernier mot – peu importe qui, à l'évidence. Cela dit, ça m'apprendra, car, au moment où je tourne les talons pour déguerpir, la voix sonore de Nick Sublime résonne dans le hall d'accueil. Ni une ni deux, je plie l'assiette de viennoiseries, la mets sous mon bras comme un ballon de rugby, et file me cacher derrière le bureau de Ren.

L'entrée de Nick ravive aussitôt les conversations dans le bureau. Fort heureusement, les sorciers m'oublient et courent le saluer en l'assaillant de questions. Cependant, l'attention de Nick est monopolisée par la dame âgée qui l'accompagne. Entièrement vêtue de noir, elle porte un grand chapeau et un – *beurk !* – petit toutou couleur suie. Elle ne cesse de taper sur l'épaule de Nick en le harcelant de ses commentaires. Levant les yeux au ciel, l'agent tourne la tête dans ma direction. Je m'accroupis derrière l'écran de Ren.

— Cache-moi.

L'incube me pousse d'un coup de coude.

— Où ça ?

— Entre tes jambes. Nick n'ira jamais regarder là. Mais vraiment jamais.

Ren se lève d'un bond et claironne :

— Shayne Davies. Elle est là.

Soit, je l'ai bien cherché. Perdu pour perdu, je dégage le fauteuil de Ren d'un coup de pied au moment où il se rassoit. Il tombe à la renverse avec un glapissement, les quatre fers en l'air.

Nick pointe un doigt vers moi – « Reste là » – avant de le lever à la verticale, ce qui peut vouloir dire « Une minute » ou « Je te préviens ». Sans doute les deux. Il reporte ensuite son attention sur la foule de sorciers qui le presse. J'aide Ren à se rasseoir.

— As-tu conscience de ce que tu viens de faire ? Nick me croit toujours mêlée à l'explosion de la voiture dans le West Side. Du coup, pour « m'éviter les ennuis », il me refourgue en ce moment toutes les conneries administratives dont il a horreur.

Ren époussette son pantalon d'un air boudeur.

— Bien fait pour toi.

— Mon service n'a même pas commencé en plus. C'est toi que je venais voir. (Il s'apprête à se moquer, mais je ne me laisse pas interrompre.) Non, je suis sérieuse, Ren. Tout à l'heure, on fête l'anniversaire de la petite Bunica. Je dois lui trouver un cadeau.

— Et alors ?

— Alors ! C'est évident, il me faut ton chef-d'œuvre.

Comme prévu, mes flatteries l'amadouent. Sa moue boudeuse laisse poindre un sourire.

— Lequel ?

— Pas de ça avec moi, Ren. Même si tu es doué, tu n'as qu'un seul véritable chef-d'œuvre. Maintenant grouille-toi, avant que Nick s'amène.

Rapprochant son fauteuil du bureau, il pianote sur son clavier et multiplie les clics de souris. Des dossiers apparaissent à l'écran. Il entre un mot de passe, ouvre d'autres dossiers, tape un nouveau mot de passe. Sa vitesse d'exécution me donne le tournis.

— J'hallucine ! on te croirait en train de pirater le Pentagone. (Une liste de dossiers s'affiche avec des noms d'hommes pour titre. J'en désigne un, abasourdie.) Non ! t'en as fait un sur Parker Reed ?

Il me tape la main.

— Tu veux le chef-d'œuvre, oui ou non ?

— Vas-y.

Il ouvre un dossier nommé « Sublime », clique sur un fichier et une image envahit l'écran : le poster d'un faux film intitulé *Sublime Éruption*, sur lequel un mannequin torse nu jaillit d'un volcan en pleine activité. La tête du top-modèle a été remplacée par la bouille souriante de Nick Sublime, stetson inclus. Le montage est dégueulasse. La tête et le corps n'ont pas la même teinte de peau, le visage a clairement été pris en photo avec un éclairage d'intérieur, et la tête est non seulement trop grande, mais un peu de traviole. Comme je le disais, un chef-d'œuvre. Je me passe la langue sur les lèvres.

— Imprime-moi ça.

Il fait quelques clics et, pendant que l'imprimante démarre, nous nous rinçons l'œil un moment devant le canon à l'écran. Une douce chaleur s'éveille dans ma poitrine, puis se diffuse dans le reste de mon corps, apaisante. Je me sens bien. Merveilleusement bien, euphorique même. La tête me tourne peu à peu, ma respiration s'accélère et, tout à coup, l'onde de chaleur explose en un million de picotements dans ma culotte. Mes cuisses se contractent et mes genoux flanchent, fauchés par un désir sexuel si intense qu'il en est insupportable. Ce n'est pas normal. C'est... Ren!

Clignant des yeux pour me ressaisir, je m'éloigne de l'incube.

— Non! Espèce d'idiot, arrête ça tout de suite.

Mes jambes flageolent, me hurlent d'arracher mon pantalon, de me mettre à poil. Tout mon corps est électrifié.

Ce n'est pas la première fois que je subis l'aura d'un démon de la luxure. Tous ceux qui connaissent un incube ou un succube en ont fait l'expérience au moins une fois. Il arrive souvent lors de soirées que quelqu'un leur demande de « faire péter les hormones », histoire de frissonner un coup. On se marre, puis chacun s'empresse de trouver un partenaire afin de libérer ce trop-plein de désir. Cette fois, cependant, je ne pourrai rien libérer du tout. Et je n'ai aucune envie de rire. Je souffre déjà bien assez de mon abstinence depuis ma rencontre avec Brenner. Il refuse de me toucher, et je ne laisse personne d'autre m'approcher, ce qui, maintenant que j'y pense, est totalement absurde. Mon corps entier me brûle, en proie à une démangeaison que je ne peux soulager.

— Pardon ! s'excuse Ren. Désolé, je n'ai pas pu m'en empêcher.

Nick apparaît devant nous.

— T'empêcher de quoi ?

Il se tient pile derrière l'écran d'ordinateur. L'incube se fige. Son regard fait plusieurs allers et retours entre le vrai Nick Sublime et celui à l'écran. Sentant son aura s'enflammer de nouveau, je m'empresse de rejoindre l'agent derrière le bureau.

— Quoi de neuf ?

— J'ai une mission pour toi.

— D'accord.

Je m'abîme dans ses yeux, fascinée. Son visage a toujours été à la hauteur de son nom, mais, sous l'effet de l'aura, je suis doublement affectée par sa beauté. Je me retiens tout juste de caresser cette mâchoire parfaite, ces lèvres sensuelles.

— Et je veux que tu aies un comportement exemplaire, me prévient-il.

— OK.

Je lui souris. J'ai très, très envie de lui grimper dessus pour lui lécher le lobe de l'oreille. Il pose sur moi un regard déconcerté.

— Oh ! c'est pas vrai. Ça commence mal.

— Quoi donc ? je demande avec de grands yeux innocents.

Il finit par capter.

— Ren, qu'est-ce que tu as fichu encore ?

— J'ai pas fait exprès, se défend l'intéressé.

— Eh merde ! jure Nick en frottant son crâne rasé. Bon, Shayne, essaie de te concentrer, d'accord ?

Il fait signe à la vieille dame en noir d'approcher. Puis il m'attire contre lui pour me souffler à l'oreille :

— Et sois gentille avec son chien. Je ne plaisante pas.

Si près de lui, je deviens folle. J'enroule un bras autour de sa taille. Il donne le change en m'entourant d'un bras vigoureux et en me tapant sur l'épaule comme si on était de vieux potes. Il sourit à la vieille dame.

— La voici, mademoiselle Charles. L'agent Davies. Agent Davies, Mlle Charles.

Je baisse la main pour lui pincer les fesses. En un clin d'œil, il me saisit le poignet et me tord le bras. Je laisse échapper un gémissement de douleur en susurrant :

— Oh oui ! comme ça.

En réalité, l'aura de Ren s'est déjà dissipée. J'avais juste envie de l'embêter.

— Pardon, quoi ? demande Mlle Charles tandis que son chien me jappe à la figure.

— Dites à l'agent Davies ce que vous m'avez raconté.

Elle cloue le bec à son chien d'une main décharnée.

— Il y a un ogre sur Belle Isle.

Je dégage ma main de la poigne de Nick, plus du tout d'humeur espiègle. Ma journée vient de sombrer.

— « Un ogre » ? Vous m'en direz tant.

Nick tape des mains, ravi de me voir de nouveau dans mon état normal.

— C'est bien ce qu'elle dit, agent Davies. Elle va même le répéter.

— Il y a un ogre sur Belle Isle, réitère-t-elle docilement.

Son roquet aboie, comme pour appuyer ses propos. Je rêve de lui donner une pichenette sur le museau.

En matière de corvées, ces affaires pourries que personne ne veut se farcir, il n'y a pas pire qu'enquêter sur des signalements d'ogre. Neuf fois sur dix, c'est une perte de temps – des nanas vindicatives qui nous appellent pour dénoncer leur ex en sachant pertinemment que nous sommes obligés d'aller les enquiquiner.

— Un ogre sur Belle Isle ? Vous êtes sûre, mademoiselle Charles ?

Ma question paraît l'offenser.

— Vous êtes idiote ? (Sa remarque fait sourire Nick.) Vous croyez que je ne suis pas capable de reconnaître un ogre quand j'en vois un ? quand j'en *sens* un ?

— Vous avez senti son odeur ?

— Oh ! il empestait à plusieurs mètres.

— Certes, mais beaucoup de personnes sentent mauvais.

Elle me transperce d'un regard noir.

— À l'évidence, vous n'avez jamais senti d'ogre, je me trompe ? (Sans me laisser le temps de répondre, elle reporte son attention sur Nick.) Pourquoi ne pouvez-vous pas vous charger de l'affaire ?

— Oui, renchéris-je, pourquoi ne peux-tu pas te charger de l'affaire ?

— Ce serait volontiers, ment-il, si je n'avais pas cette réunion de prévue. (Il désigne la salle remplie de sorciers et de faes.) Vous croyez que j'ai envie de rester assis dans ce bureau étouffant toute la matinée ? Mais bon, ce sont les ordres de la directrice. D'ailleurs, je ferais mieux d'y aller. Nora Jacobs va arriver d'une minute à l'autre. C'est elle qu'ils attendent.

Mlle Charles semble enchantée. Son visage ridé et aigri s'illumine.

— Nora Jacobs ? Pensez-vous que je pourrai la voir ?

— Mais bien sûr ! s'extasie Nick. Pourquoi ne pas vous asseoir à mon bureau ? Vous serez bien placée pour la voir pendant que l'agent Davies prend votre déposition.

Elle me jette un coup d'œil et retrouve aussitôt sa mine renfrognée, avant de gagner le bureau de Sublime. Je me retourne vers lui pour protester, mais il m'interrompt, anticipant au mot près mes récriminations :

— De corvée d'ogre ? T'es sérieux, Nick ? (Il me pointe du doigt.) On ne peut plus sérieux. Et ne m'appelle pas Nick.

J'ouvre la bouche pour me défendre, mais, là encore, il me précède. Croisant les bras pour me caricaturer, il rouspète :

— Mais je ne suis même pas en service à cette heure-ci. Je viens de me taper une nuit de boulot – encore ! – et, en plus, c'est mon anniversaire aujourd'hui ! (De nouveau, j'ouvre la bouche, pour me faire encore devancer.) Et puis tu sais quoi, Nick ? Depuis que j'ai été embauchée, tu ne m'as confié aucune affaire intéressante ! Brenner est censé être *mon* équipier, mais, chaque fois qu'il nous renvoie une affaire, tu la gardes pour toi. Sérieux, même quand le *Skinny's* a explosé, tu n'as pas voulu me laisser approcher du dossier.

Finalement, je décide de la boucler, car il ne se débrouille pas si mal, en fait. Je meurs d'envie de savoir ce qu'il va dire ensuite. Il enchaîne :

— Je ne suis pas ton assistante, *Nick*. Alors pas question que j'aille me les cailler sur Belle Isle pour chasser le dahu. Fais-le toi-même ! (Dégainant son portable, il reprend sa voix normale.) Oh, vraiment, Shayne ? Alors dis-moi, que dois-je répondre au SMS du sous-directeur Parker Reed ? Il me demande si Shayne Davies possède une

Pontiac bleue avec des bandes blanches ? et si elle est à l'Agence en ce moment ?

Je blêmis.

Nick superpose une réplique à mon visage muet :

— Oh... Le sous-directeur ? Euh... hum... dis-lui... (Il me décoche un sourire sirupeux.) Oui, agent Davies ? Que dois-je lui dire ?

Soit. Il a gagné.

— Dis-lui... que je suis sur Belle Isle depuis une heure et demie.

Il fait mine de réfléchir.

— Tu sais, même si ce n'est pas la vérité... je vais quand même lui répondre ça. Parce que c'est ton anniversaire. (Il lève une dernière fois le doigt en signe d'avertissement, puis tourne les talons.) Et ne m'appelle pas Nick, marmonne-t-il à part lui.

Pour couronner le tout, un murmure d'excitation parcourt la salle au même instant quand Nora Jacobs fait son apparition, un sourire nerveux aux lèvres. Elle secoue ses gants enneigés, aspergeant sans faire exprès quelques personnes. Mortifiée, elle se confond en excuses, mais tout le monde rit et sourit, comme si c'était l'incident le plus adorable qui soit.

— Ne regarde pas, me conseille Ren. Tu vas te faire du mal.

Trop tard.

— J'aimerais seulement comprendre pourquoi tout le monde lui fait si vite confiance comme ça. Elle possède un charme de néréide ancien et puissant. C'est comme Cecile et toi... c'est de la triche.

— Seulement si elle s'en sert à dessein, ce qui n'est pas le cas. D'ailleurs, son charme n'opère pas de la même façon que celui d'un démon de la luxure. Il se contente d'amplifier une inclination existante.

— Mais bien sûr, tu veux me faire croire qu'Oliver, Rook et Parker seraient tous tombés amoureux d'elle même sans ses pouvoirs ?

— Est-ce si dur à croire ? Regarde-la.

— Je ne peux pas avec le mur d'admirateurs qui l'entoure en permanence ! Sérieusement, Ren, ses pouvoirs de néréide mis à part, qu'a-t-elle de spécial ?

— En dehors de son esprit guerrier, de sa nature attentionnée et de sa gentillesse avec juste ce qu'il faut de répondant ?

— Arrête, je vais vomir. Mais, oui, *en dehors* de ça, qu'a-t-elle de plus que moi ?

— Quatre mecs incroyablement sexy, qui meurent d'envie de lui faire un tas de cochonneries.

— Je te déteste un peu, là.

— Allons ! c'est juste la frustration sexuelle qui parle.

Je m'apprête à partir, furieuse, car la déposition de Mlle Charles et de son rat me paraît préférable à cette discussion gerbante.

— Tu n'oublies pas quelque chose ? me rappelle Ren.

Il agite l'impression du poster de Nick Sublime. Quand j'essaie de la récupérer, il tend le bras en arrière et fixe sur moi un regard grave. D'un ton tout aussi sérieux, il ajoute :

— Hé ! on sait tous les deux que tu as quelque chose que Nora Jacobs n'aura jamais.

— Une déception amoureuse ?

Il fait la moue et décide de laisser tomber. Il comptait sûrement se montrer encourageant vis-à-vis de ma relation avec Brenner, mais je viens de lui couper l'herbe sous le pied et de la piétiner. Bref… Super, maintenant, on ne sait plus quoi dire, car la conversation est devenue un poil trop sérieuse pour des guignols comme nous. Je lui arrache l'affiche des mains. Alors que je m'éloigne, il me lance :

— Veille à ce qu'elle ne finisse pas entre de mauvaises mains, compris ? Sais-tu ce qui arriverait si ça devenait public ?

— Oui. Ils t'embaucheraient pour restaurer la chapelle Sixtine.

Un rire lui échappe en même temps qu'un reniflement moqueur.

— Ça me va.

SUBLIME
ÉRUPTION
BIENTÔT SUR VOS ÉCRANS

Chapitre 4

Le centre-ville de Détroit se situe au bord de la rivière Détroit (oui, ils ne se sont pas foulés pour le nom). De l'autre côté de ce cours d'eau d'un peu plus d'un kilomètre de large, on a le Canada. À cette distance, on peut quasiment se tenir à la fenêtre d'une tour de Détroit et adresser des signes de la main (grossiers, de préférence) aux Caribous dans leurs immeubles en face.

En plein milieu de la rivière se trouve Belle Isle, un parc national avec quatre cents hectares de forêts, de lacs et de pistes cyclables. Imaginez le célèbre Central Park de New York, mais en plus grand et pas infesté de rats ou, pire encore, de fans des Yankees. Néanmoins, si on en croit Mlle Charles, il semblerait que Belle Isle soit fréquentée par un ogre.

Les ogres sont une race de faes. En termes d'apparence, ce sont de proches cousins des trolls et des gnomes, mais, point de vue comportement, ils sont beaucoup plus dangereux. Leur goût prononcé pour la violence et la perversion n'a d'égal que leur stupidité. Certains occultes sont convaincus que *tous* les ogres sont des tueurs en série. En soi, c'est impossible, car un bon paquet d'entre eux sont si bêtes qu'ils se font attraper dès leur premier meurtre. Quoi qu'il en soit, afin d'apaiser le Groupe d'intervention de l'Occulte du FBI, l'AFO oblige maintenant tous les ogres à se déclarer, un peu comme les délinquants sexuels humains. Sans surprise, les concernés ne se bousculent pas au portillon pour se faire ficher ; on s'appuie donc beaucoup sur les signalements et les témoignages pour les débusquer.

J'ai de la chance cette fois. La description de Mlle Charles était assez précise pour que je sache exactement où chercher. Non seulement l'affaire sera vite bouclée, mais Belle Isle est un véritable paradis hivernal à cette époque de l'année, l'endroit idéal pour se balader. Une fois passé le pont MacArthur, je suis la route côtière qui fait le tour de l'île avec, d'un côté, la rivière grisâtre, de l'autre, un étang gelé encerclé d'arbres enneigés. Après avoir effectué une boucle presque complète, j'aperçois l'imposant club-house du yacht-club. Derrière, des centaines de bateaux de luxe se succèdent, soigneusement alignés, autour de débarcadères.

Je gare ma Fusée sur un emplacement VIP et prends un moment pour me préparer à courir jusqu'à l'entrée. Fourrant dans ma bouche un morceau de chewing-gum que je mâche frénétiquement, je bondis dehors. Un souffle d'air glacé m'enflamme les poumons. Je remonte au pas de course le trottoir, mais le froid me gèle les genoux, me donnant l'impression d'avoir des échasses à la place des jambes. Je glisse sur une plaque de verglas. Moulinant des bras, j'exécute un tour complet sur moi-même, avant de me jeter contre les portes et de tomber à la renverse dans le hall d'accueil en lâchant une bordée de jurons.

Étendue sur le dos, le souffle coupé, je contemple les poutres en acajou finement sculptées d'un haut plafond. J'entends le crépitement d'un feu de cheminée et un morceau de Beethoven digne d'un ascenseur. En roulant sur le flanc, je découvre, de l'autre côté du hall, un restaurant chic aux tables ornées de bougies. Un serveur et deux couples âgés m'observent d'un air ahuri.

Je me relève péniblement et, grelottant toujours, ressors une phrase de ma mère :

— Vous avez vu ce temps ? Il fait plus froid que dans le cul d'un yéti !

Ma remarque les laisse pantois. Un concierge se précipite de la réception pour se camper devant moi et me dérober à la vue des clients. J'ai affaire à un vieux à l'air collet monté – le genre de snobinard qu'on s'attend à croiser dans un établissement de ce standing.

— Navré, mais nos toilettes ne sont pas destinées au public.

— Quelles toilettes ? J'ai pas besoin de pisser, Alfred. (Son badge dit « Robert », mais, pour moi, ces gars-là ont toujours une tête d'Alfred.) Je suis venue postuler au job du branquignol qui est censé saler les trottoirs.

Il secoue la tête.

— Navré, mais nous ne recrutons pas en ce moment. Merci, et attention à la marche en sortant.

— Bonjour l'accueil. Pourriez-vous m'annoncer à Natalie, je vous prie ?

Son visage s'assombrit.

— Natalie ?

— Oui. Natalie Cormier, la directrice générale ?

— Aviez-vous… rendez-vous ?

— Non.

Il tape des mains, ravi.

— Ah ! malheureusement, elle est indisponible pour l'instant. Souhaitez-vous lui laisser un message ?

— Avec plaisir. (Je hausse la voix.) Dites-lui que je pense m'être pété le cul sur son trottoir non salé !

Alfred pâlit et jette un coup d'œil aux clients qui continuent de nous observer, derrière lui. Mortifié, il m'entraîne par le coude dans une minuscule salle d'attente derrière l'accueil, puis ferme la porte. En face se trouve celle du bureau de la directrice générale.

— Je vais vous annoncer. Votre nom, je vous prie ?

Il pose un doigt sur le bouton d'interphone d'un téléphone fixe.

— Dites-lui simplement que je suis là au nom de l'Agence.

— Laquelle ?

— L'AFO.

Il écarte la main du téléphone.

— Comment ça « la faux » ? Quel genre d'agence représentez-vous ?

— Non, c'est le nom de l'Agence, l'A.F.O. Mais je vois l'idée, Alfred. Ça paraîtra bizarre venant de vous. Vous savez quoi, dites-lui que c'est Madison West.

Il appuie sur le bouton. Après un bref silence, une voix de femme se fait entendre.

— Oui ?

Il hésite en me scrutant avec méfiance.

— Oui, Robert ?

— Madison West, répond-il enfin.

— Oh merde ! bafouille la femme. Faites-la entrer ! Non, non ! Que porte-t-elle ? Vous savez quoi ? Peu importe, j'arrive.

En effet. Un grand vacarme nous parvient soudain de derrière la porte : claquement de tiroirs, raclement de fauteuils, bruit de pas précipités, puis le battant s'ouvre d'un coup. Natalie Cormier n'a pas changé : belle, fausse blonde et garce. Dès qu'elle me voit, son sourire crispé, quoique ravi, cède la place à un regard incendiaire.

Vous l'aurez deviné, on se connaît toutes les deux. On n'a jamais pu se blairer, mais on arrivait au moins à faire semblant quand on sortait avec Elvira Harrington, notre amie commune. Je traîne avec Elvira parce qu'elle est hilarante, incroyablement gentille, et qu'elle me voue un culte – de vraies sœurs. Natalie, en revanche, la fréquente seulement pour accroître sa popularité, car c'est une sale sorcière croqueuse de diamants avec des dents qui rayent le parquet. Et aussi une sorcière au sens propre.

Elle me fusille donc du regard, les bras croisés. Alfred a peur. Il reste immobile, craignant peut-être de s'attirer les foudres de sa patronne pour m'avoir laissée entrer. Au milieu de toute cette tension, je me rappelle subitement que je mâchonne toujours un énorme morceau de chewing-gum. Dans un esprit professionnel, je leur fais signe de patienter, puis me penche au-dessus d'une corbeille. Là-dessus, j'ouvre grand la bouche, tire la langue avec un « beuâh ! » et laisse tomber le chewing-gum au fond de la poubelle.

Nous passons dans le bureau de Natalie, où j'écope d'une chaise inconfortable tandis qu'elle profite d'un trône ultra rembourré derrière la table. S'appuyant sur l'accoudoir, jambes croisées, elle déclare :

— C'est mon tour, c'est ça ? Tu estimes ne pas avoir gâché la journée de suffisamment de personnes ?

— Ouh ! je sens qu'on va s'amuser.

— Tu sais quoi, je ne doute pas que tu le penses vraiment. Pour toi, tout est prétexte à rire, n'est-ce pas ? Mais nous autres, adultes, nous avons des relations qui nous tiennent à cœur. On ne peut pas semer la zizanie avec un clin d'œil et un gloussement, avant de se sauver dans un bolide. C'est pour ça que tu as besoin d'une voiture de course, Shayne ? Pour t'assurer que la maturité ne te rattrape pas ?

— Non.

Elle s'attend à une autre réplique, mais, voyant que je n'ajoute rien, elle reprend :

— Je te parle d'Elvira, Shayne. Elle n'a pas le droit de fréquenter son frère. Tout le monde le sait.

— Elle a vingt-trois ans. Je suis quasiment certaine qu'elle a « le droit » de faire ce que bon lui semble. Et puis elle passe son temps avec Oliver. Ça aussi, tout le monde le sait.

— Pas son père. (Elle se penche vers moi pour l'emphase.) Jusqu'à ce que tu ouvres ta grande bouche devant lui, ce matin.

— Ah ! ça. (J'écarte le sujet d'un geste.) Je n'ai rien dit.

— Tu as demandé à Oliver si Elle l'avait convaincu de t'organiser une fête d'anniversaire. Tu lui as demandé si elle se cachait sous son bureau. Devant leur père !

— Comment es-tu au courant ?

— Parce qu'elle m'a envoyé un message après avoir reçu un SMS paniqué d'Oliver. Maintenant ils doivent rattraper tes bêtises.

J'éclate de rire.

— Oliver, je n'en doute pas, mais pas Elvira. Si elle sait ce que j'ai sorti à son père, elle est probablement pliée de rire à l'heure qu'il est.

— Tu n'as pas idée de ce que nous vivons.

— Non, je te parle du moment où j'ai affirmé devant tout le monde que j'avais couché avec son père.

Elle pointe vers moi un doigt accusateur.

— Tu ne sais rien de la pression qu'on subit. Elvira rit surtout pour ne pas pleurer.

Nous y voilà. *S.O.S. d'un sorcier d'élite en détresse*, par Natalie Cormier. Pas le temps pour sa rengaine habituelle.

— Hmm… même si on parle d'Elle, j'ai comme l'impression que c'est de moi qu'il s'agit.

— Pourquoi ça ne me surprend pas.

— Certes, je savais que j'avais pris du galon en rejoignant l'AFO, mais, mince ! je dois être plus populaire que je le pensais. Comment je le sais ? Parce que, même si tu ne m'as jamais appréciée, Natalie, tu n'avais encore jamais été *jalouse* de moi.

Elle part d'un rire cristallin.

— Tu te fais des films. C'est sans doute pour ça que je suis directrice générale d'un yacht-club, et toi… (elle me considère avec une fausse pitié) non.

— Dire que j'ai craché mon chewing-gum pour toi. (Je me lève.) Bref ! cette discussion est passionnante, mais je vais couper court et prévenir simplement Madison West que tu ne t'es pas montrée coopérative.

Natalie se lève aussitôt.

— Attends ! Je voulais seulement… (elle s'oblige à baisser d'un ton) papoter un peu. Avant de passer aux affaires.

Je fais un effort à mon tour et passe de sarcastique à légèrement narquoise.

— Bien sûr, bien sûr. Des petites taquineries entre amies.

Elle se fend d'un sourire doucereux et m'invite à me rasseoir. Nous reprenons nos places.

— Alors ? s'enquiert-elle.

— Eh bien… puisque tu as évoqué le sujet, commençons par là. Tu es la directrice générale du yacht-club.

— Tout à fait.

— Tu es donc responsable du recrutement.

— En effet.

— C'est donc toi qui as embauché l'ogre.

— En… (Elle s'interrompt.) Quoi ?

— Vois-tu, je suis passée à l'Agence ce matin. J'y ai fait la connaissance du père d'Elvira – le malaise – quand cette vieille dame est arrivée, Mlle Charles. Elle me raconte qu'hier elle promenait son sale roquet ici, près du lac Muskoday, qui se trouve… (je tends le cou pour regarder par la fenêtre derrière elle) juste là, tu vois ? Tu vois cette grande étendue d'eau ?

La sorcière ne bouge pas, son regard froid fixé sur moi.

— Je sais où se trouve ce fichu lac.

— En gros, il est tout près.

— Il est tout près, concède-t-elle.

— Bien. Donc, elle se baladait quand, soudain, elle a été assaillie par une puanteur qu'elle m'a décrite en ces termes : « Ce qu'on obtient quand un vautour avale deux kilos de crevettes avariées avant de chier le tout sur le gril d'un barbecue. »

— La vieille dame t'a dit ça ?

— Je paraphrase, évidemment. En gros, ça puait la mort et, quand elle a tourné la tête, l'odeur nauséabonde semblait émaner d'un type qui ressemblait au fils caché d'un homme des cavernes et d'une patate.

— Que je résume. Une vieillarde a vu un type moche qui sentait mauvais ?

Je désigne la fenêtre.

— Près du lac.

— Donc c'est *forcément* un ogre, qui doit *forcément* travailler pour le yacht-club. Je vois tout à fait, ironise-t-elle en levant les yeux au ciel.

— Attends, attends, elle a mentionné un autre détail, je crois. Ah ! fais-je en claquant des doigts. Il portait un pantalon bleu plissé et un polo rouge avec un insigne doré.

Natalie s'enfonce dans son fauteuil, les lèvres scellées, le regard de nouveau assassin.

— Possible, commence-t-elle en s'efforçant visiblement de se maîtriser. La prochaine fois, commence par là.

— Il s'agit bien de l'uniforme de tes employés, n'est-ce pas ?

— Tu connais la réponse.

— Ce n'était qu'une déduction. Alfred et le serveur du restaurant portent tous les deux un pantalon bleu et un polo rouge avec un insigne doré.

— Rien ne t'échappe.

— Tu devrais peut-être faire venir Alfred. Je pense qu'un visuel nous serait utile.

Elle frappe son bureau des deux mains, à bout de patience.

— L'homme que ta vieille dame a vu s'appelle Ronny…

— Vu et *senti*. Elle l'a d'ailleurs senti avant de le voir. Pour dire à quel point il puait.

Elle serre les poings.

— Ronny Fencher.

Bingo ! Je sors mon téléphone pour prendre des notes.

— « Fencher ». Et tu me confirmes que c'est un ogre ?

— Oui.

— Tu le savais quand tu l'as engagé ?

— Oui.

— Parce qu'il schlinguait ?

— Dis-moi ce que tu veux, qu'on en finisse.

— Avec plaisir. As-tu un dossier sur lui ?

— Oui.

— Et, dans ce dossier…

Elle me coupe la parole :

— Non, il n'est pas fiché. Et, non, il n'est pas là aujourd'hui, donc tu ne peux pas l'interroger. De plus, par courtoisie professionnelle, permets-moi de te dire que l'Agence ne gagnera rien à faire un scandale de cette histoire.

— Même quand l'histoire *pue à plein nez ?* Je suis d'accord. Tout ce qu'on veut, en réalité, c'est lui donner un titre officiel : l'ogre de Belle Isle. On dirait un roman policier. Sauf que, dans ce cas précis, l'enquêteur se fait enlever, torturer, tuer et bouffer. Pas nécessairement dans cet ordre.

— Ronny Fencher est un employé modèle depuis trois ans. Tous les ogres ne sont pas des tueurs en série.

Je lève les mains en signe d'apaisement.

— Hé ! figure-toi qu'on a un vieux dicton à l'Agence : « Tous les ogres ne sont pas des tueurs en série, mais les gens qui vont à la caisse rapide avec plus de dix articles non plus. Alors on fait quoi ? »

Avec un soupir agacé, Natalie ouvre un tiroir, le fouille, puis en tire une pochette.

— Il y a son adresse ?

Elle pousse une feuille vers moi.

— Tiens, lis ça. C'est une lettre de recommandation pour Ronny Fencher. Tu vois la signature ?

En effet. Sous quelques lignes dactylographiées faisant l'éloge de l'éthique professionnelle et de la fiabilité de Ronny Fencher, je découvre une signature griffonnée avec assurance d'une écriture nette et penchée. Le nom est imprimé en dessous : « Titus Paul ». J'ai toutes les peines du monde à demeurer impassible pour ne pas accorder à Natalie la satisfaction de m'avoir prise de court. Mon cœur, lui, fait un bond dans ma poitrine.

Elle plante l'index sur la table pour mieux appuyer le nom qu'elle prononce.

— Titus. Paul. Ça te va comme référence ? Ronny Fencher était employé de maison dans leur résidence de Palmer Woods, nom d'un chien !

Zut ! Natalie vient de dégainer une paire d'as – elle remporte la manche. Il est temps de faire machine arrière.

— Super. Donc c'est un gentil ogre, bien entouré, probablement inoffensif, et… (pause théâtrale) il doit quand même se déclarer.

— As-tu conscience de ce qui m'arrivera, de ce qui *vous* arrivera, à l'Agence et toi, si Titus Paul apprend que nous avons fait tout un foin de cette histoire ? Si un scandale éclate…

Elle continue de bavasser sur un ton enflammé, mais je cesse de lui prêter attention quand mon portable vibre pour me signaler une notification de Copains comme Cochons, une application qui m'avertit quand un ami se trouve à proximité. C'est Brenner. Il est à moins de trois kilomètres. Mais alors… il est sur Belle Isle. Je tapote l'écran pour ouvrir la carte de l'appli. Le point bleu de Brenner est en train de traverser le pont MacArthur.

OK, assez perdu de temps. Je me lève et interromps Natalie dans sa litanie.

— Tu sais quoi, il y a visiblement eu un malentendu, dans le sens où tu m'as vraiment mal entendue : Ronny Fencher est un ogre et je compte bien le ficher, mais je m'en carre – ou j'en ai rien à carrer, peu importe comment on dit – de savoir où je le trouve du moment que je le chope. Alors voilà ce qui va se passer : tu vas me donner son adresse, comme ça je n'aurai pas besoin de l'interroger ici, devant tes clients. Je passe le voir, je l'enregistre, pas de vagues, pas d'arrestation, pas de scandale public et, surtout, aucune mention de ton nom. Le yacht-club n'est pas impliqué. M. Paul n'est pas impliqué. Tout le monde est content. Alors, je sais ce que tu vas dire : « Pourquoi ne pas avoir tout de suite proposé cette solution ? » La réponse est évidemment que c'est plus drôle de t'embêter, mais, là, je dois filer, donc cette proposition expirera dans cinq secondes.

Les dents serrées, elle grommelle :

— À quoi pensaient-ils quand ils t'ont donné cet insigne ?

— Trois, deux, un…

Elle arrache la feuille d'un bloc-notes et écrit l'adresse de Fencher.

Chapitre 5

Quand je rattrape Brenner, il s'apprête à entrer sur le vaste parking devant l'imposante fontaine commémorative James-Scott. L'eau étant coupée pour l'hiver, l'endroit est un peu déserté ; je ne compte qu'une dizaine de voitures regroupées près du monument. Je passe devant Brenner et profite de l'espace pour exécuter des figures sur le bitume verglacé. L'inspecteur fait prudemment le tour en attendant que je cesse de frimer. Baissant nos vitres, nous nous rapprochons au point qu'il doit rabattre son rétroviseur.

Alors, l'inattendu se produit. D'ordinaire, je balancerais tout de suite une boutade sur le fait qu'il me suit, ou un truc du genre. Cependant, alors que nos vitres finissent de se baisser, il n'a pas prononcé un mot, ni même desserré les lèvres. Je me ravise donc et garde moi aussi le silence. J'ignore pourquoi ; je suis peut-être curieuse de voir ce qu'il va faire si je le regarde sans parler.

Nous écoutons nos moteurs ronronner à l'unisson. Son sourire amène du début s'estompe peu à peu, et il ne tarde pas à darder sur moi ce regard complexe qu'il a si souvent, ces moments où je me demande s'il est triste, fâché ou simplement absorbé par des pensées tantôt saugrenues, tantôt torturées. Comme toujours, ce regard me fait fondre et frémir à la fois.

Nos fenêtres sont si proches que je pourrais sans problème empoigner sa cravate. Je note qu'il l'a desserrée. Son col déboutonné laisse entrevoir les tatouages de formules chimiques à son cou. Il a laissé tomber la veste et retroussé ses manches. Ses cheveux blonds sont ébouriffés. *Ça*, c'est le Brenner que je connais… Non que je le connaisse si bien que ça. Ce n'est pas comme si j'avais des sentiments pour lui. La ferme !

Les sentiments qui grondent en moi me forcent presque à entamer la conversation, à dire *quelque chose*. Au prix d'un effort surhumain, je parviens à dévier toute cette folle énergie vers mon genou, qui se met à tressauter. Puis une nouvelle vague m'enflamme les joues et, cette fois, un sourire m'échappe. Mon cœur bat à tout rompre.

À mon grand soulagement, Brenner semble se décontracter, un petit sourire aux lèvres. Malheureusement, l'intensité monte en flèche lorsqu'il dit ensuite :

— Ce sourire. J'aimerais être davantage comme vous.

C'en est trop. Je craque. Peu importe ce qu'il a dit sur nous, sur la nécessité de rester simplement coéquipiers ; s'il compte me faire ce genre de coup bas, je ne vais pas me gêner.

— Non, pas *comme* moi. Vous devriez surtout être davantage *avec* moi.

Contre toute attente, il paraît réellement réfléchir à la question. Un profond trouble agite son regard.

— Ça vous va bien, commente-t-il finalement.

— Le blouson, ou la voiture ?

— Les deux.

Ses yeux se posent sur la figurine du tableau de bord. Il baisse les épaules avec un gémissement désabusé. Moi, je souris de toutes mes dents.

— Vous ne pouvez plus vous passer de moi ou quoi ? Nick vous a dit où me trouver ?

— Non, je l'ignorais. Un gardien nous a signalé une voiture laissée toute la nuit sur le parking, et nous…

À cet instant, il repère une voiture garée à l'écart des autres, à l'opposé de la fontaine. Il se redresse et passe la première.

— Suivez-moi.

Nous nous garons derrière la voiture, une petite Toyota blanche. Brenner sort tout en enfilant des gants pour faire le tour du véhicule. Je descends, fourre les mains dans les poches de mon blouson, et referme la portière d'un coup de pied.

— C'est sa voiture, me révèle-t-il d'un ton lugubre.

— Celle de la fille disparue ? La nouvelle affaire ?

Il confirme d'un hochement de tête.

— Kimberly Wright. Étudiante, noire, vingt ans. D'après sa colocataire, elle venait souvent ici faire son jogging autour du lagon.

— Le lagon de la fontaine ?

Je l'aperçois d'ici : un immense bassin artificiel en forme de pointe de flèche. Il se trouve de l'autre côté du monument, à l'autre bout.

— Pourquoi se serait-elle garée si loin ?

Ma question le laisse perplexe.

— La voiture n'est pas fermée.

Il ouvre la portière conducteur en prenant soin de la toucher le moins possible, puis glisse la tête à l'intérieur. Il grimace presque aussitôt.

— Vous avez trouvé quelque chose ?

— Ça sent affreusement mauvais.

Il tire le loquet d'ouverture du coffre, qu'il part fouiller dans la foulée. Je me penche à mon tour pour renifler le siège conducteur. Pour un humain, les odeurs occultes sont presque imperceptibles, mais mon flair canin détectera sans souci… *Ouh!* La puanteur m'oblige à reculer. *Nom de Dieu!*

— Brenner.

— Rien dans le coffre.

— Hé!

Il s'arrête enfin pour me regarder. Je referme la portière avec le pied.

— Je ne suis pas venue me balader, figurez-vous. Nick m'a envoyée.

— Ici?

— Au yacht-club, de l'autre côté de l'île. On vient d'apprendre qu'un de leurs employés est un ogre. On m'a chargée de le ficher.

— « Un ogre »? répète-t-il, circonspect. Les ogres… Ce sont eux…

— Oui. Ce sont *eux*. Environ un tiers des tueurs en série connus sont des ogres.

— Et vous l'avez fiché? À quoi ressemble-t-il?

— Il n'était pas là. Pour l'instant, on ne sait que trois choses sur lui. Il s'appelle Ronny Fencher. Il a été aperçu sur cette île, hier soir. Et (ça m'ennuie de le lui annoncer, mais…) il empestait. Quand ils sont énervés ou agités, les ogres dégagent une très mauvaise odeur.

Brenner baisse la tête d'un air songeur.

— La même dont le siège de Kimberly est imprégné.

— Eh bien, rien n'est encore sûr, mais…

— Mais tous les ogres ne sont pas nécessairement des tueurs en série, c'est ça?

— Non, tous les ogres ne sont pas des tueurs en série, et tous les lions ne mangent pas des humains pour le plaisir non plus. Alors on fait quoi?

J'ai quelque peu modifié mon adage, connaissant sa peur des lions. Il inspire, tremblant, puis compose un numéro sur son téléphone.

— Brenner, attendez.

— Je dois le signaler au Central.

— Laissez-nous une heure. On n'a pas besoin de davantage. Je comptais justement me rendre chez Fencher. À sa connaissance, je suis juste là pour le ficher. On peut voir à tâter le terrain. Vous croyez qu'il va parler si une demi-douzaine d'inspecteurs de la Crim débarquent chez lui ? On va prendre ma voiture.

Il range son téléphone et, cinq minutes plus tard, nous roulons vers l'ouest au cœur du quartier des entrepôts de Détroit, à deux pas de la rivière, que nous apercevons par intermittence entre les bâtiments. Brenner jette un coup d'œil à ma banquette arrière.

— Ça fait bizarre sans tout le linge sale.

Alors oui, j'habitais avant dans ma voiture. La banquette servait de dressing, de panier à linge et de lit.

— Il n'était pas sale. Juste chiffonné.

En lui coulant un regard à la dérobée, je le vois considérer ma figurine d'Ardee Todd d'un air anxieux.

— Je vous présente mes excuses pour ce matin, murmure-t-il. Toute cette histoire avec Regina. Ça a jeté un froid.

— Vous bilez pas, c'est rien.

— Ce sont mes problèmes. Je n'ai pas à vous y mêler.

— Vous me tuez, Brenner. Sérieusement, on en est encore à distinguer *vos* problèmes des miens ? On n'est pas censés former une équipe ? Ça ne devrait pas être *nos* problèmes depuis le temps ?

— Je sais, mais c'est… J'imagine que vous avez plein d'autres endroits où dormir.

Je me retiens de justesse d'écraser le frein sous le coup de la panique.

— Vous voulez que j'aille dormir ailleurs ?

— Non, répond-il aussitôt. Je dis juste que vous pourriez sans doute demander à certains de vos proches, et ils vous accueilleraient sans la moindre hésitation dans un environnement probablement plus chaleureux, sans tout ce drame. Regardez-nous : obligés de marcher sur des œufs à la maison, puis happés par le travail à peine le nez dehors. Et aujourd'hui…

Il cligne des yeux, hausse les épaules, puis laisse sa phrase sans suite.

C'est quoi ce bordel ? Il me donne envie de le gifler. *Accouche maintenant !* Je baisse la musique.

— Oui, aujourd'hui. Eh bien ?

— Vous avez quelque chose de prévu tout à l'heure, n'est-ce pas ? Un événement sans lien avec le travail ?

— Vous parlez de mon anniversaire ? Ma communauté organise une fête. En réalité, c'est pour la petite Bunica, mais c'est pareil, et vous êtes au courant depuis des semaines. Vous venez, hein ?

— Impossible. Pas en ce moment. Pas avec cette affaire. Je viens de trouver la voiture de Kimberly Wright.

Mon cœur se brise.

— Et il y a une dizaine d'autres inspecteurs pour s'en occuper. Votre service ne commence que ce soir. Vous n'êtes même pas censé travailler à cette heure-ci.

— Vous non plus. Vous voyez ? c'est ce que je voulais dire. Une fois que vous mettez les pieds là-dedans, vous n'en ressortez plus. Vous n'avez plus de vie. Et ce n'est pas… Vous méritez mieux.

Je vais vraiment le gifler si ça continue, car ça ressemble dangereusement à une manière de me dire que je suis trop immature pour m'adapter à son quotidien.

— Minute. *Primo*, si Fencher est vraiment votre coupable, alors votre enquête devient une affaire occulte, et donc, si vous n'allez pas à la fête, moi non plus.

— Ne faites pas ça.

Mais qu'est-ce qui lui prend aujourd'hui ? À part pour me refuser son corps, son cœur et son âme, il ne m'avait encore jamais tenu tête sur quoi que ce soit. Je persiste :

— Et, *secundo*, j'aime dormir chez vous. Sinon je ne viendrais pas parce que, tenez-vous bien, *je fais ce que je veux*. Certes, côté ambiance, on est loin d'une villa étudiante...

— Ce n'est pas ce que je voulais dire.

Je continue en ignorant son interruption :

— ... mais j'apprécie les personnes que j'y croise et, je suis peut-être folle, mais je crois qu'ils m'apprécient aussi, à l'exception de Regina.

— Ce n'est pas qu'elle ne vous aime pas...

— Vous saviez que la petite Jasmine m'a regardée par la baie de derrière, ce matin ?

— Comment ça ?

— Sous ma forme animale, je veux dire. J'étais dans le jardin.

— Elle a vu votre renarde ?

— Oui, et elle a adoré. Elle est venue jusqu'à la baie et m'a observée pendant plusieurs minutes. Sans froncer les sourcils. Sans se renfrogner. On aurait dit une petite fille normale. Je ne l'avais jamais vue comme ça.

Il se penche subitement vers le pare-brise.

— Shayne, c'est là qu'il habite ?

— Vous m'écoutez ou pas ?

Non, pas le moins du monde. Ses yeux sont grands ouverts, alertes. Il m'arrache l'adresse des mains.

— Stop ! Juste là.

Je freine et braque le volant, arrêtant ma voiture en travers d'une ruelle si étroite que je bloque presque le passage. Des bâtiments en brique s'élèvent sur deux niveaux de part et d'autre. L'arrière d'entrepôts et de magasins laissés à l'abandon. Certains comprennent de petits parkings derrière des portails en fer. Des herbes folles élargissent les fissures des trottoirs. Un enchevêtrement de vieux câbles pend entre de grands poteaux électriques.

Brenner bondit de voiture et court inspecter toutes les portes de la venelle en comparant leur numéro avec l'adresse dans sa main. Il s'arrête devant un entrepôt dont seul l'étage est muni de fenêtres ; le mur de brique marron du rez-de-chaussée ne possède qu'une porte exiguë, qui semble coulisser vers le haut comme celle d'un garage.

— Celui-là, décrète-t-il en m'indiquant le bâtiment.

Alors que je le rejoins, sautillant pour me réchauffer, il se précipite au coin de la ruelle.

— Là ! crie-t-il. C'est… (Misant sur la discrétion, il revient à toute allure pour débiter sa phrase tout bas.) C'est là qu'on l'a vue pour la dernière fois, à une rue d'ici, elle était à une soirée, puis elle est partie à pied, une voiture avec un châssis très bas l'a accostée. On a des témoins ; d'après eux, le conducteur lui a proposé de monter, mais elle a refusé…

— Attendez, quoi… ?

Pas moyen d'en placer une. Il est trop agité. Lancé dans ses explications, il a besoin de tout sortir d'une traite.

— … et les hommes dans cette voiture ont été un temps nos principaux suspects, car ce sont les derniers à l'avoir vue, mais leur piste n'a rien donné. Ils essayaient simplement de lui vendre de la drogue et elle les a envoyés bouler – d'après eux, elle se dirigeait par là, comme pour couper par cette ruelle, et ils lui ont même dit : « Vous attardez pas trop dans le coin toute seule », et personne ne l'a revue ensuite.

— Pourtant, on a retrouvé sa voiture près de la fontaine de Belle Isle. Vous disiez qu'elle était venue faire son jogging autour du lagon.

Il cligne des yeux en secouant frénétiquement la tête.

— Non, pas Kimberly Wright. Je vous parle de Rachelle.

— Rachelle ? (Je cesse de sautiller.) *La* Rachelle ? La fille de Regina ?

Brenner est déjà parti sur une nouvelle piste de réflexion. Son visage devient aussi blanc que son souffle.

— Rachelle Craig et Kimberly Wright sont liées.

— Deux étudiantes noires.

— L'une près du lieu de travail de Fencher, l'autre près de son domicile.

Il dégaine son arme.

— Tout doux ! je siffle. On vient seulement lui parler, vous vous rappelez ?

— Pas de ça, Shayne, m'intime-t-il en marchant d'un pas déterminé vers le bâtiment de brique. Pas cette fois. Je ne plaisante pas.

Je reste bouche bée. J'ai… j'ai l'impression d'avoir reçu une gifle. Il ne m'a jamais parlé de cette façon. Ça ne me plaît pas du tout. Je me sens maintenant obligée de faire ma peste en retour.

— Ronny Fencher ! AFO ! je crie vers les fenêtres à l'étage.

Brenner se fige en me décochant un regard irrité.

— AFO ! je répète. Il y a quelqu'un ? J'ai des papiers à vous faire signer !

Pas de réponse. Pendant un long moment, nous restons immobiles, silencieux, à l'affût du moindre bruit.

Rien. Je vois Brenner s'impatienter, se balançant d'un pied sur l'autre.

— Dernière tentative, annoncé-je. Je vais frapper à la porte.

Il s'approche du mur en scrutant les fenêtres du haut.

— D'accord, faites le tour. Je reste ici au cas où il tenterait de nous fausser compagnie.

Sa suggestion m'interpelle. Pourquoi passerais-je par-devant ?

— Non, je parlais de cette porte, précisé-je en indiquant l'étroit volet de garage.

Brenner observe l'entrepôt, avant de reporter son attention sur moi.

— Quelle porte ?

— Mais celle-là !

Au même instant, une révélation s'impose à moi, et je hurle alors que l'inspecteur s'apprête à toucher le mur :

— Stop !

Il se fige.

— Ne touchez à rien. Regardez sur votre droite. Non, plus près. Là, vous avez pratiquement le nez dessus. Que voyez-vous ?

— Des briques.

— Vous ne voyez aucune porte ?

— N'essayez pas de me faire marcher, Shayne.

Son commentaire me blesse profondément. Je ne fais pas « marcher » Brenner. Je fais « marcher » tout le monde *sauf* lui. Est-il aveugle à ce point ?

— Je voulais dire que les lieux sont protégés par un sort, petit génie.

Ça me fait mal d'employer un ton si péremptoire avec lui. Il est le seul à ne m'avoir jamais donné la sensation de me menacer, ou une raison de l'écraser.

— Il s'agit d'une illusion magique, pour empêcher les humains de voir la réalité. Ce serait risqué d'y toucher. À l'évidence, quelqu'un veut à tout prix éviter que des humains découvrent ce qu'il y a là-dedans. Le bâtiment entier pourrait s'effondrer ou exploser.

Brenner recule subitement, effrayé. Brave garçon. Sa réaction m'aide à me calmer en me donnant le sentiment d'avoir de nouveau les rênes en main.

— Pas d'inquiétude, je m'en occupe. Il nous faut simplement un sorcier. (Je sors mon portable.) Je vais demander à Nick de nous envoyer quelqu'un.

Curieusement, Brenner paraît agacé. Il passe devant moi sans un mot ni un regard, s'installe dans ma voiture, puis claque la portière. Je lève les mains en faisant mine de l'étrangler. Où sont passés les moments où on se regardait dans le blanc des yeux comme il y a, genre, dix secondes ?

Sublime ne décroche pas, mais m'envoie un SMS, qui donne lieu ensuite à une bataille de textos.

Nick : Je suis avec Nora et la directrice.
Moi : J'ai trouvé ton ogre à la noix, et sa piaule est gardée par un sort. Il me faut un sorcier.
Nick : Oublie.
Moi : TU TE FOUS DE MA GUEULE ? 🖕

Je n'envoie pas ce message. Je l'efface et recommence.

Moi : Sublime, je suis sérieuse.

Nick: Pourquoi veux-tu entrer chez lui ? Attends son retour.
Moi : Longue histoire, et mes doigts deviennent bleus. Pourquoi pas Oliver ? Il serait d'attaque pour une petite intervention de ce genre ?
Nick : Très marrant.
Moi : C'ÉTAIT CENSÉ ÊTRE TON BOULOT, CONNARD ! 🖕

Je n'envoie pas ce message. Je l'efface et recommence.

Moi : Très bien. J'envoie un SMS à la directrice West.
Nick : Haha ! On y croit.

Je ne réponds pas.

Nick : Fais pas de bêtises.

J'attends.

Nick : Shayne ?

Je grelotte.

Nick : D'accord, j'envoie Harrington.
Moi : Merci.

Je n'envoie pas ce message. Je l'efface et recommence.

Moi : 🖕

Frigorifiée, je cours me réfugier dans la voiture. J'ai l'impression de plonger dans une friteuse ; la chaleur est presque insupportable. Ma mère serait scandalisée par mon mépris des brusques écarts de température, qui me provoqueront certainement une pneumonie instantanée. Je m'apprête à en faire la remarque à Brenner, mais il n'a pas encore décoléré. Sans me regarder, il agite l'index en signe d'avertissement.

— Pas cette fois, Shayne.

Je me sens à la fois hors de moi et blessée.

— C'est quoi votre problème à la fin !?

— Vous ne l'aurez pas cette fois.

— D'accord, regardez-moi. Hé…

Il secoue la tête avec obstination.

— Peu importe ce que Nick a répondu. Occulte ou non, je me charge de cette affaire. Ne vous avisez pas de me faire obstacle.

Le poids écrasant de la colère et du chagrin m'arrache presque un hoquet de stupeur.

— Soit ! Mais *regardez-moi.*

Il cède à contrecœur.

— Pourquoi ?

— Parce que…

Ma respiration se bloque face à lui. Une foule d'émotions brûle dans son regard noir : colère, frustration, impatience. Je n'avais pas vu ce genre d'hostilité chez lui depuis notre première rencontre, quand il était rongé d'angoisse à cause du meurtre de sa sœur par des vampires. Je me vois forcée de sortir une phrase clichée à souhait, mais cependant vraie :

— Parce que vous me faites *peur.*

Cette fois, ma réponse le touche. Bien que son regard reste dur, sa voix s'adoucit.

— Si c'est lui le coupable, je ne couvrirai pas l'affaire cette fois. Je veux pouvoir expliquer à ces familles ce qui est arrivé à leurs filles.

— Je comprends.

— Combien de dossiers ai-je confiés à l'AFO ? Ça ne fait que deux mois, Shayne. Cambriolages, meurtres, enlèvements, l'explosion d'un bar entier. Chaque fois, je dois fermer les yeux, trouver des excuses pour mes supérieurs. Certes, quand il est question de jouer les benêts, personne ne me bat, mais même moi j'ai des limites.

Je lève les mains d'un geste lénifiant. J'aimerais lui toucher le visage, le rassurer, le caresser. J'essaie de lui exprimer ce sentiment par mon regard et par ma voix :

— Je comprends, Jay.

Il me scrute d'un air calculateur – un regard qui m'effraie vraiment pour le coup, car Brenner est tout sauf calculateur, c'est même pour ça que je… ne l'aime *pas* (la ferme !).

— Mais ? demande-t-il.

Eh zut ! Évidemment, il me connaît assez pour savoir qu'un « mais » se profile. Et c'est un gros « mais ». J'essaie de me montrer le plus diplomate possible, un effort herculéen pour moi.

— Mais… il n'est plus seulement question de l'ogre. Sinon, je vous le laisserais volontiers, il serait tout à vous. Le fait est que les ogres ne connaissent pas la magie. Ils ne peuvent pas créer ce genre de sort. Quelqu'un d'autre s'en est chargé, un individu dont je ne peux malheureusement pas vous confier l'arrestation. Les sorciers… Merde ! ils dirigent la ville, l'Agence, ils sont *puissants*. Vous devez nous laisser gérer l'affaire.

Il change brusquement de sujet.

— J'aimerais d'ailleurs contacter l'Agence de Chicago.

Je gémis. On en a déjà discuté. Il s'agit de la ville où sa sœur a été assassinée.

— Vous n'allez pas remettre ça.

— Demandez-leur simplement s'ils ont des dossiers d'attaques semblables à celle de Haley. (Il entame une énumération qu'il appuie en se frappant la paume du dos de la main.) Agression de nuit, trois hommes, festin simultané – cou, poignets, cuisse intérieure – et des yeux blancs, comme des cataractes.

Eeeeet l'envie de l'étrangler me revient. « Cataractes » est devenu son mot préféré depuis qu'il a fait des recherches après m'avoir entendu affirmer que les vampires n'ont pas les yeux blancs. Maintenant, il me le sort chaque fois qu'on se dispute sur la question. « Des cataractes ! Les vampires avec des cataractes ! »

— On en a déjà parlé. Vous savez ce qui vous arriverait si les vampires apprenaient que vous montez un dossier contre eux ? Vous avez enfin réussi à fuir Chicago, Brenner. Il est temps de *laisser tomber*.

Il se ferme comme une huître. Détournant le regard vers la fenêtre, il marmonne :

— Combien ça représente ? Je me le demande. En pourcentage, j'entends. Quelle part des crimes de Détroit, voire du pays tant qu'à faire, pourrait être imputée aux occultes ? Des prédateurs nocturnes qui s'abreuvent de sang humain. Des démons qui se nourrissent du meurtre. Des loups-garous qui s'étripent dans des guerres de territoire. Des métamorphes qui se transforment en…

Il laisse sa phrase en suspens. Je décide de la compléter pour lui.

— En monstres.

Une bouffée de chaleur m'envahit soudain quand je prends conscience de mon aveuglement. Alors c'est ça ? C'est donc ça le problème ! La raison pour laquelle il me repousse. Parce que, même si je l'attire, même s'il m'apprécie – il désirait autant que moi le baiser que nous avons partagé –, dans le fond, tout ce qui compte, c'est que je suis *l'un d'eux*. Une occulte. Un monstre.

Je descends. Peu importe si je me les caille, je ne resterai pas une seconde de plus dans cette voiture. Durant les cinq minutes que je passe ensuite à arpenter la ruelle, ma colère croît à mesure que mon corps gèle. Je reviens au pas de charge exiger qu'il sorte de ma voiture, parce que j'ai froid et que c'est *ma* bagnole, quand j'entends un crissement de pneus.

Une somptueuse Tesla Model X blanche à cent mille balles déboule dans la ruelle, passe en trombe devant moi et pile à trois centimètres du pare-chocs arrière de ma Fusée.

Ouh ! je te hais, Nick Sublime. Il se croit sûrement hilarant. « J'envoie Harrington », qu'il a dit.

Certes, il s'agit bien d'un membre de la famille Harrington.

Mais pas celui que j'espérais.

Chapitre 6

Une petite princesse blondinette saute du SUV. Apparemment, le froid n'est qu'un détail pour Elvira, qui porte une robe courte en mousseline rouge avec de gros points noirs. Sous ses jupons noirs, le reste de ses jambes est couvert par des leggings noirs et des bottines. Un perfecto vient apporter une touche de classe à l'ensemble, complété par une grosse écharpe blanche et un bonnet en laine assorti. Elle est d'un chic absolu.

Et très énervée.

Claquant la portière, elle vient droit vers moi, les sourcils froncés au-dessus de ses lunettes de soleil blanches. Le bruissement de sa minijupe à chacune de ses enjambées m'évoque la cascabelle d'un crotale cucul la praline. Elle ôte l'un de ses gants blancs et, sans hésitation, me gifle avec.

— Ça, c'est pour avoir couché avec mon père !

Puis elle part d'un rire tonitruant en se tapant la cuisse.

Le souffle coupé, je recule en lâchant un chapelet de jurons. Ma joue me brûle atrocement. C'est la goutte de trop. Mon masque de sang-froid tombe, mon visage se décompose. Des larmes m'inondent les yeux. Elle cesse aussitôt de rire.

— Oh ! mais tu…

Je me couvre le visage et fuis vers sa voiture. Ses froufrous me talonnent, en même temps que sa voix adorable :

— Je voulais seulement… Shayne ? Allez, c'était drôle, non ? Comme si tu pouvais coucher avec mon père ! Lui, le fan des Cubs.

Je me réfugie sur le siège passager de sa Tesla et lui claque la portière au nez. Avec un petit « Oh ! », elle tourne les talons pour contourner le capot de la voiture, mais se rend compte qu'elle est garée trop près de la mienne pour passer. Après un second « Oh ! », elle fait promptement le tour par-derrière pour venir s'installer côté conducteur.

— Ça ne va pas ? Qu'est-ce qui se passe ? Tu es enceinte ? Tu es enceinte !

Je ne réponds pas, trop occupée à fourrer un pan de mon blouson dans ma bouche. Je le mords de toutes mes forces, ferme les yeux, puis hurle à pleins poumons.

Mon cri étranglé de chat mourant la fait paniquer. Elle agite frénétiquement les mains.

— Oh ! Oh ! Ardee Todd se laisse de nouveau pousser la barbe ?

Je m'avachis sur mon siège en regardant par-dessus le tableau de bord, juste assez pour voir Brenner descendre de ma Fusée et tourner vers nous un regard impassible. Avec les vitres teintées de la Tesla, il ne peut pas nous voir. Néanmoins, je reste cachée derrière le tableau de bord. Elvira pousse une exclamation.

— Ah ! c'est lui ? (Elle se baisse à mon niveau.) C'est ça ? Ça y est, t'es raide dingue de lui ?

Je retire le blouson de ma bouche.

— Je le *déteste.*

Son visage s'illumine.

— Je le savais. C'est ton dix !

— Hein ?

— Ton dix sur dix en matière d'hommes. Avant, c'était Ardee Todd en maillot de base-ball. Maintenant, c'est M. l'Inspecteur, sans rien sur le dos.

Je remets le tissu dans ma bouche en hurlant de plus belle.

— Oh ! il approche.

Je recrache le blouson et m'essuie les yeux.

— Bon, écoute-moi. Je te raconterai tout plus tard, mais, pour le moment, on travaille sur une enquête.

— Je sais. C'est excitant, non ?

Brenner toque à ma vitre. Je l'ignore. Elvira doit savoir.

— Non, ça n'a rien d'excitant, Elle. Pas pour lui, d'accord ? Il n'est pas là pour s'amuser, bien au contraire. Tu dois te montrer sérieuse. C'est une affaire sérieuse, *je* suis sérieuse. Pigé ?

Elle me regarde avec des yeux de biche et murmure :

— Mince ! t'es vraiment sérieuse. Oh ! il t'a fait tourner la tête, ma grande.

Je réprime l'envie de l'étrangler en inspirant profondément, puis ouvre la portière.

— On s'y met ? demande l'inspecteur.

Je me racle la gorge.

— Brenner, je vous présente...

Je désigne l'intérieur de la voiture, mais mon amie a disparu. On entend ses talons claquer derrière le véhicule. Après ce qui semble une éternité, elle réapparaît de notre côté et je reprends :

— Je vous présente Elvira Harrington.

Il la salue d'un signe de tête.

— La sœur d'Oliver ?

Elle lui adresse un grand sourire, mais, voyant mon regard noir, s'efforce d'adopter une mine plus solennelle, pour un résultat partiellement crédible.

— Tout à fait. Vous le connaissez ?

Il semblerait. C'est quoi encore cette histoire ? Depuis quand Brenner sort-il le nom d'Oliver de son chapeau ? Il ne m'a accompagnée qu'une seule fois à l'Agence.

— J'ai entendu parler de lui, répond-il. Je sais seulement que c'est un sorcier.

Elle soupire.

— Je sais, navrée. C'est sûrement lui que vous attendiez.

J'enfonce mes doigts glacés dans les poches de mon blouson.

— Depuis quand Nick t'envoie en mission pour l'Agence ?

— C'est seulement la seconde fois. Il y a quelques semaines, après l'attentat au resto de Skinny, il avait besoin de…

Je serre les poings dans mes poches.

— Il a fait appel à *toi* pour cette enquête ?

— Oui, c'est fou, hein ? s'exclame-t-elle, son excitation refaisant surface. Nora était là aussi, elle a été épatante, c'était tellement… (elle se reprend) sérieux. C'était très sérieux, et moi aussi.

Elle m'adresse une grimace contrite.

— L'accès à l'entrepôt est défendu par un sort, l'informe Brenner.

Il s'approche du bâtiment pour le lui montrer, mais elle le pointe déjà du doigt.

— Celui-là, confirme-t-elle. J'imagine que vous ne voyez pas la porte ?

— En effet, répond-il, quelque peu dépité.

Elle lui sourit gentiment.

— Oh ! ne vous minez pas… Les humains sont… Enfin, ce genre d'illusion est conçue pour…

Faute de trouver de quoi lui remonter le moral, elle choisit finalement de se taire. Je lui accorde cependant un point pour ses efforts. La plupart des sorciers se moquent royalement du ressenti des humains, sans même parler de les consoler. Elvira est vraiment un ange.

— Tu es donc capable de détruire un sort de protection ? je demande en m'efforçant de paraître plus impressionnée que dubitative.

Elle grimace, gênée.

— Euh… oui, n'est-ce pas ?

— Balèze. Ça doit demander pas mal d'énergie, pas vrai ? Le plus gros sort que je t'aie vu jeter, c'est quand tu as donné à Cecile une voix d'homme pendant vingt minutes lors de cette soirée de la Saint-Valentin, à l'*Occulte*.

Elle affiche une mine boudeuse.

— Ce qui ne l'a pas empêchée de repartir aux bras de nos cavaliers. (Elle se campe devant la porte, les mains sur les hanches.) Voyons voir, dit-elle en penchant la tête d'un côté, puis de l'autre, avant d'émettre un rire nerveux. Je sais, désolée. Vous préféreriez qu'Oliver soit là, pas vrai ? Un vrai sorcier, quoi.

— On s'en fiche ! je l'encourage. Tu te débrouilles comme un chef. Montre-lui qui est la patronne à ce sort.

— Et comment ! s'exclame-t-elle, avant de provoquer la porte : Je suis une grande sorcière. « Sésame, ouvre-toi », saloperie !

Son rire redevient vite nerveux, cependant. Elle se tourne vers moi en désignant l'inspecteur d'un geste timide.

— D'accord, mais pourrait-il… ?

— Quoi ? s'enquiert l'intéressé.

Je comprends le problème.

— OK, je vois. En fait, Brenner, il n'est pas rare que la magie refuse de se manifester devant les humains.

Nouvelle grimace contrite d'Elvira.

— Navrée.

— Cesse de t'excuser à tout bout de champ ! Brenner, il vous suffit de vous tourner et de fermer les yeux.

Il s'exécute. Elvira m'adresse un regard impressionné, puis mime un claquement de fouet. En réponse, je lui fais signe de se grouiller.

Détail notable à propos des sorciers : il n'y en a pas deux pareils. On pourrait en prendre cinq, leur demander de réaliser le même sort, chacun l'accomplirait à sa manière. L'un se représenterait mentalement le résultat souhaité. Deux autres se sentiraient plus à l'aise en décrivant le processus, mais l'un le ferait à haute voix tandis que l'autre chanterait dans sa tête. Le quatrième resterait immobile et silencieux, le cinquième s'accompagnerait de gestes. L'expression individuelle en magie est infinie et, bien souvent, révélatrice de la personnalité du sorcier. Je ne suis donc pas surprise quand Elvira se met à *flirter* avec la porte.

— Salut, toi, roucoule-t-elle. Tu ne dis rien. On passait pourtant un bon moment, non ? Eh bien alors ! ne laisse pas une jeune femme ainsi dans le froid. Tu m'invites à entrer, oui ou non ?

Elle parle si bas que Brenner ne l'entend sûrement pas. Même avec mes oreilles de renarde, je distingue à peine ses paroles. Elle reste immobile, les bras le long du corps, mais tourne les mains comme pour composer la combinaison d'un coffre-fort.

— Non, trésor, je ne veux rien précipiter. J'essaie seulement de… *tâter* le terrain avec toi, c'est tout. Un peu de ci… Un peu de… ça ? (Ses mains se figent. Elle glousse.)

Mmh ! tu aimes ça, hein ? Oui, ça se voit. Oh ! oh… Cette fois, chéri, je… t'ai… ouvert !

Pour moi, rien ne change, mais, quand Brenner se retourne, son regard se braque sur la porte et il ouvre la bouche, abasourdi. Elvira paraît soulagée.

—Pfiou ! Il s'est… Enfin, je veux dire *la porte* s'est un peu fait prier, mais, comme vous le voyez… (Elle s'esclaffe.) Oui, maintenant vous la voyez du coup.

Accroupi devant l'entrée, Brenner trouve un cadenas ouvert, qu'il enlève, avant de tirer sur la poignée. La porte s'ouvre avec fracas.

—Ce n'était rien, vraiment, bafouille Elvira pendant ce temps. Un enfant de cinq ans y arriverait. J'espère d'ailleurs que vous n'avez plus besoin de mes services, car, malheureusement, mes pouvoirs s'arrêtent là. Oliver a tout pris à la naissance en ne me laissant que les miettes.

Brenner se redresse et la réduit au silence en fixant sur elle son regard si expressif.

—C'est incroyable, murmure-t-il. Merci beaucoup.

Les yeux de biche reviennent au grand galop, et elle rougit.

—Oh ! vous savez… ce n'est rien… Pardon.

Brenner et moi échangeons un regard hésitant : « Bon, c'est parti. » Il dégaine son arme, puis pénètre dans l'entrepôt. Aussitôt, Elvira se retourne vers moi pour me mitrailler le ventre de petits coups.

—Alors ? C'était assez sérieux pour toi ? Mon Dieu ! cet homme est un amour. Je veux le même !

Je lui prends la main.

—Ne me quitte pas d'une semelle, et ne fais plus un bruit.

—Qu'y a-t-il à l'intérieur ?

—Chut !

Elle retire ses lunettes de soleil.

— Oh ! il fait…

Noir. Sa voix s'éteint alors que nous nous engouffrons dans une pièce sombre et basse de plafond. Hormis une table en métal renversée et des cartons aplatis par terre, il n'y a rien.

Nous nous engageons dans un couloir. J'aimerais appeler Brenner, que je n'entends même plus, mais j'ai peur de briser le silence. Je distingue une lumière grisâtre au bout du couloir, dans ce qui doit être la salle principale de l'entrepôt.

C'est là que nous retrouvons Brenner. Il se tient au milieu, pile dans le quadrillage de lumière projeté au sol par les fenêtres du haut. Je devine, à sa silhouette avachie, qu'il n'est plus aux aguets. Il regarde le corps d'une femme étendue par terre, les membres en croix. Mes poumons se vident. Je ferme les yeux. Merde ! je n'aime pas ça. Je n'aime pas ça *du tout*.

— C'est un… ? commence Elvira, avant de se taire quand je lui serre la main.

Faute d'une meilleure idée, je laisse le silence se prolonger. Brenner est aussi immobile qu'une statue, les bras ballants. Je glisse un coup d'œil à Elvira. Elle l'observe avec de grands yeux inquiets. Après un moment qui paraît durer une éternité, il déclare :

— C'est Rachelle.

Je lâche aussitôt la main de mon amie pour le rejoindre devant le cadavre : une jeune femme noire, vêtue d'un jean et d'un sweat-shirt universitaire.

— Université de Détroit Mercy, commente-t-il. Regina a sacrifié jusqu'à son dernier sou pour l'y inscrire.

Je suis frappée par la ressemblance entre la mère et la fille, même si je n'ai jamais vu le visage de Regina si calme, si paisible. Par miracle, et sans doute par *magie*, le corps de Rachelle est intact. Aucune trace de décomposition, pas une égratignure. Elle paraîtrait même simplement endormie si ses yeux n'étaient pas grands ouverts.

Nous restons un moment silencieux, sans bouger. Je me sens stupide ; j'aimerais trouver des paroles réconfortantes, mais les mots ne viennent pas. J'adresse un regard suppliant à Elvira, qui se contente de lever les mains en signe d'impuissance.

L'ombre me cache le visage de Brenner. Il parle d'une voix éraillée, fatiguée :

— Un jour, je suis rentré chez moi vers 3 heures du matin et j'ai entendu des voix dans la cuisine. Très basses, comme si on avait laissé la télé allumée. J'ai jeté un coup d'œil, et j'ai trouvé Regina, en train de regarder une vidéo sur son portable. (Il marque une pause, perdu dans ce souvenir, ou peut-être pour organiser sa pensée.) Je ne voyais rien, je n'avais que le son, mais, dans la vidéo, Regina prononçait le nom de Rachelle, et Rachelle lui répondait, puis elles éclataient de rire toutes les deux. Ensuite… (cette fois, il fronce les sourcils) il y a eu un autre éclat de rire, plus léger, presque incontrôlable… Un petit gloussement, vous voyez, une voix fluette. Alors, je me suis rendu compte que… c'était Jasmine. Elle riait. Elle jouait, les appelait. Elle n'a pas toujours été l'enfant taciturne d'aujourd'hui. Tout a basculé le soir où Rachelle n'est pas rentrée à la maison. Ce jour-là, Regina a perdu ses deux filles.

Ma gorge se serre. C'est pire que ce que j'imaginais. Brenner s'accroupit. Il étudie longuement le visage de Rachelle, puis finit par tendre la main pour tourner doucement son menton vers lui.

— Non ! s'écrie Elvira

Trop tard. Une onde d'énergie verte jaillit du corps et, avec elle, s'évanouit l'apparence inaltérée de Rachelle. D'un coup, sa peau enfle, se crevasse et noircit ; ses globes oculaires s'enfoncent dans son crâne ; ses cheveux tombent. Ne reste qu'un cadavre putréfié, uniquement reconnaissable grâce au sweat-shirt universitaire.

Brenner recule en criant. Sa voix est couverte par le craquement assourdissant des murs et du plafond qui se lézardent soudain. Une grêle de briques et de poussière s'abat sur nous. Elvira hurle de frayeur. J'essaie d'attraper l'inspecteur, mais il se dérobe pour tenter d'emporter le cadavre.

— Laissez-la ! je lui vocifère à l'oreille.

Elvira pousse un cri perçant en évitant d'un bond une cascade de brique et de verre. Le bâtiment entier s'écroulera dans quelques secondes. J'empoigne Brenner par le col de sa chemise, faisant sauter ses boutons.

— Laissez-la ! On ne pourra pas justifier notre présence !

Je n'ai pas le temps de développer mes explications : qu'on ne peut plus rien faire ; que l'effondrement de l'entrepôt appellera nécessairement une enquête policière, qui mènera à la découverte du corps. Le but est qu'ils ne trouvent pas *nos* corps aussi dans les décombres.

— Il faut partir ! Tout de suite !

Après un dernier regard vers le cadavre, Brenner accepte enfin de renoncer. Nous avons à peine fait deux pas vers Elle que le sol se soulève brutalement, nous précipitant tous trois à terre. Les murs, le plafond, la structure entière va s'affaisser sur nous. Je sais que ça ne fera pas mal : tout deviendra noir, et je mourrai en un instant. Je ferme les yeux.

Pourtant, je n'entends pas le fracas de l'impact. Non, ma mort ressemble plutôt à un vent mugissant, entrecoupé d'un grésillement d'électricité statique. Le vacarme m'emplit les oreilles et la tête.

J'ouvre les yeux d'un coup, comme si je me réveillais en sursaut. Les mains levées devant le visage, je découvre une montagne de brique, de bois et de verre suspendue à un mètre au-dessus de moi. L'air chargé de poussière me donne l'impression d'essayer de respirer sous l'eau. Le temps semble figé.

Puis je décèle un mouvement sur ma droite. Brenner, qui crapahute à quatre pattes. Je le suis en me frayant un chemin au milieu des colonnes de débris crépitant d'énergie.

Nous retrouvons Elvira étendue sur le dos, les bras tendus vers le ciel, doigts écartés. Elle tremble de la tête aux pieds.

— Shayne ! crie-t-elle d'une voix rauque. Shayne, je ne tiendrai pas longtemps.

Je me sens engourdie. La situation dépasse mon entendement.

— C'est toi qui fais ça ?

Elle laisse échapper un gémissement terrifié.

— Si je bouge, je perdrai le contrôle.

Brenner et moi la saisissons par son perfecto pour la traîner au milieu des décombres en suspension. L'obscurité entrave notre progression. Le sol est jonché de débris coupants, et nous devons naviguer dans un labyrinthe de briques flottantes. En heurter une revient à se manger un mur, car elles ne cèdent pas d'un pouce. Là encore, ces notions me donnent le tournis. J'ai beau ne pas être une sorcière, je m'y connais assez pour savoir que ce genre de tour requiert une quantité de magie phénoménale.

— Je ne tiens plus, Shayne ! panique Elvira. Je ne tiens plus !

En effet. Un grondement tonitruant s'élève du fin fond du bâtiment. La terre tremble. Le tonnerre enfle, se rapproche. Des briques tombent.

— Là ! lance Brenner en nous tirant dans une autre direction.

Je distingue un carré brunâtre et me rends compte qu'il s'agit de l'ouverture de la porte de garage. Au même instant, le barrage magique cède et, telle une vague déferlante, l'entrepôt s'abat sur nous. Nous nous précipitons dehors au moment où le tsunami frappe, nous rejetant sur le trottoir dans un flot de poussière. La secousse est telle que je me cogne deux fois le visage sur le bitume. Je vois trente-six chandelles.

À côté de moi, Brenner se couche sur Elvira pour la protéger de la pluie de débris. Toujours prête à être secourue, la sorcière enroule fermement bras et jambes autour de lui, le visage enfoui dans son cou, les yeux fermés. Brenner m'adresse un regard alarmé. Sa tête vire au rouge.

— Elle ! je grogne.

Mon amie rouvre les yeux.

— Oh ! fait-elle en desserrant son étreinte pour le laisser respirer. Vous... J'allais vous prévenir tout à l'heure. (Elle contemple ses yeux avec envie.) Vous saignez, vous sentez bon, merci, et ne touchez pas au corps, il est probablement ensorcelé.

Voyant la détresse de Brenner, je décide d'intervenir.

— Elvira Harrington ! c'était quoi ce pouvoir de dingue !?

Elle lâche un hoquet de terreur.

— Non, Shayne. Non, non, non. Ne dis pas ça. Et n'en parle à personne. Il faut que je m'en aille. Je ne devrais même pas être là.

Elle court à sa Tesla, accompagnée par le claquement de ses bottines et le bruissement de sa robe. À chaque pas, un nuage de poussière s'échappe de ses cheveux. Sa portière ouverte, elle pointe un doigt vers moi et me menace :

— Tiens ta langue si tu tiens à ton joli minois ! (Puis, pour Brenner, elle redevient adorable.) Vraiment navrée, mais merci, et désolée, au revoir.

— Tu nous racontes des salades depuis toujours ! je lui crie.

Brenner me tire par le coude.

— Vous verrez ça plus tard. On doit y aller. Maintenant !

Je ne discute pas. Mes oreilles tintent encore, mes jambes flageolent, du sang s'accumule sur mon sourcil. Alors que nous grimpons dans ma Fusée, Elvira fait demi-tour et disparaît en un clin d'œil. Nous partons dans la direction opposée, ne laissant derrière nous qu'un bâtiment en ruine.

CHAPITRE 7

Nous filons sur East Jefferson Avenue.

Le monde va à cent à l'heure à présent. Les voitures sur mon chemin me klaxonnent quand je leur coupe la route ; je passe une vitesse, freine, zigzague, accélère, passe une autre vitesse. Brenner baisse la vitre en s'époussetant les cheveux ; un souffle d'air glacé s'engouffre dans la voiture, dispersant la poussière partout. Mon téléphone vibre ; le sien sonne ; il crie pour couvrir le vacarme :

— … regagner ma voiture au plus vite. Ferro sait que je suis sur Belle Isle. Elle attend un compte-rendu de la situation, et elle déteste quand je ne réponds pas. Arrêtez-vous !

Le feu orange vient de passer au rouge. Je comptais le griller, mais je comprends maintenant pourquoi il panique : une voiture de police vient d'arriver de l'autre côté du carrefour. Il se tasse sur son siège.

— Si quelqu'un me voit avec vous… C'était une mauvaise idée.

Agacée que ma compagnie soit une telle source d'embêtements pour lui, et doublement agacée qu'il ait raison cette fois, je rétorque :

— Ça risque rien !

Ou pas. J'observe avec attention la voiture de patrouille, au cas où ce serait la même qui m'a poursuivie dans la matinée. Franchement, ce serait vraiment pas de veine si…

Son gyrophare s'allume, sa sirène hurle. Elle grille le feu pour venir droit vers moi. Je braque à fond vers la droite et mets les gaz, rasant de près l'arrière d'un pick-up, que je contourne en montant sur le trottoir. De retour sur la chaussée, je grimpe à cent quarante en quelques secondes. Brenner lâche une bordée de jurons, ballotté sans sa ceinture.

Avisant un fast-food à l'intersection suivante, j'exécute trois virages serrés qui font brailler mes pneus, entre sur le parking, remonte la file du drive-in et réalise un demi-tour complet pour m'insérer devant la première voiture, à contresens. Nos pare-chocs sont presque collés, et la mère de famille dans le monospace me regarde avec de grands yeux, tandis que l'employée du restaurant annonce joyeusement :

— Bonjour, vous avez commandé un…

Elle s'interrompt et, n'en croyant pas ses mirettes, se penche pour scruter l'intérieur de ma voiture par la fenêtre passager.

— Trois serviettes ! je demande.

La voiture de police fait le tour du drive-in. Heureusement, l'agent focalise son attention sur les sorties du parking et les rues alentour. Il passe juste à côté de moi, sans me voir.

L'employée me tend les trois serviettes par la fenêtre, se demandant visiblement comment je compte les récupérer avec le siège qui nous sépare. Je donne un coup de pied à Brenner. Recroquevillé par terre, il lève d'un coup le bras, faisant sursauter la guichetière. Sa main cherche à tâtons, trouve les serviettes et les saisit. À peine la caissière s'est-elle redressée que je recule à toute vitesse en me remettant d'un coup de volant dans le bon sens. Tout en essuyant le sang sur mon front avec les serviettes, je suis la voiture de police sur deux rues, avant de prendre vers le sud en direction du pont MacArthur.

— J'aurais dû contacter le Central plus tôt, se fustige Brenner en bouclant sa ceinture. Rien ne justifie ce délai. Ferro voudra savoir pourquoi j'ai mis autant de temps à appeler.

— Dites-lui que vous n'avez pas vu la voiture au premier passage. Vous avez fait le tour de l'île, et seulement ensuite vous l'avez repérée. Vous ne pensiez pas la trouver garée si loin de la fontaine, vous vous rappelez ?

— C'est vrai. Pourquoi irait-elle se garer de l'autre côté du parking ?

— Vous me posez la question ? Qu'est-ce que j'en sais, moi ?

— Que vient faire la sorcellerie dans cette histoire ? Vous avez dit que c'était un ogre.

— Je sais…

Il se met à râler :

— Alors ce n'est pas un ogre ? ou c'est les deux ? On a deux suspects à présent ?

— Écoutez-moi…

— Je vais en informer mes supérieurs, Shayne. Prévenez l'Agence si ça vous chante, mais je prends l'affaire en main… et je parlerai aussi du lien avec l'entrepôt.

— J'ai compris, si vous vouliez bien…

— J'ignore encore comment, mais je trouverai un moyen de lier les deux.

— Taisez-vous et écoutez-moi ! Vous allez arrêter de me traiter comme l'un d'eux ? Je n'essaie pas de vous écarter. Saisissez-vous de l'affaire, je vous la laisse.

— Mais vous avez dit que les sorciers étaient intouchables.

— C'est pourquoi, en ce qui nous concerne, aucun sorcier n'est impliqué, d'accord ?

Cette fois, il la ferme et se tourne vers moi, intéressé.

Loin de m'apaiser, son attention m'irrite plus qu'autre chose. En gros, il comptait faire la sourde oreille, mais, quand je prends son parti, brusquement, il est tout ouïe ? Quoi, je vais devoir lui prouver ma loyauté après tout ce qu'on a traversé ensemble ? N'importe quoi. D'où la *légère* amertume qui transparaît dans ma voix :

— Vous me prenez pour une crétine ou quoi ? Réfléchissez. On fait ceux qui ne savent rien. On n'est au courant d'aucun entrepôt ensorcelé ni second corps. On a juste trouvé la voiture de Kimberly Wright, après quoi on a fait le rapprochement avec le signalement de l'ogre et vous avez voulu interroger cette pimbêche de Natalie Cormier, qui vous a donné l'adresse renseignée dans le dossier de Ronny Fencher. Adresse qui ne vous évoquera rien du tout, jusqu'au moment où vous apprenez, plus tard aujourd'hui, que la police est partie enquêter sur l'effondrement d'un entrepôt non loin de là. Et, tiens ! que remarquez-vous ? L'adresse du bâtiment effondré correspond à celle que nous avons obtenue pour Fencher. C'est donc lui notre seul et unique suspect. Comme nous n'impliquons aucun sorcier, l'Agence s'en carrera – ou n'en aura rien à carrer, je ne sais plus comment on dit.

Je crois que je l'ai un peu perdu. Cela dit, c'était un peu le but : le surprendre et l'éblouir. Du moment qu'il capte que j'ai tout prévu et qu'il est libre de m'idolâtrer comme avant. Mais non, il secoue obstinément la tête.

— Elvira Harrington sait que nous étions à l'entrepôt. Que se passera-t-il si elle en parle à ses parents ? à Oliver ?

Nous venons d'arriver sur le grand rond-point à la sortie du pont de Belle Isle. D'un coup de volant, je me range sur le bas-côté, puis fais face à l'inspecteur en le pointant d'un doigt accusateur.

— Ça suffit, vous allez me dire ce qui ne va pas et tout de suite.

J'étudie son visage avec attention, guettant le moindre tic, le moindre signe de dissimulation. Quand l'un de mes ex m'a trompée, j'ai réussi à lui arracher des aveux en moins de dix secondes avec cette méthode.

— Quoi ? demande Brenner en soutenant mon regard.

Je continue à le viser du doigt afin de maintenir la pression.

— Vous n'êtes plus le même, et ce n'est pas seulement…

— Je vous l'ai déjà expliqué, m'interrompt-il. Cette sombre histoire avec Regina…

J'agite l'index pour reprendre la parole.

— Non, non, non. Je ne parle pas de ça, mais de votre comportement envers moi, comme si j'étais votre ennemie, ou une informatrice exubérante que vous seriez obligé de vous coltiner. (Il s'apprête à me contredire, mais je ne lui en laisse pas le temps.) Vous savez quoi ? Peu importe. Ce que j'aimerais réellement savoir, c'est d'où vous vient cette soudaine passion pour les Harrington ? Oliver ci, Oliver ça. Depuis quand vous le connaissez si bien ?

— Ce n'est pas le cas.

— Pourtant vous savez qu'Elvira est sa sœur, et qu'elle pourrait rapporter l'incident à ses parents.

— C'est ce que font les enfants.

— Elvira n'est pas une gamine. Et puis vous avez vu à quelle vitesse elle a décampé ? Vous l'avez entendue comme moi : « N'en parle à personne. » Elle non plus ne tient pas à ce que cette histoire s'ébruite.

Il saute sur l'occasion pour retourner l'argument contre moi.

— Parce qu'elle cache un secret que, même vous, vous ignoriez. Elle vous a menti.

Certes, et elle devra s'en expliquer plus tard, mais là n'est pas la question. Minute… essaie-t-il de changer de sujet pour se dérober ? Je ne l'aurais pas cru assez vif pour s'esquiver avec un mensonge. D'un autre côté, j'en viens à penser que je le connais peut-être moins bien que je le croyais. La lune de miel est finie, semble-t-il.

Et ça me fout les boules.

J'en loupe ma réplique, permettant à Brenner de s'emparer de la conversation.

— J'ignore où vous voulez en venir, Shayne. Je m'efforce surtout de garder la tête froide, parce que je me demande bien comment je suis censé rentrer chez moi et raconter à Regina ce que nous avons découvert. C'est moi qui vais devoir le lui annoncer. Moi. (Il se prend la tête à deux mains.) Eh merde !

Il sort brusquement et se met à faire les cent pas sur l'accotement. J'entends le crissement de ses chaussures dans la neige boueuse.

Au risque de me montrer dramatique, mon cœur me paraît beaucoup ressembler à cette neige à cet instant précis : sale, boueux, piétiné. Je suis furieuse, exaspérée, perdue, et… vraiment malade, car j'aimerais plus que tout sortir et le prendre dans mes bras, mais je crains d'essuyer un rejet.

La vérité, c'est que Brenner traverse une épreuve difficile, absorbé par de sombres pensées, et qu'il a l'impression de ne pas pouvoir me confier ses tracas, probablement convaincu que ça me dépasse. Et (j'enrage rien que d'y penser) je ne peux sans doute pas le lui reprocher. Pire… je commence à me dire que, de nous deux, c'est peut-être lui qui m'a bien cernée. Je voyais en lui un homme simple, presque un enfant, mais, si ça se trouve, je le fais soupirer tout autant. Il a parlé d'Elvira comme d'une gamine ; me range-t-il dans le même panier ? Pour lui, la lune de miel est peut-être finie depuis longtemps.

Je me sens vraiment idiote d'un coup. J'ai envie de... me ratatiner. Et surtout de parler d'autre chose. Je le hèle par la portière ouverte.

— Hé ! vous voulez bien remonter ? On va signaler la voiture au Central.

Il se jette sur le siège, claque la portière, et nous gagnons en silence le parking de la fontaine. Tandis qu'il passe son coup de fil en tournant autour de la Toyota de Kimberly Wright, j'affronte un bref moment le froid afin de m'épousseter. Une fois de nouveau au chaud, je tourne mon rétroviseur pour examiner la coupure au-dessus de mon œil droit.

Mon reflet dans le miroir me choque. J'ai les yeux gonflés, des rougeurs au visage, les cheveux plats. Dégoûtée, je remets le rétroviseur en place d'un geste rageur. Ardee Todd me sourit en hochant la tête. Je lui fous une claque à lui aussi. Sentant que ça me défoule, je lui colle une seconde beigne. Sa tête se tord, cassée.

Un grêlon frappe mon capot. Puis trois autres. Les nuages noirs grondent et, très vite, un déluge de grêle et de pluie transforme mon pare-brise en écran flou. J'observe Brenner à travers le va-et-vient des essuie-glaces. Indifférent à l'averse, il poursuit sa conversation téléphonique. L'échange a l'air animé, il fait de grands gestes, se met à genoux pour inspecter le dessous de la voiture. Sa passion et sa détermination m'horripilent. J'ai la sensation que ce nuage pluvieux m'a prise pour cible, directement au-dessus de ma tête.

Pourquoi Brenner refuse-t-il… mince… de *m'aimer*, tout simplement ? Je suis convaincue qu'il avait des sentiments pour moi au début. Il m'adorait en tout cas. Il n'était pas comme les autres. Personne ne m'a jamais aimée pour ce que je suis – on ne m'aime que par intérêt. Nolan ne me désire pas *moi*, il veut juste une compagne ; ma mère n'a pas tant de respect pour moi que pour mon nouveau travail ; l'autre connasse du FBI, l'agent Hillerman, cherchait seulement à exploiter mes compétences ; Nick Sublime m'évite comme la peste sauf, bien sûr, quand il a une affaire pourrie à me coller dans les pattes. Brenner ferait-il partie de ces personnes maintenant ?

Suis-je à ce point exaspérante ? Qu'est-ce qui cloche chez moi, bordel !? Certes, je suis un modèle d'égocentrisme, ça ne fait pas un pli. Je ne pense qu'à mon nombril. Alors qu'Elvira, tout le monde l'aime, parce qu'elle se contente de sourire en disant « amen » à tout. Vaudrait-il mieux lui ressembler ? être gentille et satisfaire tout le monde ?

Pauvre Ardee Todd. Il n'y peut rien. Ce n'est juste pas le bon jour. Je me jette subitement sur la figurine, l'arrache du tableau de bord et la fourre dans la boîte à gants.

Voilà ! N'est-ce pas ce que Brenner voulait ? C'est fait !

Et, bon sang ! j'ai vraiment…

Vraiment, vraiment.

Vraiment-vraiment-vraiment.

Besoin de m'envoyer en l'air.

Non mais, vous vous rendez compte ? On a découvert le cadavre de Rachelle, frôlé la mort, Brenner connaît sans doute la seconde pire journée de sa vie, et c'est *ça* qui me tracasse ? Je touche le fond. Je respire pour me calmer. Quand il revient s'asseoir, je suis prête à faire mon possible pour l'aider – ne serait-ce que pour oublier deux secondes tout ce qui me trotte dans la tête. Je tiens à lui montrer que je le soutiens, quoi qu'il advienne.

— J'ai prévenu le commissariat, m'informe-t-il. On nous envoie une équipe pour réaliser des prélèvements, mais, avec cette pluie... les empreintes seront effacées. (Il baisse les yeux sur ses vêtements trempés qui mouillent le siège.) Merde ! Pardon.

— C'est rien, le rassuré-je en attrapant ma doudoune sur la banquette arrière. Asseyez-vous là-dessus.

Il la cale promptement sous ses fesses.

— J'ai dit à Ferro, l'air de rien, vous voyez, que j'apercevais de la fumée de l'autre côté de la rivière, dans le quartier des entrepôts.

— Et ?

— Elle a répondu : « Ce n'est pas de la fumée, mais de la poussière. »

— Ils savent donc qu'un bâtiment s'est effondré ?

— Ils ont reçu quelques appels. Des agents sont maintenant sur place, mais ils mettront sans doute des heures avant de trouver... quoi que ce soit. (Il s'essuie le visage.) Excusez-moi, mais je ne vois toujours pas... De mon côté, comment je fais le lien, officiellement, entre la voiture de Kimberly Wright et l'entrepôt ?

Je prends soin de lui formuler une réponse claire. Ce n'est pas le moment de faire mon show.

— Voilà ce que je propose. Vous êtes arrivé ici et vous avez trouvé la voiture, d'accord ?

— D'accord.

— Là, vous venez de la signaler.

— Oui.

— Après quoi, vous décidez de passer au yacht-club de l'île, vu qu'ils ont un gardien de nuit.

Il réfléchit un moment.

— Un gardien de nuit. Pour surveiller les bateaux.

— Exactement. Brillante initiative de votre part.

Il fronce les sourcils.

— Vous vous rendez au yacht-club, poursuis-je. Là, la responsable vous explique qu'un de ses employés, un nommé Ronny Fencher, travaillait la nuit dernière, et que vous pourriez lui demander s'il a noté des éléments suspects.

— Et cette responsable… c'est la fameuse…

— Natalie Cormier, oui. Elle vous fournit l'adresse de Fencher pour vous permettre d'aller l'interroger.

— D'accord, j'ai compris. Ensuite, je me rends à l'adresse et, quand j'arrive, je fais genre : « Mais… que s'est-il passé ici ? ».

— Vous découvrez avec surprise que l'adresse correspond à l'entrepôt effondré.

Il s'avachit sur son siège, soulagé.

— Tout ce qu'ils trouveront dans les décombres sera donc automatiquement lié à Fencher. (Il saisit la poignée de la portière.) Vous m'accompagnez ?

— Suivez-moi plutôt.

Il marque une pause, les doigts sur la poignée. Nous nous dévisageons ainsi un moment, et quelque chose me dit que nous arborons la même expression : entre l'évitement et le repentir. L'espace d'un instant, je me sens presque sur le point de lui présenter des excuses, lorsqu'il ajoute :

— Cette Natalie, la responsable, vous la connaissez ?

Une façon de me demander si c'est une occulte.

— Oui. C'est une sorcière. Avant que vous vous emballiez : non, elle n'a pas pu ensorceler l'entrepôt. Même si je ne la porte pas dans mon cœur, ce n'est pas une criminelle. (Je me félicite mentalement pour ma mansuétude.) Je ne pense pas qu'elle soit mêlée à cette histoire. Les sorcières comme Elvira et elle utilisent surtout leurs pouvoirs pour s'embellir et accroître leur influence sociale : gagner en popularité, se faire raccompagner chez elles, percevoir leurs sentiments mutuels, truquer les courses de chevaux. Des conneries élitistes mais inoffensives. Une chose est sûre, elles ne traînent pas avec des types comme Fencher.

— Mais Elvira…, commence Brenner, avant de laisser sa phrase en suspens, soucieux de ne pas trop tirer sur la corde.

J'accepte néanmoins de lui concéder ce point.

— Oui, je sais. Ce qu'elle a fait dans l'entrepôt… ça n'a rien d'un tour de passe-passe.

— Vous ne vous en doutiez vraiment pas ?

— Qu'elle possédait un tel pouvoir ? Absolument pas. D'un autre côté, je ne suis pas étonnée qu'elle ait voulu le cacher. Vous devez comprendre que certaines familles de sorciers sont… anciennes. Genre, il y a les riches, ensuite les vieilles fortunes, les sorciers… et, au-dessus encore, il y a les parents d'Elvira. On parle d'un monde à la Jane Austen dans *Orgueil et Préjugés*.

Il me regarde sans comprendre. La référence ne lui parle pas.

— En gros, un monde où les hommes doivent étaler leur puissance pendant que les femmes font tapisserie. Attention, ce n'est pas qu'elles n'ont pas le droit d'avoir de pouvoirs, car il en faut pour les transmettre aux futurs petits princes, mais elles ne sont pas censées les *exhiber*. Dans leur société, c'est… (je n'en reviens pas de dire ça) inapproprié pour une dame.

Heureusement pour lui, Brenner esquisse une grimace scandalisée. Brave garçon.

— C'est pourquoi je comprends qu'Elvira en ait fait un secret. Regardez son frère. Malgré un pouvoir phénoménal, Oliver a décidé du jour au lendemain de réprimer sa magie sans que personne ne parvienne à l'en dissuader. Alors, qu'ont fait ses parents ? Ils ont déshérité et renié leur fils. Plus d'argent, plus de contact, rien. Elvira et lui sont obligés de se voir en cachette. Donc, vous voyez… c'est compliqué.

— Oh ! je vois tout à fait, affirme-t-il, l'air perdu dans ses pensées. Ma sœur regardait souvent ces films où les femmes portent des corsets et où les mères ne songent qu'à marier leurs filles à de riches vieillards.

J'ai bien du mal à garder mon sérieux.

— Voilà, c'est exactement ça.

— Même leurs maisons ont des noms de riches, genre Brighton ou Pepperidge.

— Je vais finir par croire que votre sœur n'était pas la seule à regarder ces films.

Il considère de nouveau ses vêtements imbibés d'eau.

— Et je m'apprête à entrer dans leur yacht-club dans cet état.

— On s'en fiche. Vous êtes très bien. Les flics sont des durs à cuire, ils se moquent de faire bonne impression.

Sans réfléchir, je tends la main et recoiffe ses touffes de cheveux blonds. Le voyant se raidir sans un mot, je sens la gêne m'envahir. Je n'ai même pas le temps de retirer ma main qu'il ouvre brusquement la portière et sort.

— Je vous suis, conclut-il avant de la claquer.

Je le regarde regagner son véhicule sous la pluie. N'étant pas d'humeur à écouter de la musique, je me rends au yacht-club avec pour seul son le martèlement des gouttes de pluie sur le toit de ma voiture.

Chapitre 8

Heureusement que je suis déprimée et frustrée, car il faut que je me concentre à fond sur ce coup, pour Brenner. Je tiens à lui montrer que je souhaite sincèrement l'aider. L'interrogatoire avec Natalie sera un véritable numéro d'équilibriste pour moi. Je devrai lui faire comprendre d'une part que l'inspecteur m'aide dans mes affaires occultes, mais aussi que je ne le laisserai établir aucun lien avec les sorciers, en particulier Titus Paul.

Le temps que nous nous garions devant le yacht-club, la pluie a cédé la place à une neige légère. Interceptant Brenner sur le trottoir, je lui chuchote mes instructions :

— Vous entrez en premier. Je suis un peu *persona non grata* dans l'établissement, ce sera donc à vous de parler. Maintenant, écoutez-moi bien. Ce mec, Fencher, c'est peut-être juste un ogre, mais il est lié à un grand nom de la communauté des sorciers.

Il ouvre la bouche, sans doute pour me demander pourquoi j'attends le dernier moment pour lui en parler, mais je ne me laisse pas interrompre.

— Promis, quand on ressortira, je vous expliquerai tout, mais, pour le moment, ne parlez ni de magie ni de sorciers. Si vous le mentionnez, même en passant, Natalie se fermera comme une huître.

Je patiente dans le hall d'accueil tandis qu'il se présente auprès d'Alfred à la réception. Grâce à mon ouïe de renarde, j'espionne sans difficulté la conversation. Je perçois même l'irritation de Natalie par le combiné du téléphone quand Alfred la prévient de l'arrivée de l'inspecteur. Je l'entends ouvrir la porte de son bureau, puis saluer Brenner de sa voix mélodieuse à l'entrain excessif. C'est là que je décide de faire mon entrée. Aussitôt que j'apparais, Natalie gémit et se renfrogne. Je note sans surprise qu'elle a déboutonné le haut de son chemisier et n'a pas encore lâché la main de Brenner. Elle s'écarte promptement pour regagner son bureau à grands pas. Je presse mon équipier de la suivre et referme la porte derrière nous.

Avec une politesse forcée, Natalie demande :

— En quoi puis-je vous être utile, inspecteur… ?

— Brenner, réponds-je à sa place, et il est déjà au courant de tout.

— Ah ! vraiment ? fait la sorcière en m'adressant un regard appuyé. Au courant de quoi, exactement ?

Traduction : « Est-il au courant de l'existence de l'Occulte ? » et/ou « Tu es malade ou quoi ? »

— Du signalement de l'ogre, pardi !

Je veille à rester légèrement en retrait derrière Brenner pour que seule Natalie voie le clin d'œil que je lui adresse. Je veux qu'elle me croie en train de me payer la tête de l'inspecteur. Mes efforts n'ont pas l'air de la rassurer, bien au contraire.

— Et on fait appel à la police de Détroit pour un signalement d'ogre maintenant ?

Je meurs d'envie de lui rabattre le caquet, mais cet entretien est crucial pour Brenner – il me faut être irréprochable.

— Non, je ne l'avais pas sollicité. La situation a évolué. Hier soir, une étudiante a disparu sur l'île. L'inspecteur Brenner ayant retrouvé sa voiture sur le parking de la fontaine commémorative, je suis intervenue avant qu'il prévienne ses collègues. Tu préfères que toutes les forces de police de Détroit débarquent sur Belle Isle, ou qu'on gère l'affaire à deux en toute discrétion ?

— J'aimerais surtout que tu reprennes depuis le début. Il me semble entendre un grand nombre de suppositions dans cette histoire. L'implication de Ronny Fencher reste à prouver. Et, en admettant que je vous le livre…

— Tu me l'as déjà livré, tu te rappelles ? On était d'accord pour que…

— Exactement, je te l'ai livré à *toi*, précise-t-elle, avant de désigner Brenner. J'aimerais bien savoir comment *lui* compte justifier auprès de ses supérieurs l'implication de Fencher ?

— Ravie que tu poses la question. Il a justement tout prévu.

— Bien, et ce grand garçon peut-il s'exprimer lui-même… tout seul comme un grand ?

Je me tourne vers Brenner.

— Allez-y.

Natalie le fustige du regard, les bras croisés.

— J'ai hâte d'entendre ça.

Desserrant sa cravate déjà lâche, l'inspecteur se lance :

— Eh bien… pour commencer, merci de me recevoir. Ça ne prendra que quelques minutes. (Après une pause gênante, il désigne les chaises devant nous.) Préféreriez-vous vous asseoir ?

Natalie et moi explosons en même temps.

— Vous vous fichez de moi ? râle-t-elle. Dites ce que vous avez à dire !

— On n'est pas là pour prendre le thé, Brenner. Dites-lui, qu'on en finisse !

Il pousse un soupir exaspéré, mais s'exécute.

— Hier soir, une jeune femme nommée Kimberly Wright a disparu peu après s'être rendue sur l'île pour faire du jogging autour du lagon. Ce matin, ou plutôt à l'instant, j'ai repéré sa voiture sur le parking de la fontaine, ce qui suggérerait qu'elle n'a jamais regagné son véhicule. Les faits s'étant sans doute produits tard dans la soirée, ma première impulsion a été de passer à votre yacht-club, car j'imagine que vous employez un gardien de nuit. Je me trompe ?

Natalie hausse les sourcils avec étonnement. Elle se racle la gorge et le détaille de la tête aux pieds, intriguée malgré elle.

— Non, c'est exact. Et assez bien pensé, je dois le reconnaître.

Déjà un point pour Brenner (même si c'était mon idée). Il n'est pas donné à tous les humains de s'attirer le respect, si minime soit-il, d'un sorcier.

— C'est très simple, lui assuré-je d'un ton professionnel. L'inspecteur Brenner te pose quelques questions de routine au sujet de l'équipe de nuit, dont Ronny Fencher fait partie, puis on s'en va poursuivre notre interrogatoire avec lui, et *seulement* lui, loin d'ici. En ce qui nous concerne, ce petit acte de coopération mis à part, ni le yacht-club *ni les personnes qui y sont affiliées* ne seraient mêlés à l'enquête qui s'ensuivrait. (Je lui adresse un regard appuyé pour lui signifier que c'est ma meilleure offre.) Alors… on s'assoit ?

Elle offre à mon équipier un sourire affable.

— À une condition. Je traite directement, et exclusivement, avec l'inspecteur Brenner. Je ne tolérerai aucune intervention de… toute autre personne.

Connaissant Brenner, il ne saura pas comment réagir ; je l'aide donc en me plaçant une chaise contre le mur du fond pour y carrer mes fesses. Satisfaite, Natalie élargit son sourire.

— Je vous en prie, inspecteur, mettez-vous à l'aise.

Il s'assoit au bord de la chaise. La sorcière, quant à elle, se perche en biais sur son trône matelassé, jambes croisées, histoire d'exhiber son long mollet à la peau lisse et parfaite. Brenner s'éclaircit la voix et bafouille :

— Eh bien, mademoiselle Cor…

Ayant déjà oublié son nom, il jette un coup d'œil discret à la plaque sur son bureau. Elle décide de lui venir en aide en chassant son embarras d'un geste.

— Appelez-moi Natalie.

— Très bien, mademoiselle Natalie…

Elle réprime un éclat de rire.

— Vous n'avez pas l'habitude de prendre la parole, n'est-ce pas ? Je n'en suis guère surprise, connaissant votre accompagnatrice.

— Je n'ai que quelques questions. Premièrement, combien d'employés travaillaient hier soir, disons, de 18 heures à minuit ?

— Un seul, Ronny Fencher.

Il note ses réponses sur son portable.

— Personne d'autre ?

— Nous sommes en basse saison. Notre clientèle, vous vous en doutez, préfère les croisières à la pêche sous la glace, voyez-vous ?

— Je comprends. Les affaires ralentissent en hiver.

— Inspecteur. (Elle attend qu'il lève les yeux de son téléphone.) Vous êtes très nerveux. De manière générale, j'entends. Vous êtes souvent… mal à l'aise.

Brûlant d'intervenir, je me trémousse sur ma chaise. Natalie lève le doigt dans ma direction pour m'intimer de me taire. À Brenner, elle ronronne :

— Me permettriez-vous de vous aider à vous… relaxer ?

— Oh ! ce n'est… Je vais bien…, bredouille-t-il.

Elle incline légèrement la tête de côté.

— Là. Ça va mieux ?

L'air égaré de Brenner cède la place à une expression sereine. Il inspire, laisse ses épaules se détendre. Rayonnante de fierté, Natalie lève les mains en signe d'apaisement :

— C'est tout, je vous promets. En vérité, je ne pourrais rien faire de plus sans votre consentement.

Elle ne pourrait surtout rien faire de plus tout court. En matière d'influence sur les pensées et les humeurs, la sorcellerie se limite à de petits tours de passe-passe. Là, Natalie vient d'offrir à Brenner l'équivalent d'une bière – comme elle l'a dit, juste de quoi l'aider à se relaxer. Après, pour un humain, ça reste sûrement impressionnant. Elle vient cependant de se tirer une balle dans le pied. Brenner devient parano dès qu'il est question de magie influente, si bénigne soit-elle.

— C'est très aimable à vous, mais je vous prierai de vous en abstenir. Vous n'avez *pas* mon consentement.

Elle lui adresse un sourire rêveur, comme si elle se retenait de lui pincer les joues.

— Depuis quand êtes-vous au courant de l'existence de l'Occulte, inspecteur ?

— Quelques années. Deux pour être exact. Revenons-en à Fencher. Connaîtriez-vous la marque et le modèle de sa voiture ?

— Il n'en a pas.

— Pas de voiture ? s'étonne-t-il, m'ôtant les mots de la bouche.

— Il se déplace à vélo.

— Mais il en possède sûrement une.

— Si c'est le cas, je ne l'ai jamais vue. Il vient au travail à vélo, qu'il pleuve, qu'il vente ou qu'il neige. Ce n'est guère surprenant en réalité. Les ogres ne sont pas vraiment des gens extravagants.

Elle attend qu'il finisse de taper ses notes sur son portable, puis reprend :

— Connaissez-vous beaucoup de sorciers, inspecteur ?

— J'ai rencontré une fois la directrice West. À l'Agence.

— Alors vous connaissez déjà la meilleure d'entre nous.

Malgré son ton badin, l'expression de son visage a changé. Elle paraît hésitante, curieuse, en scrutant les traits de Brenner. Je meurs d'envie de savoir à quoi elle pense.

— Ronny Fencher a-t-il un dossier d'employé chez vous ?

Elle ne répond pas immédiatement. Elle ajuste trois stylos sur son bureau pour les rendre parfaitement parallèles, ôte quelques peluches sur sa jupe.

— Naturellement, dit-elle finalement, avant d'ouvrir un tiroir pour en sortir une pochette cartonnée. Que souhaiteriez-vous savoir ?

— Officiellement, son adresse suffira. Officieusement… qu'avez-vous d'autre ?

— Pas grand-chose. Il n'a même pas de numéro de téléphone.

Brenner se penche vers elle.

— Vous permettez ?

Pour la première fois depuis qu'elle a entamé sa conversation « privée » avec Brenner, Natalie me consulte du regard. Une façon de me demander s'il est prudent de lui remettre le dossier. Je lui signifie mon accord d'un signe de tête.

Elle lui donne la pochette, et Brenner note l'adresse du domicile de Fencher sur son portable.

— Savez-vous si cette adresse est exacte ?

Natalie s'esclaffe. Un rire faux et hautain.

— Vous êtes chou. Non, je ne sais absolument rien de sa vie personnelle.

— Mais vous saviez que c'était un ogre ?

— Évidemment.

— Et vous l'avez engagé malgré tout ?

Elle chasse une mèche de cheveux de ses yeux.

— Il parle anglais et a été testé négatif à la drogue.

— Et ça ? s'enquiert-il en montrant la lettre de recommandation de Titus Paul.

Natalie regarde la feuille en faisant mine de ne pas comprendre.

— Quoi donc ?

— Ça, répète-t-il en montrant le papier des deux côtés. Cette feuille blanche.

Blanche ! Je vois nettement les deux paragraphes dactylographiés et la grande signature manuscrite. Un sort masquerait-il la lettre aux humains ? J'ignore pour l'instant ce que ça signifie, mais cette découverte me fait l'effet d'une bombe. Natalie me coule un regard. Cette fois, je secoue la tête pour lui enjoindre de ne rien révéler.

Soulagée, elle glousse et feint la surprise.

— « Blanche » ? Elle a dû se glisser dans la pochette quand j'ai imprimé son dossier médical. Entre nous, on pourrait la confondre avec son CV, si vous voyez ce que je veux dire. Il n'est pas vraiment sorti de Harvard. Néanmoins, nous sommes assez satisfaits de son travail au yacht-club. Il ne nous a jamais posé de problème.

Habile changement de sujet. Je suis impressionnée.

Brenner referme la pochette et la lui rend.

— Une dernière question. Quand repassera-t-il travailler ?

— Ce soir, répond-elle en se levant pour aller ouvrir la porte. Sauf si vous me dites qu'il se fera porter pâle.

— C'est une éventualité, confirme-t-il avant de s'arrêter dans l'embrasure. Écoutez, mademoiselle Natalie, vous avez raison, je ne m'exprime pas souvent. C'est Shayne la voix. (Il fixe sur elle un regard inflexible.) Moi, je suis le marteau.

Là-dessus, il s'en va.

Natalie n'en revient pas.

— Eh bien ! voilà un homme… intéressant.

Je la rejoins à la porte pour regarder Brenner traverser le hall d'accueil.

— Cette affaire le met un peu à cran. Toi, tu ne risques rien, mais Ronny Fencher est dans de sales draps, crois-moi.

Elle me regarde d'un air impassible.

— Vous semblez… proches tous les deux.

On dirait une accusation. Parée à une telle remarque de sa part, je dégaine mon masque de joueuse de poker.

— Ah oui ? C'est pour ça que je t'ai aidée à lui mentir éhontément au sujet de la lettre de Titus Paul ?

— C'est vrai, tu m'as soutenue sur ce coup. Rien d'étonnant. Tu n'es pas complètement idiote.

— J'adore ces petites discussions entre amies !

Elle sourit. Un sourire plus moqueur que sympathique, qui suinte le mépris.

— Je me demande cependant si tu le connais aussi bien que tu le penses.

J'aimerais de tout cœur lui balancer une repartie cinglante et repartir victorieuse, mais elle remporte cette main. Même si je suis convaincue qu'elle ne bluffe pas et qu'elle va me laminer, je ne peux pas me coucher. Parfois, on sacrifie ses jetons juste pour voir les cartes de l'adversaire.

— Tu as perçu quelque chose chez lui ? Une pensée ?

— Une impression, nuance-t-elle, avant de regagner son bureau d'un pas nonchalant pour prolonger le plaisir de me voir trépigner d'impatience. Après, ce n'est peut-être rien.

Je me creuse la cervelle pour me souvenir en détail de leur conversation. Natalie lui a demandé s'il connaissait beaucoup de sorciers et, là, elle a eu une expression étrange, comme si l'esprit de Brenner lui avait laissé une impression déroutante. Le connaissant, ses pensées se perdaient sûrement en mille et une digressions. Je tente un dernier coup de bluff.

— Crois-moi, avec lui, ce n'est généralement rien.

Je fais mine de prendre congé. Et ça fonctionne.

— Il te ment, Shayne, lance-t-elle dans mon dos de sa voix enjouée et insouciante.

Je me retourne dans l'espoir d'en apprendre davantage, mais elle se contente de retirer un escarpin pour se masser le pied et roucoule :

— Il me plaît.

Lorsque je retrouve Brenner dehors, je meurs d'envie de trahir la confiance de Natalie. Mais chaque chose en son temps.

— « Moi, je suis le marteau » ? Sérieusement ?

— La feuille blanche…, dit-il avec circonspection.

— Je vous laisse deviner.

— J'imagine qu'elle n'est pas blanche.

— C'est une lettre de recommandation de – tenez-vous bien – Titus Paul.

— Titus Paul… (La lumière met un temps à se faire.) Titus Paul.

— Membre de tous les conseils municipaux et conseils d'administration de Détroit. Un occulte aussi riche et important, vous connaissez maintenant la chanson…

— C'est un sorcier, j'ai compris. Mais, dans ce cas, pourquoi s'associerait-il à un ogre ? N'est-ce pas… ?

— Indigne de son statut ? D'un point de vue social, oui. Mais, dans le cadre professionnel, un ogre peut avoir avec un sorcier le même lien qu'un ouvrier avec les riches et puissants de ce monde. (Voyant qu'il ne percute pas, je lui offre la réponse.) Employé de maison.

— Un domestique ?

— Homme à tout faire, concierge, garde du corps, mécanicien. Jardinier si ça se trouve. Dans tous les cas, il a sûrement fait un bon boulot pour mériter une lettre de recommandation.

— S'il était si bon, pourquoi postuler au yacht-club ? Pourquoi ne pas rester chez les Paul ?

— Qui sait ? Mais Titus Paul a judicieusement ensorcelé la lettre pour la dissimuler aux humains, au cas où Fencher déraperait.

— Peut-on considérer l'enlèvement et le meurtre d'étudiantes comme un dérapage ?

Il fait bien trop froid pour du sarcasme. Je claque des dents.

— La police ne trouvera aucun lien entre Fencher et Paul.

— Je vois. J'ai remarqué toutefois que la lettre n'était pas protégée contre les occultes. À quoi bon, pas vrai ? Les victimes sont humaines. Qui va s'en soucier de votre côté ?

OK, il fait clairement trop froid pour des attaques verbales. Et le froid me rend hargneuse. Je serais capable de le rembarrer méchamment alors que je n'en ai aucune envie : il est visiblement bouleversé. Cette agonie transparaît dans ses yeux.

— Tout le monde s'en soucierait. Moi la première.

— Je parlais surtout de l'Agence. Que feraient-ils ? Le convoquer au poste pour le gronder ? Lui donner une tape sur la main ?

— Nous ignorons encore si Titus Paul est impliqué. Nous n'avons aucune certitude.

— À part Fencher.

— Oui. Poursuivez-le autant que vous voulez. Son odeur infestait la voiture de l'étudiante. On peut d'ailleurs en déduire…

Je veux lui laisser une chance de construire son propre raisonnement. Il lui faut souvent pas mal d'encouragements. Rien d'étonnant, en soi, pour un « marteau ».

— Qu'il… a conduit sa voiture.

— Je sais, mais pourquoi ? Pourquoi prendre la voiture de sa victime ?

Il a enfin le déclic.

— Parce que lui n'en a pas.

— Il se déplace à vélo. Où qu'il ait emmené cette fille, Kimberly Wright, il s'y est rendu avec sa voiture à elle, qu'il a ensuite pris soin de ramener sur l'île. Sauf qu'il s'est garé à l'autre bout du parking afin de se rapprocher du yacht-club, où il était pressé de retourner. Sûrement parce qu'il était en pause.

— Il ne voulait pas être en retard, complète Brenner.

— Ce qui rejoint le témoignage de la vieille dame, qui l'a vu se diriger au pas de course vers le yacht-club, tout agité. Croyez-moi, on a de quoi coincer cette ordure.

À présent galvanisé, il se précipite vers sa voiture.

— Je dois me rendre chez Fencher. S'ils apprennent que le bâtiment effondré fait partie d'une enquête, la fouille des décombres deviendra une priorité.

— Je vous suis.

Il s'arrête et se tourne vers moi.

— Ce n'est pas une bonne idée, à mon avis.

Je craignais cette réponse. Non, correction : je craignais ma réaction à cette réponse.

— Et pourquoi donc ? je demande, les dents serrées.

— Parce que c'est… Même avec votre couverture du FBI, rien ne saurait justifier votre présence à ce stade, étant donné qu'officiellement nous n'avons encore aucune raison de suspecter un crime.

— Très bien. Je vous attendrai un peu plus loin, au coin de la rue.

Son embêtement est atrocement évident. Il s'empresse de bricoler une excuse pour me dissuader de l'accompagner.

— Mais j'ignore combien de temps ça prendra, et puis il faudra bien que je me débarbouille à un moment. D'ailleurs, je ferais mieux de commencer par là. J'ai des éclats de brique dans les chaussures.

— Parfait, on n'a qu'à passer chez vous pour nous débarbouiller…

Il secoue la tête en signe de refus.

— Non, je ne… je ne peux pas rentrer chez moi. Je n'arriverai pas à faire face à Regina sans lui dire…

— Alors venez avec moi au parc de mobil-homes de ma meute.

Son ton devient soudain plus catégorique. Fin de la discussion.

— Non. Allez-y, montrez-vous à la fête. Je vais passer au commissariat : les vestiaires sont équipés de douches. Mais je vous appellerai. Shayne… (Sa voix se fait suppliante) C'est promis, je vous appellerai.

Il monte dans sa voiture, quitte sa place de parking.

Il m'abandonne.

Chapitre 9

Je dors mieux en renarde. Une petite sieste de deux heures sous cette forme équivaut aisément à une nuit de sommeil humaine. Mon coin préféré pour roupiller, c'est dans notre camp, sous les marches en bois à l'extérieur de ma chambre. Notre mobil-home – le local #2 – se trouve à la lisière des bois de Newport. Roulée en boule sous le petit escalier, je profite des avantages de chaque monde : la sensation d'être dans la nature, avec la possibilité de me réfugier à l'intérieur au besoin. En outre, la proximité de nos maisons me permet de somnoler en toute sérénité ; les prédateurs s'approchent rarement des structures construites par l'homme. Ici, je peux m'emmitoufler dans ma queue et savourer mon type de sommeil préféré : la léthargie totale.

Et, petit bonus, les renards n'ont pas les cheveux hirsutes au réveil.

Dans les bois de Newport, le sol est couvert de givre, mais ici, sous les marches, un léger courant d'air me porte la chaleur du bon feu qui brûle au centre de notre communauté. J'aurais pu dormir deux heures de plus si un arôme alléchant n'était pas venu me chatouiller la truffe. Encore somnolente, je hume l'odeur : un mélange de fumée, de sel… et de porc.

Je lève la tête, bien réveillée. Par-dessous les marches, je vois une fumée blanche s'élever de la berge du ruisseau, derrière le local #5. Quatre porcs rôtissent à la broche au-dessus de foyers creusés dans le sol gelé. Il s'agit de cochons de Noël, une tradition roumaine héritée de nos origines ludari. Leur dégustation fait l'objet d'un cérémonial strict, mais ces obligations ne concernent que les gens et, chez les renards, une seule règle prévaut : « Agis à ta guise. »

Je m'élance et file me cacher sous le local #5, derrière le treillis en bois qui masque les pilotis. Des bruits de pas au-dessus de ma tête. Une partie de poker bat son plein dans le mobil-home. J'entends le rire tonitruant de Ben, l'ouverture d'une canette de bière. Il est déjà bien éméché pour un début d'après-midi. Pendant une heure, il rira à tout et n'importe quoi ; l'heure suivante, il se mettra à grogner ; celle d'après, il se murera d'un coup dans le silence, et c'est généralement là qu'on décide de quitter la table.

Nolan est de la partie, mais il vient de sortir pour aller inspecter les cochons de Noël. À l'aide d'un gros couperet, il découpe une tranche de couenne croustillante, puis prélève un morceau de chair tendre. Il en goûte un bout, avant d'abandonner le tout sur une assiette de restes.

— Encore vingt minutes, annonce-t-il. Puis tu pourras te servir, d'accord ?

— Vingt minutes ! geint une voix fluette et essoufflée.

Ah ! je le vois maintenant. C'est Randy, mon insupportable neveu de six ans, futur alpha de notre meute. Rouge d'épuisement, il fait tourner trois fois une broche, court à la suivante, répète le processus, et ainsi de suite.

— Tu as besoin d'aide ? lui demande Nolan. Tu n'as plus de bras ?

Piqué dans son orgueil, Randy fanfaronne :

— Je pourrais les faire tourner plus longtemps que toi.

— Je n'en doute pas, répond l'adulte sans une once de moquerie. C'est pour ça qu'on te confie les tâches difficiles, mon grand.

— Et…, halète le gamin en s'occupant du cochon le plus lourd. Mon coyote… court déjà… aussi vite que le tien… alors que j'ai seulement six ans.

Là, je n'en crois pas un mot, mais Nolan se contente de sourire et dit :

— Je sais, champion. Imagine si tu lisais aussi bien que moi en plus.

Randy grimace.

— Pour quoi faire ? C'est stupide de lire.

— Eh bien…

Nolan boit une gorgée de bière, visiblement tenté d'argumenter. Il s'est mis en tête l'idée ridicule de jouer un certain rôle de mentor auprès de notre jeune alpha en devenir, même si nous savons tous que Randy restera un crétin pourri gâté doublé d'une petite brute. Je redoute le jour où il dirigera la meute. Nolan renonce finalement.

— Vingt minutes, répète-t-il, avant de rentrer dans la maison.

À peine la porte fermée, Randy lâche la broche et souffle sur ses paumes couvertes d'ampoules. Au-dessus de moi, une fenêtre s'ouvre en grinçant.

— Continue de les faire tourner, gamin ! tonne Ben. Si t'en crames un seul, c'est toi que je ferai rôtir à la broche !

Des rires éclatent dans le mobil-home tandis que Randy se précipite de broche en broche en actionnant les manivelles avec l'énergie du désespoir. Tout crétin qu'il soit, il a au moins l'intelligence de craindre Ben.

C'est le moment ou jamais. Je sors de ma cachette, fonce vers la berge et saute sur la table où se trouve l'assiette.

Alors que je m'empare d'un gros pavé de rumsteck, la table bascule, me faisant tomber par terre avec les restes de viande.

— Hé, non ! s'écrie Randy. Shayne !

Tandis que je me remplis la gueule de porc, il retire son haut, conscient de devoir se métamorphoser s'il espère m'attraper. Malheureusement pour lui, ma sœur l'a obligé à porter un beau polo pour la fête ; avec tous les boutons fermés, le col ne passe pas sa grosse tête. Aveuglé, déséquilibré, il s'étale dans l'herbe, ses cris de colère étouffés par le polo.

Arrivée au cœur des bois, je dépose mon larcin sur une pierre plate et attaque mon repas. Je mâche à peine la viande, que j'avale presque entière en rejetant la tête en arrière. Je finis le tout en quelques secondes – un simple amuse-bouche.

Je me suis gardé le meilleur morceau pour la fin. Au moment où je m'apprête à le gober, un frisson me parcourt l'échine, m'avertissant d'un danger. Je fais volte-face. Je flaire l'odeur d'un prédateur dans la brise qui vient du camp. Un étranger. Le plus inquiétant, néanmoins, c'est qu'aucun prédateur n'approcherait dans le sens du vent. À moins que son but soit de bloquer toute tentative de fuite et, dans ce cas, la véritable menace se trouve de l'autre côté, à contrevent.

Je les repère aussitôt. Trois énormes loups à moitié cachés derrière des troncs d'arbres. Ils m'observent depuis tout à l'heure, sans doute attirés par mon odeur et celle de la viande, qui doivent avoir envahi les bois. Se sachant vus, ils se ruent vers moi pour m'encercler. Mon instinct de survie panique, me hurle de courir dans toutes les directions à la fois. Inutile. Leur étau se resserre déjà sur moi. Je ne peux que baisser la tête au ras du sol et m'éloigner de la dernière tranche de porc. Un gage de conciliation.

Le plus grand se précipite vers moi, tous crocs dehors. Un flot de pensées contradictoires me paralysent : je suis naturellement terrifiée, mais, en même temps, je me rends compte que je connais ces loups. Ils appartiennent à la meute d'Island Lake, avec qui nous sommes en paix. Sans être alliés, nous ne sommes pas non plus ennemis.

Alors que je l'imagine déjà se jeter sur moi, il s'arrête brusquement. En un éclair, je vois soudain apparaître à sa place un homme nu et baraqué, accroupi devant la viande. Il en arrache un bout, qu'il laisse tomber dans sa bouche. Hochant la tête d'un air satisfait, il me décoche un grand sourire.

— Salut, Shayne.

Pas… pas moyen de bouger. La terreur me tétanise toujours. Raide de la tête à la queue, je tombe d'un bloc sur le côté et me retrouve sur le dos, les pattes tendues vers le ciel. L'homme éclate de rire.

— Je t'ai bien eue !

Je reprends forme humaine. Mes bras et mes jambes s'affaissent lourdement. Après les bouffées de chaleur de la panique, le givre par terre a quelque chose d'étrangement agréable.

— Oui, bon… Salut, Marren.

Il s'esclaffe derechef en m'offrant une tranche de porc.

— Délicieuse, cette viande, non ? Il lui faudrait encore vingt minutes de cuisson, je dirais.

Responsable de la sécurité de sa meute, Marren est aussi le garde du corps personnel d'Evan Fuller, leur alpha. Même s'il m'arrive d'en croiser certains à l'*Occulte*, les loups d'Island Lake restent généralement chez eux.

— Vous passiez par là ? je demande, aussitôt consciente du ridicule de ma question.

On ne traverse pas le territoire d'une autre meute sur un coup de tête. Il y a un cortège de formalités à respecter. Je n'irais pas jusqu'à me flatter qu'une meute aussi importante que celle d'Island Lake se soucierait de ne pas nous manquer de respect (notre meute n'a même pas de nom), mais il est de notoriété publique que nous avons un accord officieux avec la meute de la rivière Huron. Tout acte à notre encontre est une déclaration de guerre contre eux.

— On vient assister à ton célèbre gueuleton de Noël, pardi ! répond-il en me décochant un clin d'œil.

Un *clin d'œil*. À mon intention !

Bon, je n'ai pas le temps de m'étendre sur la hiérarchie entre métamorphes (les loups au sommet, moi tout en bas de l'échelle) et sur mes histoires – inexistantes en réalité – avec la race lupine. Disons simplement qu'aucun loup, encore moins dominant, ne s'abaisserait à montrer le moindre intérêt à une petite renarde. Pourtant, rien qu'aujourd'hui, j'en ai surpris deux à flirter avec moi : Wulf, et maintenant Marren. Depuis que j'ai rejoint l'Agence, ma valeur boursière n'a pas seulement augmenté : elle a crevé le plafond !

Je me redresse sur les genoux en retirant des feuilles humides de ma tignasse rousse.

— Ce n'est pas vraiment mon gueuleton, bredouillé-je. C'est une tradition roumaine. Ma Bunica… euh… mon arrière-grand-mère…

Il ébauche un sourire espiègle.

— Tu veux dire que ce n'est *pas* ton anniversaire ?

— Si, si, mais…

— Eh bien, alors ? (Il m'envoie le dernier bout de porc.) Joyeux anniversaire, petite.

Je rougis en laissant échapper un petit gloussement nasal d'adolescente éprise. La honte ! On ne fait pas plus niais. Et tout ce que je trouve à dire, c'est :

— OK, soit.

Je voulais me donner l'air dédaigneuse et sarcastique, mais mon grand sourire m'ôte toute crédibilité.

L'un des loups grogne en entendant des pas approcher. Un homme répond sur le même ton :

— Vas-y, jappe, espèce de chiot ! Je me ferai un pagne avec ta tête et je pisserai par ta gueule.

Vous l'aurez deviné, c'est Ben, et il est beaucoup plus soûl que je le pensais. Il se campe, jambes écartées, en position d'attaque, face à celui qui l'a menacé.

— Allez, approche, tu vas voir.

Marren fronce les sourcils, sans paraître particulièrement inquiet.

— A-t-il conscience d'être... ?

— J'en doute, réponds-je. Ben ! t'aurais pas oublié un détail ? T'es encore en humain, je te signale.

Il se redresse, décontenancé, puis contemple son corps nu, ses bras bronzés de camionneur et son ventre blanc. En voyant ses bijoux de famille à l'air libre, il part d'un rire tonitruant, puis vide sa bouteille de bière d'un trait, avant de se jeter au cou du loup. Il le cloue au sol avec une prise d'étranglement.

— Il est malade ! s'écrie Marren en se relevant d'un bond.

— Ben ! lâche-le ! Transforme-toi, au moins, idiot !

Après une courte lutte, le loup parvient à se dégager. Les deux se tournent autour, prêts pour un second round. Durant ce bref instant de répit, notre ouïe surdéveloppée capte un bruit insolite en forêt. Un son associé à l'homme. Le cliquetis d'un fusil qu'on arme. Tout le monde se fige.

Indétectable à contrevent, à l'abri derrière un arbre, Nolan pointe son arme droit sur Marren, qui pousse un soupir de déception.

— Comment il a fait ça ?

— Shayne ? lance Nolan. Tu vas bien ?

Je suis mortifiée. *Si je vais bien ? Ma foi, oui, tout se passait très bien, jusqu'à ce que vous veniez péter l'ambiance, toi et ton frère.*

— Moi ? Demande plutôt à Ben, il est à deux doigts de finir castré.

— Rappelle-le, Nolan, lui intime Marren.

Nolan baisse le fusil et le passe à son épaule.

— Ben ! Hé ! regarde ici, lui ordonne-t-il en se pointant le visage du doigt.

Son frère plisse les yeux pour fixer son attention sur lui. Il tient à peine debout.

— Quoi ? Qu'esse tu m'veux ?

Profitant de cet instant de distraction, son adversaire se transforme en femme musclée à la chevelure brune et bouclée. Sans attendre, elle lui colle un crochet dans la mâchoire. Ben s'effondre comme une masse. Ses gémissements de douleur se muent très vite en rire hystérique tandis qu'elle l'aide à se relever. Les autres loups prennent forme humaine, et nous nous rassemblons autour de Marren. Oui, seul Nolan est habillé.

La louve, Rhonda, lorgne ce dernier d'un regard ouvertement concupiscent.

— Dis donc, t'en as un long canon, mon grand.

Elle doit avoir un faible pour le type bûcheron. Avec sa chemise rouge à carreaux et sa barbe, Nolan paraît tout droit sorti d'un magazine de chasse et pêche. Marren rit de bon cœur.

— On dirait que mon équipe de sécurité va pouvoir profiter de la fête, dit-il en tapant Nolan dans le dos. Les frères Cody ont la situation bien en main.

Je n'en crois pas mes oreilles.

— Vous faites des rondes de sécurité pour la fête ? Mais alors, ça veut dire… ?

— Que le grand chef est ici. Ce n'est pas vraiment une surprise. Nous avons été conviés par la meute de la rivière Huron. Tout le monde veut faire ami-ami en ce moment.

Ben crache du sang aux pieds de Rhonda et grommelle :

— Vous pouvez remercier Rook. Il se ramollit depuis que sa néréide le tient en laisse.

— Ce n'est pas faux, concède Marren. Nora Jacobs semble avoir le nez partout depuis quelque temps.

Nolan s'adresse à son frère avec sévérité :

— Renforcer les liens entre meutes est tout le contraire d'un signe de faiblesse. Sauf si on s'entre-tue, nos meutes contrôleront bientôt l'ensemble du territoire en aval de la rivière. Qui d'autre peut se vanter d'en avoir fait autant que Rook, avec ou sans Nora Jacobs ?

Ben hausse les épaules. Ce simple geste lui donne le tournis et il chancelle.

— T'as entendu Marren, baragouine-t-il. On n'a pas besoin de leur aide. (Il s'appuie sur ses genoux, puis lâche un rot sonore.) On se débrouille très bien tout seuls. Z'ont qu'à aller à la petite fête.

Rhonda fixe sur Nolan un regard séducteur.

— Merci, mais je vais rester. Nora Jacobs a raison. Je suis prête à faire « ami-ami ».

— Rhonda ! l'avertit Marren.

Je m'apprête à rigoler, quand je surprends un regard du loup dans ma direction. Je comprends alors qu'il la réprimande par égard pour moi, comme si ça pouvait me déranger qu'elle flirte avec Nolan. Un échange gêné s'ensuit. Rhonda nous regarde tour à tour, Nolan et moi, puis lève les yeux au ciel avec une moue boudeuse, avant de se mettre en retrait. Ben me décoche un grand sourire, qu'il adresse ensuite à son frère. Le regard de Marren passe de moi à Nolan. Quant à moi, je foudroie ce dernier, attendant qu'il dissipe tout malentendu à notre sujet. On marche sur la tête! Ça fait plus d'un an que j'ai refusé notre union. Comment se fait-il que ce soit toujours d'actualité?

Nolan ne dit rien, ne fait rien. Non, je reformule : il ne fait rien *pour moi*. Face aux autres, il redresse les épaules et plante son regard dans le leur afin d'affirmer sa dominance.

Ma colère monte. Voilà ce que je déteste chez les loups et les coyotes : ces conneries de dominance. Leur vie entière tourne autour de ça. La dominance, et rien d'autre. Certes, je suis génétiquement programmée pour m'y plier, mais seulement par instinct de survie du côté de ma renarde. La femme que je suis n'y accorde aucune valeur. Je ne trouve ça ni sexy ni romantique. On parle littéralement d'un reliquat de l'époque de Cro-Magnon; pourtant tout le monde continue de s'y soumettre, tout aussi littéralement. J'ai envie de hurler.

C'est bon, j'ai fini de râler.

Le pire! c'est que Nolan ne me croit toujours pas quand je lui affirme que la dominance n'est pas ma tasse de thé. Il m'entend sans *m'écouter*. Il veut me revendiquer. Certes, il me gâte et veille sur moi en homme fort et protecteur, je comprends tout à fait. Mais, quand il me regarde, il ne me voit pas réellement. Il ne voit que la gamine de douze ans qui lui vouait autrefois un culte. C'était une autre époque.

— Les cochons seront bientôt prêts, annonce-t-il. On ferait mieux de rentrer.

Marren et lui échangent une poignée de main ferme.

— On sera ici si jamais ça te dit de partager une bière. Tu sais, histoire de « renforcer les liens entre meutes ».

— Ça marche.

Alors que Nolan essaie de retirer sa main, Marren resserre sa prise.

— Joli fusil. J'ai remarqué que tu le pointais sur moi plutôt que sur la louve qui allait bouffer ton frère.

Nolan lui broie la main en retour, à s'en blanchir les jointures. Les yeux plantés dans ceux du loup, il a une réaction que je n'ai pas vue depuis des années : il sourit. Ça n'augure rien de bon. Ces rares sourires sont le seul moment où son côté Cody ressort nettement. Plus discrète que chez ses frères, sa part de démence est néanmoins bien là. Il répond :

— Ne jamais perdre de vue la vraie menace.

Ben glousse bêtement, et Rhonda le cogne à l'épaule. Marren lâche la main de Nolan en reculant avec un sourire gêné.

C'est le moment de me casser. Je pousse Ben vers le camp. Il marche devant moi en titubant sans cesser de rire.

— On croirait entendre une hyène, lâché-je. Transforme-toi, qu'on en finisse.

Nolan nous emboîte le pas. Je l'entends se racler la gorge, puis me demander :

— Le blouson était-il à ta taille ?

Même si je ne suis pas d'humeur à éprouver de la gratitude envers lui, je me réjouis qu'il entame la conversation, pour deux raisons : la première, il vient de m'épargner le tracas d'aborder le sujet moi-même ; la seconde, vu qu'il marche derrière moi, je n'ai pas besoin de le regarder en face quand je rétorque :

— Oui, et tu le sais très bien. Tout comme tu sais que la voiture est splendide.

— Elle attire les regards ?

— À ton avis ? Faudrait être aveugle.

— Tu seras à la hauteur.

Ce n'est pas la question, pensé-je, sans aller jusqu'à le dire. Même moi je ne peux pas me montrer aussi ingrate après le travail de dingue qu'il a fourni.

— On dirait que je t'en dois une belle, admets-je à contrecœur.

— C'était un cadeau, me rappelle-t-il, un peu sèchement.

— Le blouson, oui. La voiture… elle ne valait pas la moitié du travail que tu as réalisé. Elle t'appartient plus qu'à moi maintenant. Je ne fais que l'emprunter. Très souvent.

Quelle galère ! Je ne tiens pas à lui être redevable, mais je n'ose pas non plus le rembarrer. Je vise le compromis en bredouillant :

— Mais… je te remercie.

Il reste un moment silencieux. Ses bottes crissent sur les feuilles et les dépôts de neige épars.

— Ta mère te cherchait tout à l'heure, énonce-t-il. J'ai une question de sa part, mais le moment me paraît mal choisi.

— Quoi ? Quelle question ?

Son soupir m'informe que la réponse ne va pas me plaire.

— Quoi que tu aies sur le dos, je devais te demander : « Tu comptes vraiment aller à la fête habillée comme *ça ?* »

Ben rugit de rire. Je le pousse brutalement. Alors qu'il tombe en grognant, je me métamorphose et regagne en courant le local #2.

Chapitre 10

« *Tu comptes vraiment aller à la fête habillée comme* ça ? »

J'étudie ma tenue dans le miroir en pied accroché en face de mon lit : mon jean troué (et pas façon tendance) ; mes chaussures aux lacets élimés, une semelle décollée au bout ; mon tee-shirt des Tigers tellement usé qu'il laisse voir mon soutif. Et alors ? Ce sont mes fringues préférées, je me sens bien dedans, je ne cherche à impressionner personne, et c'est le mieux que je puisse me payer avec mon salaire d'agent. J'ai bien une petite robe noire en dentelle « empruntée » à ma sœur pour les sorties en discothèque, mais pas question de la porter à une fête de famille.

Donc, oui, maman, je compte vraiment aller à la fête habillée comme *ça*. Fête qui, je tiens à le souligner, a lieu dans votre *parc de mobil-homes.*

De mauvais poil, j'attrape mon blouson des Tigers et m'apprête à sortir, quand la porte se ferme sous mon nez comme par magie. On toque à la baie coulissante de ma chambre. Elvira se tient sur les marches dehors, adorable dans une robe de pin-up en vichy rouge assortie d'une veste en jean bordée de moumoute blanche. Très rétro, très rustique chic. Elle joint les mains d'un geste suppliant.

— S'il te plaît, Shayne. Je suis désolée, je te le jure.

— Désolée de quoi ? je crie à travers la vitre, avant d'ouvrir la porte-fenêtre pour baisser la voix. De nous avoir sauvés ?

Elle entre en hâte.

— Oui, mais j'aurais dû t'en parler bien avant.

— Donc tu savais ? Ce n'était pas un sursaut de pouvoir sorti de nulle part ?

— Non, confesse-t-elle, penaude. Je l'ai depuis toujours.

Je retourne cette idée dans ma tête.

— Donc… alors qu'on se paie ta tête depuis des lustres pour n'avoir que des pouvoirs ridicules comme refroidir nos bières, ou faire croire à quelqu'un qu'on lui tape sur l'épaule… tout ce temps, tu aurais pu nous faire exploser les miches, ou nous foudroyer la tronche ?

Cette notion semble l'horrifier.

— Jamais je ne…

— Mais tu aurais *pu* le faire ? Oui ou non ?

— Oui. Mais je ne me donnerais pas tant de mal quand il me suffit de vous fracasser les os avec un choc de déplacement.

Je recule, effrayée.

— T'as déjà fait ça !?

— Jamais !

— Et tes parents dans l'histoire ? Ils sont forcément au courant.

Elle hésite un instant avant de répondre.

— Papa, non. Il ne me prête pas assez attention.

Sa voix trahit la déception d'une vie passée à être invisible aux yeux de son père. Depuis que je la connais, Elvira a toujours ri du désintérêt que son père lui témoigne, de son regret de ne pas avoir un autre fils, des sommes faramineuses qu'il n'hésite pas à lui accorder, car il préfère l'envoyer dévaliser les boutiques plutôt que de passer du temps avec sa fille. Chaque fois, elle s'empresse ensuite de prendre sa défense. D'ailleurs, ça ne loupe pas :

— Mais il est… Enfin, tu l'as rencontré ce matin. Il est très occupé et travaille avec des gens importants, comme Madison West. Il fait sans doute plus pour cette ville que je ne l'imagine.

— Et ta mère ?

Elle se tord les doigts.

— Les mères, c'est une autre histoire.

À qui le dis-tu. Nous avons toujours eu en commun ce rapport conflictuel avec nos mères. Cela dit, même étouffée par une mère hypocrite et hypercritique, j'admets volontiers qu'Elvira a encore moins de veine. Comme tous les sorciers.

— À cause du lien filial ?

Elle confirme d'un signe de tête.

— Je suis convaincue qu'elle le sent.

Un lien particulier unit les mères sorcières à leurs enfants. Un lien infrangible, impossible à créer autrement qu'en donnant naissance. Certains le rapprochent de la relation entre un sorcier et son familier – un lien tangible entre deux forces vitales. La mère peut ainsi percevoir des impressions, des émotions, parfois même des pensées précises chez sa progéniture. Dans tous les cas, le lien est à sens unique. Les enfants, eux, ne captent rien du tout ; vous imaginez donc avec quel plaisir les mères sorcières usent et abusent de ce pouvoir. Fini les mensonges, les secrets. Elles savent vous faire culpabiliser comme personne.

— Elle l'a sans doute toujours perçu pour se montrer si… Sa façon de me regarder parfois…

Elle m'a déjà parlé des regards méfiants qu'elle surprend chez sa mère.

— Comme si elle te craignait.

— Oui, ou bien…

— Ou bien quoi ?

Je sais qu'Elvira tremble à l'idée de critiquer ses parents. C'est d'ailleurs pour ça qu'elle se contente d'en plaisanter, avant de les défendre dans la foulée. Je dois l'encourager à s'exprimer. Une réponse horrible me vient à l'esprit ; probablement la bonne du coup.

— Comme si elle était… jalouse ?

Elle détourne le regard et murmure :

— Je ne sais pas.

— Si. Elle, ce n'est pas normal. Quand ton frère décide de ne plus utiliser ses pouvoirs, tes parents le déshéritent. Et toi, pendant ce temps, tu caches un pouvoir au moins équivalent parce que, si tu t'avises de le montrer, tu seras aussi déshéritée ?

— À mon avis, ce n'est pas ça le problème.

— Ah oui ? C'est quoi alors ?

Elle continue de se tordre les doigts avec nervosité.

— Eh bien… Même si le fait que je possède ce pouvoir et l'aie montré est déjà grave en soi, le vrai problème, c'est que… je vous l'ai montré à vous.

— « Nous » qui ?

— L'AFO. Une agence du maintien de l'ordre. Un milieu prolétaire. Un milieu…

— Indigne de ton statut ?

— J'imagine déjà le dégoût de ma mère : « Elvira, mon enfant, comment peux-tu espérer qu'un magnat de Harvard, issu d'une maison de sorciers puissante et respectée, daigne épouser… (elle esquisse une moue réprobatrice) un agent de police ? »

— Incroyable. Notre *directrice* est une sorcière !

— Oui, mais Madison West est un cas à part.

— En quoi exactement ?

— Elle est… Je ne sais pas. Elle a prouvé sa loyauté. Elle fait un peu figure de sainte dans la communauté des sorciers. Si tu entendais mes parents quand ils en parlent. C'est la seule exception. Je ne serai jamais une Madison West.

— Attends une seconde.

Je marque une pause théâtrale, attendant qu'elle me regarde dans les yeux. Je n'en reviens pas de m'en apercevoir seulement maintenant.

— Quand tu dis que tu ne seras jamais une Madison West, ça signifie que tu *aimerais* lui ressembler ?

Elle écarquille les yeux. Et nous y voilà. Un désir enfoui depuis des années fait enfin surface. Un secret jalousement gardé. Une envie profonde brûle soudain dans le regard de cette amie que je croyais connaître comme ma sœur. C'est bien la première fois que j'y vois briller un rêve éperdu, au lieu de paillettes et de petits gâteaux. Qui est cette personne ?

Elle cligne des yeux, puis grimace, gênée.

— Non. Je n'en sais rien. Et puis qu'est-ce que ça veut dire ?

— Ça veut dire que tu en as marre de cacher ton pouvoir. Tu aimerais t'en servir. Te rendre utile !

— Tu crois ?

— Tu ne crois pas ?

Je résiste à l'envie de la secouer, de la baffer. *Réveille-toi !*

— Après tout, toi tu te rends utile, pas vrai ? dit-elle en haussant les épaules.

— Et comment ! Et je n'ai même pas de superpouvoirs. Demande à Nick Sublime : d'après lui, on me considère à peine comme une occulte.

Elvira se rembrunit.

— C'est totalement faux ! Il a dit ça ?

— Peu importe. Là, on parle de toi.

— De moi ?

— J'ai horreur des discours pleins de bons sentiments, mais je sais que tu en raffoles, alors c'est parti. C'est *ta* vie, Elle. N'en gâche pas une seconde à te conformer à l'image qu'on a de toi. Toi seule décides de ta destinée. Tu veux être une Madison West ? Pourquoi pas ? Avec ta personnalité et ta popularité, sans parler de ton pouvoir ?

Ses yeux brillent.

— Ça fait beaucoup de P.

— Imagine les possibilités qui s'offrent à toi. Mieux encore, regarde ce que tu as *déjà* accompli. Rien que ce matin. Tu nous as sauvés, Brenner et moi. Avant ça, tu nous as débloqué une porte ensorcelée. Tu ne te rends pas compte, Elle. Pour Brenner, la fille qu'on a trouvée dans l'entrepôt…

D'un coup, l'émotion me serre la gorge. Des larmes me brouillent la vue.

— Quoi ? demande mon amie, inquiète. Dis-moi, Shayne.

Je m'éclaircis la voix et m'essuie les yeux.

— Rien, on ne parle pas de moi.

— On devrait peut-être. Franchement, je peux compter sur les doigts de la main le nombre de fois où je t'ai vue pleurer, dont deux rien qu'aujourd'hui.

Soit, elle l'aura voulu. Il n'en faut pas davantage pour faire céder le barrage.

— Eh bien, je suis capable de dégotter tout et n'importe quoi. Aussi bien pour moi que pour les autres : ce que je veux, je l'obtiens. Quand j'ai voulu ce poste à l'Agence, j'ai tout fait pour le gagner. Quand j'ai voulu les pneus volés de Ben, je suis allée les récupérer. Quand j'ai voulu

Arael Moaz, je l'ai viré de son trône. Pareil pour le respect, pour ma voiture, pour ces vêtements…

De rage, je retire mes vieilles godasses et les jette contre le miroir, qui bascule de traviole. Surprise, Elvira a un brusque mouvement de recul.

— Mais quand je cherche à obtenir mon désir le plus cher… On dirait que, plus je m'acharne, plus il me repousse, soupiré-je en me laissant tomber sur le lit, avant de laisser échapper ma frustration. Grrr ! À côté de ça, il y a ces mecs dont je n'ai *pas* envie, mais que je pourrais avoir d'un claquement de doigts.

— Clac ! fait-elle en mimant le geste. Comme ça. Je sais, crois-moi.

— Alors c'est quoi le problème de Brenner ? D'accord, il m'a tout de suite dit qu'on ne serait que coéquipiers et rien de plus. Mais si tu avais vu la façon dont il me regardait avant, Elle. Je l'avais enfin trouvé ! (Un souvenir me revient subitement.) C'est d'ailleurs exactement ce qu'il m'a dit. Le premier jour, quand j'ai obligé Henry Stadther à lui rendre la mémoire, on… (Je désigne le petit escalier dehors.) Là ! On était assis sur ces marches. Il m'a parlé de son soulagement de connaître enfin la vérité au sujet de l'Occulte, et de l'horreur que ç'aurait été de me perdre quand on a effacé ses souvenirs. Il a dit mot pour mot : « Je vous avais enfin trouvée. Vous étiez là, devant moi, puis vous avez disparu. »

Elvira ébauche un sourire ému.

— Il a vraiment dit ça ?

— Ma pauvre, si tu savais ! Il dit tout ce qui lui passe par la tête. Il sort parfois des trucs absurdes au possible, mais tu ne peux même pas rigoler, parce qu'il ne plaisante pas du tout. Il m'a raconté que, lors de notre première rencontre, il s'est dit : « Mais d'où sort cette fille ? et, par pitié, qu'elle ne me quitte plus jamais ! »

— C'est adorable ! Je suis désolée pour toi.

Sa compassion m'exaspère. Je ne cherche pas à me faire plaindre, j'essaie de résoudre un crime. Sauf que, là, on ne parle pas d'une personne, mais d'un *sentiment* disparu.

— Pourtant je ne l'ai pas quitté, Elle. Je suis là, devant lui, totalement disponible. Alors qu'est-ce qui a changé ? Il s'est passé quelque chose. (Je sèche mes larmes.) Oh ! et tu sais pas la meilleure ? Natalie.

— « Natalie » ?

— Natalie Cormier. On était dans son bureau ce matin, et elle m'a soutenu avoir eu l'impression que Brenner me mentait.

Elvira esquisse une moue dubitative.

— Les impressions des sorcières ne sont pas toujours fiables. Et puis c'est Natalie.

— Mais je ne crois pas qu'elle cherchait à m'embobiner. Elle a entraperçu quelque chose dans son esprit. Je dois découvrir quoi.

— Tu ne le lui as pas demandé ?

— Comme si elle allait me le dire. Et puis toi aussi tu captes des impressions. Je t'ai vue à l'œuvre. Ça fait partie des pouvoirs ridicules auxquels tu te limitais devant nous. Tu pourrais jeter un coup d'œil dans son esprit.

Au début, elle paraît hésiter. Puis elle se fend d'un sourire roublard.

— En effet, je pourrais.

Mmh ! trop facile. Il y a anguille sous roche.

— Tu pourrais, si… ?

Une grimace contrite remplace son sourire.

— Ne te fâche pas.

— Accouche.

— Je t'aiderai avec Brenner si tu me laisses t'habiller.

— Pardon ?

— Là, pour la fête, dit-elle en traçant les contours de ma silhouette du bout du doigt.

Comme elle s'y attendait, je suis scandalisée.

— Pas question ! C'est ma mère qui a tout manigancé ?

— Absolument pas. C'est un événement important, Shayne, avec pas mal d'invités. Des invités de marque, j'entends.

— Bah ! je grommelle. Tu parles de l'alpha de la meute d'Island Lake ?

— Entre autres.

— Comment ça ? Il y a qui d'autre ?

Elle enchaîne en ignorant ma question :

— Laisse-moi finir. Je connais tes goûts, Shayne. Il ne s'agit pas de te déguiser comme moi. Tu as un style propre. Je te demande seulement de me laisser y apporter quelques améliorations, quelques touches discrètes. Je te promets même que tu porteras un jean, des baskets et ton blouson des Tigers. Qu'en dis-tu ?

— C'est exactement ce que j'ai sur le dos.

— Eh bien ! fait-elle en se mordant la lèvre inférieure d'un air sceptique. En soi, oui. Laisse-moi juste le choix des couleurs et de ta coiffure.

Soit. J'abandonne.

— Pas de tresses, et ça ne doit pas donner l'impression d'avoir pris plus de trente secondes.

— Cinq minutes ? négocie-t-elle.

— Trois.

— Marché conclu. Je dois juste faire un saut à ma voiture. Reste là.

Elle se précipite vers la porte-fenêtre.

— Mais tu me promets d'analyser Brenner après ? je demande.

— Quand tu veux, où tu veux. (Elle s'arrête dans l'embrasure de la porte avec un air songeur.) Au fait, tu as raison, j'adore les discours pleins de bons sentiments.

— Je sais.

— Alors voilà. En réalité, je n'aspire pas à être une Madison West. Par contre, j'adorerais être une Shayne Davies.

Elle lève ensuite les poings en faisant mine d'esquiver des coups. Sentant les larmes me monter aux yeux de nouveau, je feins l'agacement.

— C'est quoi ça ? Je suis une boxeuse maintenant ?

Elle s'esclaffe, et je ne peux m'empêcher de sourire.

Pause sur la scène. Générique de fin sur un air de saxophone enjoué.

Niais jusqu'au bout.

Chapitre 11

Elvira a tenu parole. Je porte un jean, des baskets et mon blouson des Tigers. J'aurais dû me douter cependant qu'il y aurait un piège – en lui laissant le choix des couleurs. On se retrouve donc avec du blanc, un peu de blanc, et encore du blanc. Des baskets en passant par le jean moulant jusqu'au chemisier *rentré dans le pantalon*, tout est blanc. Avec ma silhouette longiligne et mon abondante tignasse rousse, je ressemble à une bougie géante. Je dois pourtant reconnaître que je me sens comme un sou neuf.

En sortant sur le perron croulant du local #2, je découvre un spectacle ahurissant. La fête a envahi notre camp. On se croirait un samedi soir à l'*Occulte*. Le visage rougi par l'alcool, Ben et une poignée de ses potes se donnent des airs de groupe de musique country, frappant sur des banjos, étrillant des violons et soufflant dans des pichets. Autour d'un grand feu de joie, les gens dansent, tapent des mains en rythme et jettent des bouteilles de bière dans les flammes. Une dizaine d'enfants courent après un bouc noir dans la foule.

Les images, les sons, les sensations… je n'ai jamais connu une telle exaltation ! J'étais certaine de me geler dans ce jean moulant, mais le feu vigoureux baigne les lieux d'une agréable chaleur. Et ces odeurs ! Une symphonie d'arômes m'assaille les narines. L'odeur habituelle du feu de camp, accentuée par un mélange de cochon rôti, de fruits confits et de bière artisanale.

Bien que je ne me sois pas annoncée, je semble faire malgré tout une arrivée remarquée. La plupart des convives me regardent, au moins brièvement, avant de glisser un commentaire à leur voisin. Beaucoup de femmes fixent leur attention sur mes cheveux, qu'Elvira a plaqués d'un côté en laissant la masse de boucles ondulées cascader de l'autre. Je me sens comme de guingois. Cachée derrière moi, mon amie jette un coup d'œil par-dessus mon épaule.

— Regarde-moi cette fête. Ça grouille de mecs ! (Elle désigne un groupe en particulier.) C'est qui ceux-là ?

— La meute d'Island Lake.

— Et ceux-là, ils appartiennent à celle de la rivière Huron ?

— Tout à fait.

— J'en prendrai un de chaque, s'il vous plaît, à emporter. Et leurs alpha sont présents aussi ?

— C'est ce qu'on m'a dit.

Evan Fuller et Peter Toth. Je pourrais les lui désigner dans la foule, mais, contrairement à elle, j'essaie de la jouer détachée.

— Oh ! Wulf et Rook ! s'exclame-t-elle en sautillant d'excitation.

Elle leur fait coucou. Ils lui répondent d'un hochement de tête ultraclasse. Je ne peux pas profiter très longtemps des regards coquins que Wulf m'adresse, car ma mère se tient juste derrière lui et vient de me remarquer. Elle est radieuse dans son chemisier en soie clinquant (sans soutien-gorge, évidemment), ses bracelets exotiques assortis à ses créoles. Bien qu'elle m'ait déjà détaillée de la tête aux pieds, elle prend soin de recommencer à mon bénéfice. Après une pause délibérée, elle ébauche un signe de tête approbateur.

— Félicitations, Elle, tu as réussi en dix minutes là où j'ai échoué toute ma vie. Tu as obtenu l'approbation de…

Elle m'empoigne le bras à deux mains et le broie en soufflant d'une voix suraiguë :

— Nom de Midas ! t'assures grave. Regarde qui est là !

Eh merde ! Je suis son doigt en m'attendant à trouver Nora Jacobs, mais ce n'est que Nick Sublime. Je n'en suis pas moins scotchée. C'est officiel, notre petite fête vient de devenir un grand événement.

— Cool ! Nick Sublime est dans la place.

— Pas lui, voyons. Madison West !

Oh ! Je la vois maintenant, derrière Nick, en train de recevoir des saluts et des poignées de mains énergiques, un sourire aimable aux lèvres.

— Effectivement. Mais ce n'est pas la première fois qu'elle vient chez nous.

Elvira me secoue le bras comme si elle voulait m'étrangler.

— Hors du cadre professionnel, si. As-tu conscience de ce que ça… ? Non, évidemment que non. (Elle me serre le bras de plus belle.) Shayne, sa présence te confère le soutien officiel de la communauté des sorciers. Même mon père devra respecter ton statut désormais. Oh ! je pourrai t'inviter à dîner, ou pour un bal. Un bal en ton honneur ?

— Mais oui, un bal. Je me demandais quand tu le proposerais. Il faudra que tu me prêtes ton carrosse, le mien est en réparation.

Oubliant un instant notre conversation, je souris à la petite Bunica, mon arrière-grand-mère, la véritable reine de la fête, qui grimpe péniblement les marches du perron.

— Te voilà, Bunica, dis-je affectueusement en la prenant par le coude pour l'aider à monter.

— Shayne, ma chérie ! s'exclame-t-elle de sa voix chevrotante, obligée de tendre le cou pour me regarder tant elle est petite et voûtée. Oh ! ce que tu es jolie aujourd'hui. Aussi radieuse qu'une mariée. Et tout en blanc de surcroît. Un doux rêve, ma petite. Tant mieux pour toi.

Ray Cody, notre alpha, enjambe les trois marches pour nous rejoindre. Beau garçon et d'une cordialité naturelle, Ray est le seul frère Cody doté d'un quelconque charme social. Même hors de la meute, les gens l'apprécient très vite et, pour ma part, je n'ai aucun mal à le respecter. Il peut se montrer brutal, mais toujours juste.

Il lève les mains pour réclamer l'attention générale. Tous les regards se tournent vers nous tandis que la rumeur des conversations se tait. Absorbé par son délire, le groupe de country improvisé poursuit son concert et, maintenant qu'ils ont la scène pour eux, Ben décide de frimer en entraînant ses potes dans un rythme endiablé. Ray rit en leur criant de cesser leur vacarme. Tous s'exécutent, à l'exception de Ben évidemment, qui en remet une couche en se lançant dans un solo de banjo.

Sur une brusque note discordante, l'instrument lui est arraché des mains. Sans réfléchir, Ben se jette sur l'idiot assez audacieux pour le défier sur son propre territoire. Il empoigne un blouson en cuir, mais se calme aussitôt lorsqu'il se rend compte que celui-ci appartient à Nick Sublime. Ce dernier lui sourit poliment. Ben le lâche, lisse le col du blouson, puis lui donne une tape amicale en baragouinant :

— On est tout bon, mon mignon.

Nick porte la main à son stetson en signe d'acquiescement et lui rend son banjo. Un membre de la formation musicale a le malheur de rigoler ; Ben se retourne pour lui coller son poing dans la figure. La foule rit aux éclats. Ray y voit l'occasion de reprendre son discours :

— Bien, vous savez tous que j'suis pas très doué avec les grands discours. Malgré les efforts de ma Blanche, on peut pas dire que j'sois devenu un gentleman. Je serais plus proche d'un… (Alors qu'il cherche ses mots, quelqu'un dans la foule crie « Vaurien ! », provoquant l'hilarité générale.) Soit, un vaurien. Cela dit, même un vaurien comme moi peut être ému, une fois de temps en temps. C'est le cas aujourd'hui, quand je vous vois tous réunis ici, chez nous. (Il embrasse les lieux d'un large geste.) C'est ni un palace, ni un club de millionnaires, comme certains d'entre vous en ont, mais c'est notre foyer, et nous sommes fiers de recevoir… *certains* d'entre vous.

Un nouveau rire parcourt la foule. Les hommes émettent des grognements approbateurs. Les femmes lui sourient avec affection. Il a trouvé le ton idéal : rustaud mais sincère. Passant aux formalités, il scrute la foule.

— Blanche, où t'es passée ? Viens donc. Ma douce moitié, mesdames et messieurs.

— Ta *meilleure* moitié, lance un invité quand ma sœur grimpe sur le perron à côté de Ray.

Blanche a mes cheveux roux, mais notre ressemblance s'arrête là, aussi bien pour le physique que pour le caractère. Outre le fait qu'elle a dix ans de plus que moi, c'est aussi l'incarnation de la luna parfaite : docile mais digne ; élégante et douce sans être insipide ; gentille et généreuse, mais ferme. Mon père tout craché. *Hmm…* On pourrait en conclure que je ressemble à ma mère, mais vous ne me verrez pas l'admettre de sitôt.

Blanche tient dans ses mains une assiette décorative remplie de couenne de porc juteuse et croustillante. Ray en brandit un morceau devant l'assemblée.

— Certains ont reçu une tranche de notre traditionnel cochon de Noël. Croyez-le ou non, c'est un grand honneur par chez nous. Allez-y, montrez-les !

Trois mains se lèvent dans la foule, un morceau de couenne rôtie entre les doigts : l'alpha Peter Toth, l'alpha Evan Fuller, et Nick Sublime.

— Chers et éminents convives, j'vous assure que ces bouts de porc ne sont pas une insulte. Quant à madame la directrice West, sa présence nous honore tout autant, bien sûr, mais je me voyais pas mettre de la couenne dans des mains si raffinées. Toutefois, si vous souhaitez vous joindre à nous...

— Avec plaisir ! répond-elle avant de taper Nick Sublime sur l'épaule.

Il rompt sa part pour lui en offrir la moitié, qu'elle brandit ensuite bien haut entre des ongles manucurés, sous les applaudissements des convives. J'entends Elvira pousser de petits cris extatiques dans mon dos.

Vient le moment de porter un toast. Ray commence :

— J'ai déjà bien assez parlé, donc je vais suivre le conseil de Blanche pour une fois, et laisser la parole à l'homme qui est non seulement notre allié depuis des années, mais, surtout, un ami très cher.

Il hoche la tête à l'adresse de Peter Toth. Pour un hôte, laisser un invité porter le toast à sa place est une grande marque de générosité, sans être totalement inattendu – surtout dans le cas d'une meute inférieure déférant à une meute beaucoup plus puissante.

L'alpha Toth s'incline avec courtoisie, puis déclare à la surprise générale :

— Et je cède à mon tour cet honneur à l'homme qui, en l'espace de quelques mois, a su restaurer la force et la dignité d'une meute récemment affaiblie, si vous me permettez de le dire, par un climat de dissension.

Il se tourne vers Evan Fuller. L'alpha d'Island Lake s'incline également.

— Non seulement je vous le permets, mais j'irai jusqu'à ajouter que la situation était encore plus grave. Nous étions faibles, car nous étions divisés. Aujourd'hui, nous avons non seulement retrouvé la force de l'union, mais aussi tissé des liens étroits avec nos voisins (il désigne Toth et Ray), ce qui nous rend tous, si vous me permettez de le dire, invincibles. (Son discours est salué par des applaudissements, qu'il interrompt d'un geste.) Mais…, reprend-il alors que nous nous taisons, suspendus à ses lèvres, vous me cédez l'honneur de porter le toast, Peter, je ne peux donc pas vous le céder à mon tour, car nous n'en finirions jamais. Je l'offre donc à l'homme à qui nous devons en grande partie ce nouvel arrangement. Rook ?

Un hoquet de stupeur s'élève de la foule. Rook lève les mains en signe de défense.

— Attendez, je n'ai même pas de morceau de croupion à la main ! Je peux céder ma place moi aussi ? Je la laisse à Nora !

Les invités partent d'un rire retentissant.

— Quelle misère ! tonne Nick. Je vais le porter, moi, ce toast. Continuez de vous congratuler les uns les autres pendant que je fais tout le travail, comme d'habitude. (Il attend que le calme revienne.) Puisque nous nous permettons certains écarts pour l'occasion, j'espère que la petite Bunica, comme on l'appelle ici, me permettra d'évoquer l'époque où nous autres, vieux de la vieille, l'appelions Dottie ou, plus solennellement, la délicieuse Dottie Davies !

Et la foule d'émettre des sifflements coquins et des ululements. La petite Bunica me serre la main et rassemble toutes ses forces pour crier :

— Un double D dont tout le monde parlait !

Les gens rient de bon cœur, mais deviennent vraiment hystériques quand Nick ajoute :

— Tu ne crois pas si bien dire !

Dans le brouhaha général, Bunica lui souffle un baiser. Elvira trépigne d'excitation derrière moi. Ma mère, quant à elle, semble légèrement exaspérée. Il n'y a qu'elle pour s'indigner qu'une fête gitane à la belle étoile n'ait pas le décorum d'une réception mondaine.

Le silence revenu, Nick reprend son discours, et je décèle dans sa voix une pointe de nostalgie.

— Ce n'est pas un mystère, de toutes les époques que j'ai connues ici, celle de la conquête de l'Ouest reste ma préférée. (Il soulève son stetson.) Et notre amie Dottie y est pour beaucoup. Venue de la lointaine Roumanie, elle ne parlait pas un mot d'anglais et n'avait pas un sou en poche. En revanche, elle ne manquait pas de cran. Ça ! vous n'imaginez pas le petit bout de femme que c'était. Sans père, et avec une mère malade, notre Dottie, à peine majeure, a revendiqué le lopin de terre sur lequel nous nous trouvons actuellement, et bon courage au malheureux qui se serait mis en tête de l'en déloger. Si vous ne me croyez pas, allez demander à Henry Stadther.

À ce nom, la petite Bunica crache par terre, pour le plus grand plaisir de la foule.

— Il n'a pas fallu longtemps pour que sa petite meute de marginaux devienne l'un des gangs les plus redoutés de la ville. Et je dis bien « gang », Dottie. Ne crois pas que j'aie oublié l'attaque du train. Je sais que c'était toi et tes loustics.

— J'avoue tout, shérif, dit-elle en tendant les poignets. Passez-moi les menottes !

— Ce ne serait pas la première fois, réplique l'agent, avant de crier aussitôt en voyant la foule s'emballer : Pas dans ce sens-là ! Je l'ai arrêtée plusieurs fois, c'est tout.

Personne ne l'entend sous les hurlements hilares. Ma mère paraît outrée, moi je suis écœurée ; tous les autres sont pliés. Nick renonce.

— Oh et puis zut ! Laissez-moi seulement vous dire ceci. OK, on se calme maintenant. Laissez-moi parler, qu'on en finisse. (Un silence relatif s'installe.) Tout ça pour dire que le gang Davies est là depuis un sacré bout de temps. Ils ont vu bien des choses, pris part à cette grande aventure que nous appelons Détroit. (Il lève sa tranche de couenne.) À la meilleure époque. Celle de Dottie !

L'assemblée explose en acclamations. Nick s'apprête à croquer son bout de viande, mais Madison West lui retient le bras.

— Et ? insiste-t-elle.

Il grimace, comme pris en faute. Le voyant fermer la bouche avec obstination, elle soupire et grimpe sur un gros rondin de bois pour prendre la parole.

— Nick semblant littéralement incapable de complimenter Shayne Davies, il m'incombe, comme toujours, de pallier son mauvais caractère.

Elle fixe son regard sur moi en brandissant son morceau de couenne. Mon cœur bondit dans ma poitrine. Derrière moi, Elvira colle sa bouche contre mon bras et murmure :

— Je rêve !

— Si Nick rend hommage à une Davies d'autrefois, permettez-moi de célébrer une Davies de demain. Bien que l'époque du Far West soit révolue, notre Détroit n'en demeure pas moins une ville pionnière. En ces temps troublés, où l'anonymat dont notre monde jouit depuis si longtemps ne tient plus qu'à un fil, Shayne lutte au quotidien pour préserver notre mode de vie et protéger ce secret. (Elle arque un sourcil à l'intention de Nick.) Protéger cet héritage que vous chérissez tant. Je ne connais personne de plus acharné, ni de plus loyal envers l'Occulte. Détroit est sa passion : avec elle, notre ville est entre de bonnes mains. À Shayne Davies.

Là-dessus, elle mord à pleines dents dans sa tranche de porc. Un tonnerre de hourras éclate de toutes parts. Ma mère pleure. Bunica m'étreint le bras avec amour. Elvira hurle par-dessus le vacarme :

— Je peux avoir ton autographe ?

Je suis pantoise. Tout le monde a les yeux braqués sur moi alors que j'ai sûrement l'air bête comme pas permis. Toute ma vie, j'ai rêvé d'un tel instant, et j'avais toujours la même réaction : embrasser Ardee Todd devant la foule. Mais là, c'est *réel.* J'ignore totalement comment réagir.

Heureusement, je suis sauvée par la brusque intervention de trois policiers. Je ne suis pas étonnée de les voir. Les commissariats de plusieurs comtés voisins ont notre adresse sur leur liste de surveillance. Un geignement collectif s'élève lorsqu'ils montent sur le perron en réclamant le calme. Le plus grand, un agent avec une grosse moustache et des lunettes d'aviateur bien clichées, apostrophe Ray :

— Nous avons reçu plusieurs plaintes pour tapage, et...

Ben a l'audace de l'interrompre avec un air de banjo.

— Vous là-bas, arrêtez ça ! ordonne le flic.

Le coyote s'apprête à l'envoyer bouler, mais ma mère intervient et l'emmène en le tirant par l'oreille. L'agent de police entreprend alors d'énumérer nos infractions sur ses doigts :

— Plaintes répétées pour tapage. Incivilités. Fabrication illégale d'alcool.

Ses deux collègues se campent à ses côtés.

— Surcapacité pour une zone résidentielle, ajoute l'un.

— Rassemblement public sans autorisation, énonce l'autre.

Ray commence à perdre patience.

— Quelle autorisation ? Arrêtez de vous payer notre tête.

Blanche le retient. Le grand flic pointe le feu de camp du doigt.

— Et ça !

— Notre feu ? fulmine Ray.

— Sa taille.

— Eh ben quoi ?

— La taille compte, messieurs dames, répond-il avant de se fendre d'un grand sourire. On peut faire plus grand !

Là-dessus, les trois hommes arrachent leur pantalon, révélant des jambes musclées et huilées ainsi que des strings en cuir noir moulant leur attirail. Une musique techno s'élève soudain, et les trois Chippendales se mettent à tourner autour de la petite Bunica en se trémoussant. Transportée, cette dernière tend les mains pour tenter de toucher leurs bosses. Comme dans un jeu de la taupe, sauf qu'elle tape des sexes. C'est… c'est génial !

Cette fois, je n'en peux plus.

Cette fête est magique. Mon cœur bat à tout rompre, je suis aux anges. J'ai l'impression de sortir de scène après un concert de rock. Et nous savons tous ce que les stars du rock font à ce moment-là : elles s'envoient en l'air avec leurs groupies. J'ai bien envie de jouer au jeu de la taupe moi aussi, et je sais qui sera ma taupe.

Il existe entre les métamorphes une affinité naturelle, qui devient encore plus prononcée au sein d'une meute. Nous interprétons bien mieux le langage corporel et les signaux hormonaux que les humains. Aussi percevons-nous aisément les pulsions de nos semblables, notamment celles d'ordre... sexuel.

Le temps que je trouve Nolan au milieu de la foule, il a déjà flairé mes hormones en folie. D'un regard, il comprend ce dont j'ai besoin, et c'est aussi normal que de vouloir une mégapizza quand on a la dalle. Mieux encore, il sait très bien que ces appétits ne signifient parfois rien de plus. Notre part animale a des besoins primitifs.

Naturellement, cette affinité fonctionne dans les deux sens. Je perçois aussi la réaction de son corps au mien. Il me lorgne d'un regard vorace lorsque je me pointe devant lui et demande :

— Alors, ça te dit ?

Il me prend la main et pousse sans ménagement les gens pour nous frayer un chemin. Plusieurs convives tentent de me parler, de m'étreindre, mais il ne laisse personne nous arrêter. Il me traîne jusqu'au local #5 et enfonce la porte, interrompant une partie de poker.

— Vous avez fini, décrète-t-il.

Les joueurs lâchent aussitôt leurs cartes, récupèrent leurs bières et décampent. Tandis que je referme la porte, Nolan débarrasse la table d'un geste. Une pluie de jetons tombe par terre.

Son empressement m'émoustille et me terrifie en même temps. Cette fois, j'ai piqué la bête ; plus question de reculer. De plus, Nolan peut se montrer... ardent. C'est tout ou rien.

Soit. Allons-y pour « tout ».

Je lui saute dessus au moment où il se retourne, le renversant sur la table. À cheval sur lui, je me jette sur ses lèvres, sa langue, ses oreilles, son cou. Il me repousse pour se relever. Je résiste en le clouant de nouveau sur le meuble et tire sur sa chemise avec impatience.

Prenant appui sur ses jambes, il me soulève sans effort, avant de me plaquer contre un placard. Il me pose ensuite sur le plan de travail, puis entreprend de me déshabiller en commençant par mon blouson. Les bras entravés, je me cramponne à lui à l'aide de mes cuisses. Il passe les mains sous mon chemisier et les fait courir sur mon dos avec un grognement avide. Je laisse échapper un soupir. Un frisson d'excitation me parcourt le corps.

Sa boucle de ceinture tinte entre mes doigts.

Il déboutonne mon pantalon, baisse ma braguette.

Mon portable vibre dans la poche de mon blouson. Bien que légèrement alarmée d'entendre la sonnerie de Brenner, je ne commets pas l'erreur de répondre. La moindre hésitation de ma part plongerait Nolan dans une violente colère. Son coyote a pratiquement pris le dessus. Dans quelques instants, il ne s'exprimera plus que par des grognements et des marques de dominance. Il n'entend sans doute même pas mon téléphone.

Quand la sonnerie se coupe, je m'abandonne de nouveau à l'étreinte de Nolan en lui empoignant les cheveux pour l'obliger à relever la tête et à m'offrir ses lèvres. Il décide de m'emmener sur le canapé. Attention : la chaleur va monter en flèche. Nos souffles saccadés se mêlent. Je n'ai jamais senti une telle excitation. Ses doigts tracent des lignes brûlantes sur mon corps frémissant.

Cependant, lorsque son téléphone se met à vibrer dans la poche arrière de son pantalon, je ne peux m'empêcher de m'arrêter. Il persévère en grommelant, me soulève les hanches, baisse mon pantalon.

Au mépris de tout instinct de survie, et de mon plaisir, je marmonne contre ses lèvres :

— C'est qui ? Qui c'est qui t'appelle ?

Il sort son portable, le jette à l'autre bout de la pièce, puis enfouit son visage contre mon ventre.

Je gémis d'extase. Mais mon cerveau tourne à plein régime. Brenner vient d'essayer de m'appeler ; ensuite, le téléphone de Nolan a sonné. C'était forcément l'inspecteur. N'ayant pas réussi à me joindre, il a tenté de contacter un autre membre de ma meute. Et il a choisi *Nolan*. Ce doit être extrêmement important.

— Attends ! je hoquette. Nolan…

Je suis prête à livrer le combat de ma vie pour me libérer. Contre toute attente, il se contente de lâcher une bordée de jurons et s'écarte, furieux mais pas surpris. Alors que je m'empresse de rappeler Brenner, il tourne en rond dans la pièce en donnant des coups de pied dans tout et n'importe quoi. L'inspecteur répond aussitôt :

— Shayne, navré de vous déranger.

Je me bouche l'autre oreille pendant que Nolan tempête.

— C'est vous qui avez appelé Nolan ?

— Oui, je viens de faire une découverte énorme, et *urgente*.

— Quoi donc ?

— C'est quoi tout ce raffut ? Que se passe-t-il ?

Je colle ma main sur le micro tandis que Nolan envoie la table contre le mur. Je n'ose pas lui ordonner d'arrêter. Heureusement, ce lancer de table marquait la fin de sa crise. Il claque la porte en sortant, cassant un gond au passage.

— Rien, dis-je au téléphone. Qu'avez-vous découvert ? Dites-moi.

— Titus Paul.

— Non, pas ça. Fait chier !

— L'entrepôt appartient à Titus Paul. Il y a deux heures, ils ont trouvé le cadavre dans les décombres. Il leur faudra un moment avant de l'identifier, mais ça n'a pas empêché toute la police de se mettre en alerte. Ferro a tapé l'adresse dans l'ordinateur, et « bim » !

— Titus Paul.

— Mais ce n'est pas le plus grave.

Il commence à m'inquiéter. Je me lève d'un bond et m'empresse de me rendre présentable. Brenner enchaîne sans reprendre son souffle :

— En consultant le fichier de Titus Paul, j'ai découvert l'immatriculation d'un bateau. Un vrai bateau, vous me suivez ? Un truc cossu.

— Assez cossu pour un yacht-club, déduis-je.

— Pas n'importe lequel.

— Pitié, dites-moi que vous n'avez pas appelé Natalie Cormier.

— Je ne l'ai pas appelée. Par contre, j'ai contacté la réception pour réserver une table au restaurant du club. On m'a répondu que ce n'était pas possible...

— À moins d'être membre.

— Voilà. Donc, j'ai menti en disant que j'étais membre et, comme nom, j'ai donné...

— Titus Paul. *(Bien joué ! Pas très subtil, mais efficace.)* Et ?

— L'employé a tout de suite changé de ton : « Naturellement, monsieur Paul. Toutes mes excuses, monsieur Paul. »

— Donc Titus possède un bateau au yacht-club. Vous avez raison, c'est énorme, mais on ne peut toujours pas débarquer là-bas et…

— Attendez, m'interrompt-il, ce n'est même pas ça le plus grave.

— Mais vous allez cracher le morceau à la fin !

— L'adresse associée à l'immatriculation du bateau correspond à une villa au bord de l'eau. Avec un ponton privé.

— Près de Belle Isle ?

— Pratiquement en face.

Il a raison. C'est nettement plus grave. Tout devient soudain très clair.

— Voilà comment Fencher a quitté l'île avec Kimberly Wright. Comme il se rend au travail à vélo, il avait besoin d'un autre moyen de locomotion. Pendant une pause-clope, il voit Kimberly faire son jogging, la trouve jolie.

— Elle ressemble à Rachelle Craig. C'est son type.

— Donc il l'attrape, la met dans le coffre de sa propre voiture.

— Mais il doit bientôt reprendre le travail.

— Vu qu'il travaillait avant pour Titus Paul, il a peut-être encore accès à ses affaires. Il a sans doute des jeux de clés. Il retourne au yacht-club avec la voiture de Kimberly, transfère son corps dans le bateau de Titus Paul, puis ramène la voiture au parking.

— À peine parti quinze minutes, il revient au boulot comme si de rien n'était.

— Après le travail, il se rend en bateau à la villa en face, cache le corps, ramène le bateau au yacht-club…

— Et rentre à vélo, termine l'inspecteur. Je suis en route pour la villa.

— Ne faites rien sans moi, Brenner. Je ne plaisante pas.

Je raccroche. Au même moment, la porte du local saute de son dernier gond. Nolan est de retour. Cette fois, en compagnie d'une femme qu'il tient par la main. Rhonda, la louve d'Island Lake. Pompette, elle lui grimpe déjà dessus en déboutonnant sa chemise.

— Dehors ! m'aboie-t-il.

Je m'empresse de sortir et manque de heurter la petite Bunica dans la cour.

— Qui était cette femme au bras de Nolan ?

— Je ne sais pas, Bunica, mais je dois y aller, désolée. Elle semble bouleversée.

— Mais cette femme… Elle va passer le meilleur moment de ta vie.

— Je sais, Bunica. Ce sont des choses qui arrivent, pas vrai ? Oh, j'oubliais ! (Je sors une feuille pliée de mon blouson.) Joyeux anniversaire.

Je l'embrasse sur le front, puis file en jetant un dernier coup d'œil en arrière pour la voir déplier le chef-d'œuvre de Ren : l'affiche de Nick Sublime. L'air rêveur, elle brandit la feuille à deux mains comme un objet de culte, et lui adresse une sérénade en roumain.

La fête bat son plein. Bavardages et danses vont bon train. Plusieurs personnes m'appellent ; je pique un sprint. Elvira surgit brusquement devant moi.

— Shayne ! c'était du rapide, dis donc, même pour Nolan et toi. Je ne tiens pas à connaître les détails, mais raconte-moi *tout* maintenant.

Je lui prends la main et l'entraîne à ma suite.

— On va à ma voiture. Ne t'arrête pour rien ni personne, même pour des beaux mecs.

Par deux fois, elle hésite en voyant des hommes nous faire des signes de tête, mais je parviens à la traîner de force jusqu'au carré de terre qui nous sert de parking.

À ma grande surprise, Madison West et Nick Sublime sont là, à côté de la Porsche de ce dernier, en compagnie de… ma mère. Tandis que la directrice consulte son téléphone d'un air inquiet, Nick s'excuse auprès de ma mère de devoir partir si tôt.

Tout ça ne me dit rien qui vaille. Je songe à me planquer. Trop tard, ma mère m'a vue.

— Shayne, il n'est pas question que, toi, tu montes dans cette voiture.

La directrice West me lance un regard soupçonneux.

— Agent Davies, je vous en prie, dites-moi que vous n'avez rien à voir avec l'effondrement d'un bâtiment qui a eu lieu dans la journée.

— On va chercher plus de bière, dis-je à ma mère. Pour les parties de poker.

— Shayne. La police a trouvé un cadavre dans le bâtiment, déclare Nick, avant d'ajouter d'un ton lourd de sens : À deux pas de Belle Isle.

Sans cesser de marcher vers ma voiture, je sors d'une traite :

— Madame la directrice, je voulais vous dire, je n'en reviens pas que vous soyez venue et que vous m'ayez fait tous ces merveilleux compliments, merci du fond du cœur, c'est un honneur de travailler pour vous, je vous respecte à fond, et Elvira vous admire.

— À fond ! bafouille la petite sorcière.

Je m'installe au volant.

— Et, Nick, merci pour ton discours malsain et graveleux sur mon arrière-grand-mère.

Là-dessus, je claque la portière, fais démarrer le moteur et disparais dans un nuage de poussière.

Chapitre 12

Durant la demi-heure de trajet jusqu'au centre-ville, je mens à Elvira, enfin, travestis *légèrement* la vérité. Pour elle, Brenner m'a demandé de le rejoindre après son service afin d'avoir une petite « conversation ». Je savais qu'elle serait partante. Outre l'argent, les hommes, la mode, les fêtes, les fringues de soirée, les pâtisseries et les cadeaux, jouer les ailières de l'amour est son activité favorite.

— Allez ! insiste-t-elle. Aide-moi juste à comprendre. Ça devrait être facile.

— Un comble venant d'une dragueuse en série dont la plus longue relation a duré treize heures, et seulement parce que vous étiez côte à côte dans le même avion.

Nous venons de passer devant le pont MacArthur. Je me mets à scruter les noms de rues le long de Jefferson Avenue. En consultant mon téléphone, je vois le point de rencontre avec Brenner apparaître. Elvira baisse le chauffage.

— C'est ce que je dis. Je n'ai pas beaucoup d'expérience, mais toi, si. Tu as logé avec certains de tes ex. Tu es fiancée. À force, tu dois savoir ce que tu veux et, si tu me dis que c'est Brenner que tu veux, j'aimerais juste savoir pourquoi.

— Et pourquoi faudrait-il une raison ?

— Mais parce que ! Tu es entourée d'hommes forts, puissants…

— Brenner est fort ! Tu le trouves faible ?

— D'accord, il est peut-être fort, mais tu ne vas pas me dire qu'il est dominant.

J'émets un grommellement.

— « Dominant ». Tu veux une bonne raison ? Il n'est pas dominant justement. En tout cas, pas comme vous le concevez tous.

— Comment, alors ? Quelle autre forme de dominance existe-t-il ?

— Je ne sais pas. Peut-être le genre qui ne se frappe pas le torse du poing en grognant chaque fois qu'on le contrarie. Le genre qui se montre fort, mais surtout pour les autres et moins pour lui-même. Pourquoi pas un dominant d'une générosité sans limites, d'une loyauté sans faille, qui se soucie davantage de faire ce qui est juste plutôt que de récolter des lauriers ? Un dominant qui serait tout l'inverse de moi ?

Sentant mes joues s'enflammer, je m'apprête à baisser le chauffage… Ah oui ! Elle s'en est chargée.

Un silence s'installe. Gênée par mon débordement, je jette un regard noir à mon amie, qui me regarde avec un grand sourire niais.

— Je ne le dirai qu'une fois, et c'est non négociable. Tu dois me laisser dessiner ta robe de mariée.

J'écrase le frein.

— Dehors. Tout de suite.

— J'ai toujours rêvé d'endosser le rôle d'une marraine bonne fée. J'ensorcellerai tous les oiseaux et les écureuils autour de chez moi pour m'aider à confectionner ta robe.

— Tu sais le plus triste ? Je parie que tu ne plaisantes pas.

Je la vois sur le point d'éclater de rire, mais elle ferme subitement la bouche, une lueur inquiète dans le regard.

— On vient de franchir une barrière magique.

— Quoi ? (Je ralentis et regarde derrière moi comme si je pouvais voir ladite barrière.) Où ça ?

Angoissée, elle demande d'une voix suraiguë :

— Shayne, pourquoi est-ce qu'on vient de franchir une barrière magique ?

— À toi de me le dire. Quel genre de barrière ? La même qui protégeait l'entrepôt ?

Elle serre les poings comme une enfant grognonne.

— On n'est pas là pour papoter avec Brenner, n'est-ce pas ? C'est pour le *travail.*

— D'accord, pardon de t'avoir menti. Brenner a une piste sur la maison du tueur. On le retrouve sur place... chère marraine, ajouté-je après coup pour l'amadouer.

— Je ne peux plus vous aider, Shayne. Je te l'ai déjà dit.

— Mais tu as été fantastique ce matin. Je te promets que ce sera fastoche ce coup-ci. Personne n'en saura rien. T'auras juste à me dire si tu sens des trucs magiques, c'est tout.

Elle ne m'écoute pas, visiblement préoccupée.

— Brenner est déjà sur place ?

— Oui, il nous attend. Pourquoi ?

Elle se redresse en panique.

— C'est un système d'alarme.

J'enfonce l'accélérateur, nous collant à nos sièges. Le rugissement du moteur m'oblige à crier.

— Tu parles du sort ? Tu en es sûre ?

— Oui. Dès que Brenner l'a franchi, son auteur a été prévenu de l'intrusion.

Ce quartier riche regorge de somptueuses villas alignées au bord de l'eau, leurs petits pontons privés se jetant dans la rivière comme autant de doigts tendus. En face, la forme fine et sombre de Belle Isle se découpe dans la brume.

J'ai à peine le temps de me ranger derrière sa voiture que Brenner en bondit pour courir à ma portière. Je baisse la vitre et plisse les yeux à cause de la bruine.

— C'est la maison suivante, m'informe-t-il en tournant déjà les talons. Je n'ai vu personne. Il s'agit de villas de vacances, elles sont vides en cette saison.

— Brenner, attendez. On nous a grillés. Elvira a détecté une barrière magique en arrivant. Un système d'alerte.

— Il sait que nous sommes là ?

— En tout cas, quelqu'un est au courant. Peut-être en route à l'heure qu'il est.

— Peut-être pas, me contredit-il. Je suis là depuis une heure.

Je me tourne vers Elle, qui se contente de hausser les épaules.

— On va juste jeter un coup d'œil par les fenêtres, m'assure-t-il avant de partir.

— On va juste jeter un coup d'œil par les fenêtres, répété-je à mon amie avant de suivre Brenner sous la pluie.

J'entends les claquements de talons d'Elvira derrière moi.

— « Fastoche », siffle-t-elle.

— Je te promets.

— Je ne suis pas comme Oliver. Je ne peux pas survivre sans ma famille, et par « famille », j'entends « fortune ».

Sur ce point, je la rejoins à cent pour cent. Elvira serait incapable de survivre hors de sa bulle bling-bling. Ça ne me dérange pas. C'est sa personnalité, et je l'adore – comme tout le monde d'ailleurs. Néanmoins, j'ai tout intérêt à la pipeauter sur ce coup, d'autant qu'elle ne résiste jamais à un bon discours nunuche.

— Vraiment, Elle ? Je vais être honnête, ça me fout les boules.

— Quoi ? demande-t-elle, apeurée.

— La façon dont tu te dénigres tout le temps. « Oh ! j'ai besoin de mon argent, de mes fringues, de mes fêtes, de mes bons petits plats. »

— Mais oui ! C'est trop demander ?

Je jette un coup d'œil à Brenner. Arrivé devant la villa, il colle son nez à la fenêtre, les mains en œillères, pour regarder à l'intérieur. Pressée de conclure ma conversation avec Elvira, je décide de mettre le paquet.

— « Trop demander » ? Tu ne comprends pas. C'est loin de suffire ! Tu vaux tellement mieux, et ça m'énerve que tout le monde en ait conscience sauf toi.

— « Tout le monde » ? répète-t-elle d'une petite voix.

— Et je ne parle même pas de ton pouvoir ultraclasse. J'en suis verte de jalousie.

Elle reste muette. Ça m'arrange, car Brenner disparaît derrière la maison pour se rendre dans le jardin. Point de vue procédure, il entre maintenant dans une zone grise. Le fait que cette villa appartienne à Titus Paul ne constitue pas un motif suffisant pour fureter sur la propriété. Il lui faudrait clairement un mandat pour entrer. Mais il a flairé une piste ; il ne laissera pas des formalités l'arrêter.

En temps normal, je suis la première à ignorer les démarches fastidieuses. Là, cependant, on parle de Titus Paul. Si on fait un pas de travers, l'ogre deviendra le cadet de nos soucis. Moi, je recevrai sans doute un simple avertissement, mais Brenner… Disons qu'un accident est vite arrivé.

L'arrière de la propriété allie luxe et confort, avec des terrasses dallées, un âtre en galets et un jardin en pente menant au ponton. La terrasse couverte est sombre sous le ciel nuageux. Nous progressons à petits pas pour ne pas heurter les chaises et les tables. À travers la vitre de grandes portes-fenêtres, je pense discerner une cuisine, mais il fait noir comme dans un four à l'intérieur.

— Je ne vois rien, marmonne Brenner. Il n'y a pas une lumière, pas un bruit.

— Vous n'avez pas de mandat, lui rappelé-je.

— Mais j'ai un motif valable, réplique-t-il. Le propriétaire possède un entrepôt où un cadavre vient d'être retrouvé. C'est une raison suffisante pour inspecter ses autres propriétés.

Elvira se glisse entre nous.

— Quelles propriétés ? Les propriétés de qui ?

Eh merde ! si elle apprend que la villa appartient à Titus Paul, elle courra se planquer sous le siège de ma voiture. D'un regard appuyé, je dissuade Brenner de parler et réponds :

— Je doute que le juge y voie un motif valable. À moins que vous ayez une raison de soupçonner un danger immédiat. Une porte laissée ouverte, un bruit suspect à l'intérieur...

J'adresse un signe de tête discret à Elvira. Brenner se tourne vers elle, plein d'espoir.

— Vous pouvez faire ça ?

Elle esquisse un pas en arrière. J'interviens avant qu'elle puisse refuser.

— Laissez tomber, Brenner. On ne va pas lui faire courir davantage de risques. Je lui ai promis. Il faudra nous contenter de le signaler au Central.

Mes tergiversations le déconcertent.

— Mais ça prendra une journée entière ! On est sur place, et Kimberly Wright est peut-être vivante.

Sans le savoir, il vient de jouer son rôle à la perfection. À présent déchirée, Elvira se tient le visage à deux mains.

— Attendez, dit-elle.

Brenner fait volte-face en entendant le déclic d'un verrou. L'une des portes-fenêtres s'entrouvre sans bruit. Dans la cuisine, un verre à vin tombe et se brise sur le parquet. Je prends l'air estomaquée.

— Elle, tu n'es pas obligée de…

— Chut ! Allez-y. Dépêchez-vous.

Arme au poing, Brenner se précipite à l'intérieur et entreprend d'inspecter la villa pièce par pièce, ouvrant les portes à la volée, vérifiant penderies, baignoires, buanderie, garage. J'explore un couloir et une chambre parentale, Elvira sur les talons. Même avec ma vision nocturne, j'y vois à peine ; pour Elle et Brenner, ce doit être le noir total.

— Qui est peut-être vivante, Shayne ? chuchote-t-elle. Il y a une autre fille ?

— Oui.

— À qui appartient cette maison ?

Terrain miné. Je change de sujet.

— Jette un coup d'œil dans la cheminée.

— Pas question, s'indigne-t-elle. C'est toi l'agent secret !

— Agent *spécial*. Pousse-toi.

Elle se crispe quand je la tire par l'épaule.

— Aïe ! Fais gaffe.

Mes griffes de renarde se sont allongées. Leurs pointes la piquent à travers sa veste.

— Ça va, je t'ai à peine touchée.

Alors que j'inspecte le conduit de la cheminée, Elvira pousse soudain un cri de stupeur. Je sursaute et me cogne la tête aux briques. Ignorant la douleur, j'accours auprès d'elle. Je la trouve figée, bouche ouverte, sur le seuil d'une porte baignant dans la lueur bleutée de fenêtres battues par la pluie.

— Tu as vu ce dressing ? souffle-t-elle, émerveillée.

Je lui plante les griffes dans l'épaule. Elle glapit de douleur. Au même instant, la voix de Brenner résonne à l'étage.

— Ici ! En haut !

Je gravis l'escalier à toute allure.

— C'est Kimberly Wright, révèle-t-il d'une voix étranglée.

Déboulant dans un vaste loft, je distingue la masse sombre d'un corps étendu sur une table. Brenner, silhouette noire dans la pénombre, la regarde, une main collée sur la bouche.

— Je ne comprends pas. À l'odeur, elle devrait être morte depuis des jours.

— Ce n'est pas l'odeur d'un cadavre, expliqué-je. C'est celle d'un ogre.

D'un coup, la table s'élève, renversée par une silhouette gigantesque cachée dessous. Avec un rugissement effrayant, le colosse se rue sur Brenner, déviant son pistolet vers le plafond au moment du coup de feu. Je comprends aussitôt qu'il s'agit de Fencher. Non seulement il est atrocement laid, mais sa tête entière – son crâne chauve, son front proéminent, sa mâchoire carrée – paraît forgée dans l'acier.

Coinçant le cou de Brenner dans son bras, il le soulève à plus de cinquante centimètres du sol. L'inspecteur se débat en laissant échapper un gargouillis étranglé.

En trois foulées, je franchis la distance qui nous sépare, me laisse glisser entre les jambes de l'ogre et, pivotant pour m'accroupir, lui enfonce mes griffes dans les tendons. Dans un hurlement de douleur, Fencher tombe à genoux, faisant trembler tout l'étage.

Retrouvant le sol de la pointe des pieds, Brenner lui loge son genou dans le ventre, avant de lui rouer le visage de coups de coude jusqu'à se libérer. Entre-temps, j'ai sauté sur le dos de Fencher pour tenter de plonger mes griffes dans sa jugulaire, mais il se retourne d'un bond, me projetant derrière un canapé.

Brenner se déchaîne, lui crible les genoux de coups de pied pour le mettre à terre, puis lui matraque la figure. Un temps sonné, Fencher balance son poing au hasard. Brenner esquive le coup et riposte avec un crochet à la mâchoire. Malheureusement, il s'est trop rapproché. L'ogre empoigne sa cravate, enroule un bras autour de son genou et se relève d'un seul coup, écrasant l'humain contre le plafond, une, deux, trois fois. Des morceaux de plâtre pleuvent, puis le panneau entier s'effondre sur eux.

Je déniche un vase, que je casse sur le dos de Fencher. Il s'échappe vers la porte en titubant. Brenner le rattrape. Engagés dans une lutte furieuse, les deux hommes passent sur le palier de l'escalier. Elvira hurle en bas. Je me jette sur Fencher, mais, déséquilibré, il bascule de côté contre la balustrade. Emportée par mon élan, je me retrouve précipitée par-dessus lui. En cherchant à m'agripper, je griffe violemment le dos de quelqu'un, puis tombe dans le vide la tête la première.

L'espace d'un horrible instant, je me sens comme en apesanteur. Le parquet semble se ruer vers moi en hurlant pour me briser les os. Puis, à la dernière seconde, une onde de magie m'enveloppe. Le sol m'attend patiemment, à quelques centimètres de mon visage. Accroupie non loin dans l'encadrement d'une porte, Elvira a les mains tendues vers moi. Le front plissé de concentration, elle me fait atterrir doucement.

Je n'ai pas le temps de la remercier, car les deux hommes dégringolent dans l'escalier, pieds par-dessus tête, en fonçant droit sur moi. Je m'écarte d'un bond au moment où ils s'écrasent au bas des marches. À ma grande surprise, personne ne s'est brisé le cou. Malgré son visage maculé de sang et de poussière de plâtre, Brenner est toujours aussi remonté et repart à l'assaut comme un forcené. Je ne peux rien faire, hormis rester à l'écart. Elvira se recroqueville derrière moi en criant.

Du tranchant de la main, l'inspecteur frappe son adversaire à la gorge. L'ogre suffoque, le souffle coupé. Brenner en profite pour attraper tout ce qui est à sa portée – cadres, lampes, tiroirs – et le lui casse sur la figure. Le géant chancelle, près de s'écrouler. Brenner lève un tisonnier pour lui porter le coup de grâce.

Soudain, une sphère scintillante apparaît entre les deux hommes. De la taille d'une balle de tennis, elle devient très vite aussi grosse qu'un ballon de plage, obligeant Brenner à reculer. Des éclairs d'énergie crépitent dans la bulle, qui semble aspirer l'air environnant. Ça ne peut pas être un tour d'Elvira. À cette portée, ce sort nous met tous en danger.

J'entends mon amie me crier quelque chose par-dessus le vacarme, puis le bruit d'un objet en fer qui tombe sur le parquet, mais toute mon attention est focalisée sur la silhouette que je discerne à travers la bulle. Il se tient tout au fond d'un long couloir. Je sais qu'il est l'auteur de la sphère de déplacement, car il a les mains tendues devant lui, paumes vers le ciel, afin d'alimenter le sort. L'effet déformant de la bulle m'empêche de distinguer nettement son visage.

Alors, une grosse explosion me projette de l'autre côté de la pièce. Les sons deviennent étouffés, comme si j'avais du coton dans les oreilles. Elvira fait de l'hyperventilation. Brenner tousse et gémit dans une autre pièce. Et je sens, plus que je n'entends, le pas lourd et pressé de l'ogre.

Il s'enfuit.

— Elvira, reste avec Brenner.

Je dois certainement crier, mais, avec le sifflement dans mes oreilles, ma voix paraît faible et lointaine. Tout en me débarrassant de mes chaussures et de mon pantalon, j'ajoute :

— Dis-lui de se diriger vers Jefferson Avenue. Prenez *ma* voiture.

À moitié déshabillée seulement, je me transforme en renarde.

Chapitre 13

Ignorant les appels paniqués d'Elvira, je me précipite dehors. Facile, le souffle a brisé toutes les vitres. Je saute par la fenêtre la plus proche, puis fais le tour de la maison à toute allure vers la rue. Avant même d'arriver devant, je sais dans quelle direction partir. Bien qu'émoussée par la détonation, mon ouïe de renarde reste plus performante qu'une oreille humaine. Je perçois sans mal un martèlement de pieds vers l'ouest. Déboulant dans la rue, j'aperçois en effet deux hommes en train de piquer un sprint vers un parc – l'un de taille moyenne mais mince, l'autre de la taille d'un ogre.

Je me lance à leur poursuite, furtive grâce à mes coussinets. À moins de se retourner, jamais ils ne se rendront compte que je les ai pris en chasse. En soi, je n'ai pas de plan précis, hormis celui de découvrir l'identité de ce sorcier. Une chose est sûre, ce n'est pas Titus Paul. Il est trop mince et trop rapide pour être un quinquagénaire bedonnant.

Je commence à gagner du terrain lorsque je vois une voiture foncer droit vers eux. Mon cœur bondit dans ma poitrine. C'est apparemment au premier qui se dégonflera, car ni les hommes ni la voiture ne changent de trajectoire. Je sursaute au moment de la collision.

La voiture leur passe à travers comme si c'étaient des fantômes. Les deux hommes scintillent puis disparaissent d'un seul coup. Le conducteur poursuit tranquillement sa route, non sans klaxonner pour me faire déguerpir. Je me jette dans des buissons sur le trottoir, frissonnant sous les gouttes glacées qui tombent des feuilles.

Un mirage. Les deux fuyards étaient une illusion que j'étais seule à voir, un leurre créé par le sorcier. J'ai totalement mordu à l'hameçon et perdu la trace des vrais.

Sous le couvert des buissons, je m'ébroue. De nouvelles gouttelettes mouillent ma fourrure. J'incline la tête en tendant l'oreille. Le tintement de l'explosion s'est dissipé. J'essaie de me décontracter, fais le vide, laisse ma queue touffue retomber.

Enfin, je parviens à discerner certains éléments. Des sons.

Un léger bruit de ferraille quand la voiture qui vient de passer accélère. Nolan saurait réparer ça.

Un lointain crissement de bris de verre dans la villa. Puis deux voix. Un homme, une femme. Des murmures. Je ne distingue aucun mot, mais je sais au moins que Brenner et Elvira vont bien.

Puis j'entends des bruits de course.

Sans perdre de temps, je m'élance du buisson tel un pur-sang. Mon instinct de renarde prend le relais. Il calcule, *perçoit* la trajectoire qui me permettra d'intercepter mes deux cibles, même si elles se déplacent vite. C'est comme si un marqueur flottait dans le ciel au-dessus de leur tête. Pour le moment, ce marqueur se trouve dans la rue suivante, de l'autre côté d'une rangée de maisons.

En renarde, bien sûr, pas besoin de faire le tour, je peux traverser directement les propriétés. Mon premier obstacle : une clôture de jardin de plus de deux mètres de haut. Dopée par l'adrénaline, je me hisse avec aisance jusqu'au sommet de la palissade, puis atterris de l'autre côté sans interrompre ma course. Tandis que je file sur le gazon humide, mon cerveau de goupil évalue le meilleur moyen d'atteindre le toit. D'un bond souple, je monte sur un barbecue, passe par le sommet de la clôture et saute sur le toit. Je patine sur la fine couche de gel, mais, en m'aplatissant sur les tuiles, je parviens à grimper jusqu'au faîte.

À travers les arbres qui bordent la route, j'aperçois les deux hommes en train de courir vers une voiture – une Mercedes blanche. Pas une trace de givre sur son toit et ses fenêtres ; elle n'est pas garée là depuis longtemps. C'est leur porte de sortie.

La rue donne directement sur Jefferson Avenue, l'artère principale. Je n'arriverai pas à poursuivre la voiture, mais je pourrais peut-être gagner l'avenue à temps pour voir dans quelle direction ils iront. Avec un peu de chance, Elvira est en train de pousser Brenner vers ma voiture. S'ils ne viennent pas très vite me récupérer, on perdra définitivement nos suspects.

D'un bref coup d'œil, je constate que les toits m'offrent un accès direct à l'avenue. Les maisons sont trop espacées pour un humain, mais ma renarde devrait s'en sortir. Il n'y a qu'un moyen de le savoir. Je m'élance sur la cime du toit, attends le dernier moment, puis prends appui sur le rebord pour me propulser dans le vide. J'atteins sans mal le toit suivant, mais, emportée par mon élan, dérape sur les tuiles verglacées. Après une brève glissade ponctuée de deux culbutes, je heurte la gouttière, évitant de justesse une longue chute.

Les deux sauts suivants se font sans encombre, mais la quatrième maison est plus haute que les autres. Trop tard pour m'arrêter. Je bondis de toutes mes forces. Seules mes pattes avant touchent le toit ; le bas de mon corps s'écrase contre le mur. Je griffe frénétiquement le panneau de bois de mes pattes arrière pour trouver une prise. Je serais sûrement tombée si un chien ne s'était pas mis à aboyer férocement juste en dessous. Je vous jure, mon cœur bondit si fort qu'il me hisse presque sur le toit.

Laissant cette maison de l'enfer derrière moi, j'entends les portières de la Mercedes blanche se fermer. Son moteur s'allume, ses roues commencent à tourner. Son conducteur m'a l'air bien pressé. Je ne peux pas aller plus vite, et une demi-douzaine de maisons me séparent encore de Jefferson Avenue. Je n'y arriverai jamais.

Au même instant, un son merveilleux me dresse les poils. Le grognement rauque et gras d'un pot d'échappement dans la rue derrière moi. Ma Fusée. Elle pousse un puissant rugissement… avant de se taire abruptement.

Brenner! Je sais d'où vient le problème. Trop hésitant sur l'embrayage. Ce n'est pas une Volkswagen. Il faut lui montrer qui est le patron.

Le moteur rugit de nouveau et, cette fois, survit au passage en première, même si les pneus patinent un instant. Peu importe, au moins, il la fait rouler.

Je descends de la maison du côté de la Mercedes et me précipite au milieu de la rue, juste à temps pour la voir tourner à gauche sur Jefferson. Je prends de l'avance en courant le temps que ma Fusée me rejoigne, puis saute dedans par la fenêtre ouverte côté passager, avant de reprendre forme humaine. Assise derrière, Elvira m'envoie aussitôt mes vêtements.

—À gauche sur Jefferson, une Mercedes blanche, dis-je en enfilant le chemisier alors que le feu passe à l'orange à l'intersection. Continuez! Foncez!

Brenner change de vitesse, ignorant les gémissements de protestation du moteur.

— Mollo ! je crie. Ne rétrogradez pas. Laissez-la au point mort, attendez qu'elle assimile.

Le feu est rouge. Brenner maltraite le levier de vitesse, arrachant de nouveaux couinements à la voiture. Le moteur se coupe en plein virage, nous envoyant dans un lent tête-à-queue au milieu du carrefour. Un concert de Klaxon nous hue.

— Dégagez ! je lui intime en mettant le jean blanc.

Alors qu'il se jette sur la banquette arrière avec un grognement de douleur, je remarque de longues plaies sanguinolentes dans son dos. C'est donc lui que j'ai griffé en passant par-dessus la rambarde. Les excuses devront attendre. Je m'installe au volant, adresse un doigt d'honneur aux nerveux du Klaxon, puis prends l'avenue vers l'ouest.

Je repère la Mercedes au moment où j'atteins les cent cinquante kilomètres à l'heure. Elle s'engage sur la bretelle de la 375 en direction du nord. Je dois écraser le frein et couper deux voies pour la suivre. Une fois mêlée à la circulation, elle reste sur la voie de droite, sans doute pour emprunter ensuite la 75 vers l'ouest. De là, elle prendra certainement la 94 vers la 1 pour quitter le centre-ville. Son conducteur ne dépasse pas la vitesse autorisée et ne cherche pas à nous semer, offrant à ma voiture et à mon cœur un agréable moment de répit.

— Je les vois, dis-je à Brenner par le biais de mon rétroviseur. Restez sagement assis.

Il se contente de grogner en réponse.

— Il a mauvaise mine, m'informe Elvira. Il est… Je crois qu'il va me vomir dessus.

— Brenner ? Vous êtes avec nous ?

J'ajuste le rétroviseur pour le voir, avachi sur la banquette. Sa tête cogne contre la fenêtre, laissant des traces vermeilles sur la vitre. Une épaisse couche de plâtre, de poussière et de sang lui couvre le visage et le cou. Un filet de sang rouge vif s'échappe de son arcade sourcilière fendue. Sa chemise est en loques, sa cravate de traviole. Il grimace de douleur en essayant de toucher les lacérations dans son dos, puis s'évanouit sous le coup de l'effort.

— Tu peux faire quelque chose, Elle ? je demande. Aurais-tu des talents de guérisseuse cachés en plus du reste ?

— Non. Je ne saurais pas… même s'il… (Elle panique, incapable de formuler une phrase.) Oh ! je peux lui donner une bonne odeur.

— Parfait, ce sera super utile.

— Ben, désolée ! La sorcellerie et la guérison sont deux disciplines très différentes.

— Tu pourrais le sonner un peu ? Rien qu'un léger hébétement, pas la peine de le rendre ivre mort.

— Je peux essayer… En soi, j'y arriverai, mais… il y a tellement de sang.

— Vas-y.

Mes yeux vont et viennent entre la Mercedes blanche et mon rétroviseur tandis que la sorcière tend avec réticence la main vers Brenner.

— Allez. Il faut lui toucher la peau pour le sort, pas vrai ?

Elle esquisse une moue de dégoût quand ses doigts entrent en contact avec le sang. Je ne vois plus sa main dans le miroir.

— Ça y est, tu as commencé ? Ça fonctionne ?

— Une minute, d'accord ? Sur un humain, je ne sais pas combien de temps… (Elle marque une pause.) Oh !

Le corps de Brenner s'affaisse de soulagement. Il reprend conscience, cligne des yeux pour chasser le sang, puis respire profondément.

— Beaucoup mieux, gargouille-t-il. C'est…

Trop groggy pour en dire davantage, il se contente de hocher la tête en signe de gratitude. Un sourire satisfait s'étire sur les lèvres d'Elvira. Elle semble épatée par ses propres prouesses. J'accroche son regard dans le miroir.

— Tu vois ? Trop forte.

Elle part d'un rire moqueur.

— Tu plaisantes ? Toi, tu as attaqué un géant, volé par-dessus une rambarde, poursuivi les suspects. (Elle pointe Brenner d'un doigt ensanglanté.) Et vous ! Un ogre aurait dû… Vous devriez être mort !

— J'y travaille, gémit Brenner. Vous avez autre chose ?

— Comme quoi ? demande-t-elle.

— Un coup de fouet. (Il grimace de douleur en essayant de se redresser.) Un truc pour m'aider à tenir. Un électrochoc. N'importe quoi.

— Elle peut vous donner une bonne odeur, ironisé-je.

— « Un électrochoc » ? répète-t-elle. Comme une décharge ?

— Vous en seriez capable ?

— Oui, mais…

L'idée semble la mettre mal à l'aise. Je devrais sans doute m'inquiéter, au moins autant qu'elle, mais Brenner encaisse les trempes comme personne. Je connais des loups-garous qui seraient déjà rentrés lécher leurs blessures après une telle rouste. Lui, il n'a qu'une envie : retourner à la castagne. Quoi qu'Elvira lui prépare, il peut le supporter.

Sans surprise, il lui saisit la main et la colle sur son torse nu. Aussitôt, il se cambre violemment sur son siège, se cogne contre la portière, contre le plafond. Elvira hurle de frayeur. Brenner pousse un cri de stupeur et de douleur mêlées, puis se remet très vite en secouant la tête. Il prend une longue inspiration, les dents serrées. Ses yeux sont maintenant grands ouverts, alertes, concentrés. Il vient alors s'installer devant, sous le regard à la fois médusé et ébloui d'Elvira.

Je sens comme une bouffée de fierté à voir enfin une autre personne le regarder de cette façon. *Eh ouais ! il assure comme une bête.*

Il désigne la Mercedes blanche.

— Rattrapez-les.

— Vous voulez qu'il nous voie ?

— Je veux que ce salopard voie ma tête, grommelle-t-il.

À l'intensité de sa voix, je comprends qu'il est inutile de le raisonner. D'un coup d'accélérateur, je me rapproche de l'autre voiture. Comme je l'avais prédit, nous quittons le centre-ville par la 1 en direction du nord. La Mercedes roule tranquillement, sans changer de voie. On les croirait juste partis en virée. Même quand ma voiture n'est plus qu'à quelques mètres de leur pare-chocs arrière, ils ne semblent pas s'alarmer.

À l'inverse, l'anxiété d'Elvira croît à mesure que nous approchons. Blottie derrière mon siège, elle ne cesse de jeter de petits coups d'œil par-dessus mon épaule.

— Et s'il me voit ? Je dois sûrement le connaître, non ?

— C'est à moi que tu poses la question ?

— Un sorcier, à l'évidence d'une famille riche. Je le connais forcément.

C'est même certain si le conducteur s'avère appartenir à la famille Paul. À l'instar de Madison West, les Paul font figure d'institution dans la communauté des sorciers, quoique davantage craints que respectés. Je ne les ai jamais rencontrés – jamais un Paul ne mettrait les pieds dans des lieux comme le *Skinny's* ou l'*Occulte*. Comme les Harrington, c'est une grande maison, une vieille fortune. La moitié des familles du sud du Michigan doivent descendre de leur lignée depuis le temps.

Brenner s'empare de mon portable sur la console afin de communiquer le numéro de la plaque d'immatriculation au central de police.

— C'est bien celle-là. Une Mercedes blanche, confirme-t-il.

En attendant la réponse, il me fait signe de m'avancer à leur niveau, côté passager. Je redoutais cette demande.

— À mon avis, ce n'est pas une bonne idée. Nous ignorons qui est le conducteur. Je vous ai déjà parlé du souci avec les sorciers. Nous devons nous montrer prudents.

— Mais c'est l'ogre que nous poursuivons ! s'emporte-t-il. On fera mine de ne pas savoir qu'un sorcier était dans le coup. C'était le plan, non ?

Je lâche le volant.

— Oui, mais...

— C'était *votre* plan. C'est *vous* qui l'avez dit.

— D'accord ! Calmez-vous, bon sang !

Je me déporte sur la voie de droite en accélérant et rattrape peu à peu la Mercedes. Brenner me relaie les informations que lui donne le Central :

— Enregistrée sous le nom de Roi ? Quoi ?

— « Roi » ? je répète, incrédule.

— « Roi » !? s'écrie Elvira avec horreur. Comme dans...

— Roi Paul, déclare Brenner.

Elvira se jette au pied de la banquette avec un croassement terrifié.

— Roi Paul, Shayne ? Roi Paul !

Je suis perdue.

— Il s'appelle « Roi » ?

— Il s'appelle Paul ! glapit-elle. C'est tout ce qui compte.

Nous roulons juste à côté de la Mercedes à présent. À quelques mètres de ma fenêtre, le visage couvert de bosses, de contusions et de sang, Ronny Fencher fixe sur nous un regard noir. Bouillonnant de colère, il foudroie Brenner de ses yeux perçants. Penché en avant, les épaules droites, l'inspecteur lui rend son regard. Je me sens invisible entre les deux.

Derrière Fencher, un homme plus jeune, sans doute de l'âge d'Elvira, manie le volant d'une main avec détachement. Roi Paul ne ressemble pas du tout à ce que j'imaginais. Il n'a ni la beauté que les gens friqués peuvent se payer, ni la laideur qu'ils peuvent s'autoriser. Il dégage quelque chose de *bizarre* ; un air distrait, oublieux, très perturbant. Au début, je l'attribue à sa tête, avec ses cheveux ondulés négligemment rejetés sur le côté, ses gros binocles et… sa moustache. Pas un bouc, ni une barbe, non, une vraie moustache digne d'une série policière des années 1980.

Quoi qu'il en soit, ce n'est pas sa tête le plus déconcertant, mais son regard vide d'expression. Totalement passif. Nous venons d'essayer de nous entre-tuer, pourtant il paraît blasé au volant de sa voiture, les yeux braqués sur la route, sans nous accorder un regard. En mode zéro souci. Non, ce n'est pas tout à fait exact. Il semble se soucier de ce qu'il entend à la radio ; il soupire et se penche pour changer de station.

Pendant ce temps, Brenner agrippe le tableau de bord au point de le faire grincer. Fencher donne des coups de boule dans sa fenêtre. L'inspecteur frappe le tableau de bord du poing. Franchement, si je baissais ma vitre, ils se jetteraient l'un sur l'autre. Je freine d'un coup pour repasser derrière.

— OK, arrêtez de vous faire les yeux doux, c'est malsain.

— Ne les lâchez pas, me rappelle-t-il inutilement.

— Ça risque pas. Ma petite Bunica conduit plus vite que ce mec. Pourquoi prennent-ils leur temps ?

La petite voix d'Elvira monte du sol, derrière.

— Parce qu'on parle de Roi Paul. Il est intouchable.

Même si, en soi, elle a parfaitement raison, je décide de rassurer Brenner.

— Certes, mais, faut pas abuser, il ne peut pas non plus assassiner des femmes à sa guise. Leur réputation va en pâtir.

— Ça n'aura pas d'importance, geint-elle.

L'inspecteur essuie son visage ensanglanté d'un revers de manche.

— Je me fiche de son statut. La morale reste la morale, même pour les occultes.

J'entends presque mon amie lever les yeux au ciel lorsqu'elle m'avertit :

— Shayne.

Je sais ce que ça veut dire. C'est Brenner qui l'inquiète, pas moi. Je me sens prise entre un énorme marteau et une gigantesque enclume. Il est temps de changer de sujet.

— C'est qui le mec qui conduit comme un papy ? Tu le connais ?

Elle daigne sortir de sa cachette et s'allonge sur la banquette arrière en lissant sa robe.

— Crois-moi, il n'y a rien à connaître. C'est la personne la plus ennuyeuse du monde. Je ne le croise qu'à la fête de Noël que ses parents organisent tous les ans, et il ne souffle pas un mot de la soirée, même quand on lui adresse la parole. Natalie m'a raconté qu'un jour elle lui a demandé s'il se plaisait à sa fac. Il ne s'en vante pas, mais il est en licence à l'université du Michigan parce qu'il n'a pas réussi à intégrer Princeton, ce qui n'a d'ailleurs surpris personne...

— Un Paul jarté de Princeton ? C'est l'idiot de la famille ou quoi ?

— Tout l'inverse ! répond-elle en prenant sa voix de commère. Il est *trop* intelligent. Enfin, je ne sais pas si c'est vrai, mais lui...

— Il en est convaincu.

— Exactement. Genre, il se montre hyper condescendant, même envers ses profs.

— Un mec qui s'appelle « Roi » ? Nooon.

— Clair ! Donc elle lui demande – Natalie à la soirée de Noël – elle lui demande comment ça se passe, tu vois, histoire d'être polie...

— De faire de la lèche, la corrigé-je.

— Et, lui, il ne dit rien. Il se contente de la dévisager avec ses binocles qui lui font des yeux énormes. D'après elle, quelqu'un a révélé à la meilleure amie de sa cousine, qui le lui a répété ensuite, que Roi Paul se considère au-dessus de ces mondanités, mais pose-lui une question sur les forces du mal, ou sur la magie noire, et il est intarissable.

— Génial ! Un Mr Darcy morbide et trois fois plus orgueilleux, sauf qu'à la place de la bienveillance et de la loyauté cachées on a droit à une moustache.

Brenner capte mon attention d'un coup de coude.

— Il y a du nouveau.

À l'approche de l'intersection suivante, la Mercedes change en effet de voie avec le clignotant à gauche.

— Il tourne sur Seven Mile Road, annoncé-je.

Elvira laisse échapper un gémissement.

— Palmer Woods. Il rentre chez lui. Je ne peux pas y aller. On va passer devant chez moi.

Je connais Palmer Woods. Tous les habitants de Détroit ont fait au moins une fois le tour de ce quartier chic pour se pâmer devant ses demeures historiques à moitié cachées derrière de grands arbres séculaires, et ses longues allées nichées au milieu de pelouses aussi grandes que des terrains de foot. Outre la richesse évidente de ses résidents, Palmer Woods est surtout connu pour son aménagement unique. Les rues sillonnent un paysage verdoyant, sans trottoir pour séparer la chaussée du gazon. On croirait presque se balader dans un parc. Je talonne la Mercedes sur l'une de ces routes sinueuses.

À en juger par son air troublé, Brenner n'avait encore jamais mis les pieds dans ce quartier.

— C'est quoi cet endroit ?

Je réfléchis à la meilleure façon de le lui expliquer.

— Vous connaissez Grosse Pointe ?

— Une banlieue de riches.

— Voilà, mais, là-bas, ils sont juste riches. Ici, à Palmer Woods, il faut être plein aux as. La famille d'Elvira habite ici depuis cent ans.

— Et j'adorerais y vivre cent ans de plus, souligne-t-elle. Donc, si on pouvait faire demi-tour et rentrer au parc de mobil-homes, s'il vous plaît.

À l'intersection suivante, Roi Paul abat enfin ses cartes. Sa Mercedes blanche se dédouble subitement, me faisant loucher. Il y en a maintenant deux, identiques. L'une tourne à gauche, l'autre à droite. Brenner et moi jurons d'une même voix :

— Eh merde !

— Quoi ? demande Elvira.

— Un leurre magique. Il a créé une copie de sa voiture. Laquelle je dois suivre ?

Elle gémit de plus belle :

— Aucune. Fais demi-tour et allons-nous-en.

— Elle ! magne-toi. Par où on va chez les Paul ? À gauche ou à droite ?

Après un bref coup d'œil par la fenêtre, elle répond :

— Les deux.

— Parfait.

Je prends à gauche et accélère. Au moment où je rattrape la Mercedes au croisement suivant, la voiture se dédouble encore pour partir dans deux directions différentes. Je frappe mon volant.

— Putain ! quelle route ?

— À droite, m'indique la sorcière. Va tout au bout, la route se termine sur l'allée qui mène à leur propriété.

— Ras le bol de ses petits jeux. Je parie que c'est du bluff.

Pied au plancher, je cravache ma Fusée. Nous nous rapprochons à toute allure de la Mercedes. Beaucoup trop vite. Brenner se cramponne.

— Allez-y.

Il ferme les yeux au dernier instant...

Et nous passons à travers la voiture, qui s'évanouit aussitôt. Nous sommes seuls sur la route. Je décide de mettre toute la gomme. Elvira tombe au pied de la banquette en hurlant. Les arbres défilent autour de nous dans un flou indistinct.

— Là ! s'écrie Brenner en désignant la Mercedes, qui fonce dans une rue perpendiculaire à la nôtre.

Elle gagne avant nous l'allée d'une immense propriété. Je m'y engage la seconde d'après en lui collant au cul. Un détail me chiffonne cependant. Je ne vois que Roi Paul à l'intérieur. Le siège passager est vide. Brenner martèle sa fenêtre du poing.

— Il s'est fait la malle ! Il a laissé Fencher descendre. Faites demi-tour.

— Minute, c'est peut-être encore une illusion.

Pas cette fois. Nous percutons le pare-chocs de la Mercedes à l'entrée d'un rond-point en brique. Elle zigzague sur quelques mètres, puis se range devant l'entrée principale d'une demeure de style Tudor. Roi Paul saute de voiture et s'éloigne d'un pas rapide sous des arcades en pierre.

Brenner dégaine son arme en ouvrant sa portière. Je tente de le retenir.

— Non ! On va rebrousser chemin pour trouver Fencher.

Trop tard. Il bondit dehors et crie au sorcier :

— Police de Détroit ! Arrêtez-vous !

Il s'élance à son tour sous le porche en pierre.

— N'y va pas, Shayne, me supplie Elvira.

Je descends pour rattraper Brenner. Sous les arcades, je découvre deux statues de lions postées en sentinelles de part et d'autre de l'entrée, dont la porte est grande ouverte. Brenner s'engouffre dans la maison, arme au poing. Je lui emboîte le pas dans l'écho de ma propre voix :

— Brenner, attendez une seconde, nom de nom ! On ne sait pas...

Je m'arrête. À tous points de vue : je cesse de courir, de crier, de respirer.

Nous nous trouvons dans ce qui s'appelle, il me semble, un parloir – un genre de salon pour les invités si vous voulez. Un beau feu crépite dans une cheminée en pierre. Un énorme lustre chargé de bougies pend au plafond à poutres apparentes. Il règne un silence absolu dans la pièce, pourtant pleine de monde. Une dizaine de personnes s'affairent à l'organisation d'une soirée : des employées de maison accrochent des guirlandes de Noël, une responsable événementielle coordonne l'installation de tables, un chef pousse un assortiment de gâteaux sur un chariot. Brenner est à côté de moi. Roi Paul se réchauffe les mains devant le feu. Quatre autres personnes se tiennent autour d'une table ronde. Un couple de quinquagénaires – un homme blanc et une femme noire – qui ne peuvent être que les illustres propriétaires, Titus Paul et son épouse. Puis, à leurs côtés, Madison West et Nick Sublime.

Chapitre 14

Mme Paul regarde Brenner la bouche grande ouverte, moins effrayée que scandalisée. Ses yeux semblent hurler : « Comment osez-vous entrer chez nous avec cette dégaine de chien écrasé ? Avec une arme, de surcroît ! » Titus Paul s'appuie des deux poings sur la table lustrée. Sans avoir une carrure imposante, il demeure très intimidant avec son visage parcheminé, ses cheveux grisonnants, et sa barbe à la Van Dyck. Voilà, à n'en pas douter, un homme qui obtient toujours satisfaction. Et là, ce qu'il veut, c'est que Brenner lâche son arme. D'un mouvement du poignet, il ensorcelle le pistolet pour le surchauffer. La main brûlée, Brenner lâche son arme dans un cri de douleur.

— Je souhaiterais maintenant voir votre insigne ainsi qu'un mandat, je vous prie, décrète M. Paul en le détaillant de la tête aux pieds de ses yeux perçants. Je vous inviterais bien à vous asseoir, mais je crains que…

— Moi vivante ? Jamais ! s'offusque Mme Paul.

— Voilà, énonce-t-il avec un sourire sinistre.

— Je n'ai pas besoin de mandat, rétorque Brenner. En cas de poursuite d'un suspect, je suis autorisé à entrer n'importe où. Voici mon insigne.

À mon grand dam, il balance son portefeuille à leurs pieds. Face à son incorrection, Mme Paul lâche un hoquet d'indignation, son mari se hérisse et, sans surprise, c'est sur moi que Nick Sublime fixe son regard réprobateur.

Mme Paul tape des mains pour capter l'attention de ses employés.

— Laissez-nous.

Les domestiques, l'organisatrice et le chef s'éclipsent sans discuter. Madison West ramasse l'insigne pour le rendre à mon équipier.

— L'inspecteur Brenner a raison. Les mandats ne sont pas nécessaires en cas de flagrant délit.

— « Flagrant délit », fulmine M. Paul. « Poursuite d'un suspect » ? Suspect de quoi ?

— Titus, permettez, le rabroue-t-elle en levant un doigt en guise d'avertissement.

À ma grande surprise, il se tait. Elvira avait raison : le respect que les sorciers témoignent à la directrice semble sans limites. Son ton se fait moins sévère quand elle s'adresse à Brenner :

— Nous vous écoutons, inspecteur. Et je vous conseillerais de bien peser vos mots.

On peut toujours rêver. Dès que Brenner ouvre la bouche en pointant Roi Paul d'un doigt accusateur, je décide d'intervenir :

— Nous *étions* à la poursuite d'un suspect, qui était avec lui (je désigne le jeune sorcier) il y a quelques secondes encore.

M. Paul hausse les sourcils.

— Donc mon fils n'est pas suspect ?

— Non, monsieur.

La gêne me fait serrer les dents. Je peux compter sur les doigts de la main le nombre de fois où j'ai appelé quelqu'un « monsieur ». Mais M. Paul n'est pas Alfred ; mon insolence n'aidera pas Brenner, bien au contraire.

— Merci, dit Titus Paul. Aussi, puis-je vous suggérer de dégager de ma propriété ?

Brenner se tourne vers le fils, qui continue de se réchauffer près du feu sans nous accorder la moindre attention.

— Êtes-vous Roi Paul ?

En l'absence de réponse, Madison West prend le relais.

— Puisque nous sommes tous là, inutile d'éluder la question. À moins que vous préfériez venir plus tard vous expliquer à l'Agence.

— Nous ne saurions être soumis à un tel traitement ! tempête le père.

Cette fois, c'est sa femme qui le rappelle à l'ordre.

— Titus, le réprimande-t-elle en adressant un regard contrit à la directrice, avant de se tourner vers son fils. Et toi, es-tu sourd et muet ? Réponds quand on te parle. Ne vois-tu pas dans quel embarras tu nous plonges ? Roi Paul, regarde-moi tout de suite.

Dans un premier temps, seuls ses yeux glissent vers elle, lentement. Puis sa tête suit le mouvement. Enfin, il lui fait face et, le regard plein de mépris, déclare :

— Naturellement, mère. Non, mère, je ne suis ni sourd ni muet. Oui, mère, je vois dans quel embarras je vous plonge.

Sa voix me désarçonne. Grave, riche et extrêmement suave. Presque mélodique. S'il parlait plus lentement, on pourrait même croire qu'il essaie de nous hypnotiser. Il débite ses paroles d'un flot régulier et continu, sans bredouillement. Sa manière de parler a quelque chose de glaçant – à la fois incisive et étrangement attrayante.

— C'est Ronny Fencher qu'ils poursuivaient, comme vous l'aurez deviné à l'état de l'inspecteur.

Brenner serre les poings.

— Que devineriez-vous à l'état de l'ogre ?

— Qu'il retenait ses coups, en essayant de se défendre contre une attaque gratuite.

— N'importe quoi.

— Il suffit, leur intime la mère.

Titus Paul regarde l'inspecteur en bombant le torse.

— Mon garçon, savez-vous seulement qui nous sommes ?

Je réponds pour lui :

— Il sait. Mais comprenez de votre côté, monsieur Paul, que nous avons deux filles mortes, toutes deux retrouvées sur vos propriétés, et...

Avec une théâtralité flagrante, le vieux sorcier se redresse.

— « Nous » ? « *Nous* avons deux filles mortes » ? Ce sont donc des occultes ?

Je garde le silence. Nick Sublime lève les yeux au plafond, maudissant sûrement ma grande gueule.

— S'agit-il d'occultes ? répète M. Paul.

— Non, monsieur.

— Vous représentez donc la police de Détroit ? Vous enquêtez sur les meurtres humains ?

— Non. (J'omets sciemment le « monsieur » cette fois. Connard.) Je suis agent de l'AFO, qui a entre autres pour mission de recenser les ogres. C'est mon travail. Ronny Fencher n'est pas fiché, mais je ne vous apprends rien, n'est-ce pas ?

M. et Mme Paul se raidissent. Elle lui coule un regard appuyé. Son mari, quant à lui, entreprend de s'expliquer auprès de Madison West :

— Vous savez que jamais je ne m'estimerais le droit d'obliger un ogre à se déclarer. Je ne pourrais que le lui recommander, ce que je n'ai pas manqué de faire. Devant son refus, je l'ai immédiatement congédié.

— Il y a combien de temps ? l'interroge-t-elle.

— Deux ans, au moins.

— Et vous ne vous êtes pas contactés depuis ?

Il serre les dents.

— Pourquoi diable contacterais-je un ogre hors du cadre professionnel ?

— Demandez-le à votre fiston, lâche Brenner.

Titus Paul s'empourpre, les poings sur la table, prêt à se répandre en invectives. Sa femme pose sur son épaule une main lénifiante, cependant, et prend la parole :

— Il a raison. C'est atrocement vulgaire, même pour toi, Roi.

Mère et fils se dévisagent en chiens de faïence. Une tempête d'émotions couve dans le regard de Roi : un ciel noir de honte, chargé de gros nuages de mépris où s'allument de brefs éclairs de colère. Irritée par son insolence, Mme Paul lève le menton. Je repense au discours d'Elvira sur le lien unique qu'exercent les mères sorcières sur leurs enfants. Si elle entraperçoit ses pensées, si ses secrets lui apparaissent clairs comme le jour, elle ne semble pas très impressionnée. Elle secoue légèrement la tête et soupire.

La tempête est passée. Roi renifle avec un petit frétillement de moustache, ajuste ses gros binocles et déclare :

— Un sort d'alerte m'a prévenu d'une intrusion dans la villa au bord de la rivière. En entrant dans la maison, j'ai surpris une altercation entre Ronny Fencher et un homme que nous savons maintenant être inspecteur de la police de Détroit. Si j'avais disposé de cette information alors, j'aurais peut-être agi différemment. En soi, je ne trouve pas mes déductions illogiques. Ronny étant amené à fréquenter la propriété, toujours à ma demande, sa présence n'avait rien d'irrégulier, ce qui m'a donc conduit à penser que l'intrus était un ennemi. Peut-être un cambrioleur. J'ai coupé court à leur rixe.

—Avant de prendre la fuite avec l'ogre, précise Brenner.

—Là encore, en toute logique. Comme nous l'avons indiqué, Ronny Fencher est une vieille connaissance de la famille. Sans aller jusqu'à le qualifier d'*ami*, quelle raison aurais-je de ne *pas* lui venir en aide ?

L'inspecteur hausse les épaules avec exagération.

—Ma foi, je ne sais pas. Peut-être le *cadavre* de la jeune fille étendu sur la table dans votre loft ?

—Je ne sais rien à ce sujet.

Mme Paul est furieuse.

—Un cadavre dans notre villa ? Et cet ogre, Roi ? Que fait-il régulièrement sur notre propriété ?

Le jeune sorcier semble déjà se morfondre d'ennui. Il ne fait même pas mine d'être troublé par cette histoire de cadavre.

—Il travaille au yacht-club, mère.

—Un ogre ? énonce Titus Paul, dubitatif. Non, pas dans *notre* club.

—Natalie n'oserait jamais, acquiesce son épouse.

Leur surprise m'étonne. Ronny Fencher a décroché le poste grâce à la lettre de recommandation de Titus Paul. Comment pourraient-ils l'ignorer ?

—Qu'en sais-je ? répond Roi. Quoi qu'il en soit, si le yacht-club daigne l'employer, je ne vois pas de mal à faire appel à lui. Je le sollicite donc parfois pour m'amener le bateau à la villa, afin de m'éviter un trajet inutile au yacht-club. (Il retourne devant la cheminée.) Dans tous les cas, cette affaire ne me concerne pas. Je ne suis revenu en ville que ce matin. Hier soir encore, j'étais en cours, à l'université. Toutes les salles sont munies de caméras. Vérifiez les enregistrements, vous verrez.

Brenner secoue la tête, et je comprends pourquoi. Les mensonges s'accumulent. Roi Paul essaie de se distancier des meurtres, mais nous voyons clair dans son jeu, lui et moi. La lettre de recommandation masquée ; l'entrepôt protégé par un sort ; le cadavre de Rachelle Craig préservé par magie. Ronny Fencher n'a pas pu commettre ces faits. Nous le savons.

L'ennui, c'est que nous ne sommes pas *censés* le savoir.

Malheureusement, je ne crois pas Brenner capable de jouer les ignorants plus longtemps. Il tient à coincer son meurtrier et ne reculera devant rien pour y parvenir. Je le sais, parce qu'il ne le fait pas pour lui. Il le fait pour Regina Craig – pour pouvoir la regarder en face et lui dire que l'affaire est bouclée. Il n'est pas assez égoïste pour sauver sa peau. Heureusement, je le suis assez pour deux. Je lève les mains afin d'apaiser les tensions.

— Écoutez, à l'évidence, la situation est extrêmement confuse. Mettons les choses au clair : seul Ronny Fencher est suspecté. Pour ma part, je dois seulement le ficher, rien de plus. Pour la police de Détroit, il est maintenant lié au meurtre de deux étudiantes. Il est donc assez compréhensible, à mon sens, que l'inspecteur Brenner mise tout sur cette piste.

— Et vous l'avez laissé filé, reproche-t-il au jeune sorcier.

— Attendez une seconde, Brenner, interviens-je.

Il me coupe la parole et continue de harceler Roi Paul :

— Dites-moi où le trouver. Où ira-t-il ?

Si Roi se contente d'ignorer ses questions, son père, en revanche, bouillonne de rage. Le voyant sur le point d'exploser, la directrice s'avance pour clore le sujet d'un ton sec :

— Si la police de Détroit établit elle-même un lien, c'est une chose. Des meurtres humains appellent une enquête humaine. Nous ne leur retirerons pas ce droit et nous ne leur ferons pas obstruction. Faites-vous plaisir, inspecteur. (Elle lève un doigt vers moi en guise d'avertissement.) Mais l'Agence ne les aidera pas. Mesurez-vous ce qui se passerait si la communauté de sorciers pensait que nous prenons le parti des humains contre eux ?

Je ne suis pas étonnée de l'entendre tenir ce genre de discours. En revanche, me faire réprimander devant les Paul est extrêmement humiliant. Je marmonne :

— Ils ne nous inviteront pas à leur fête de Noël.

Elle esquisse un sourire sans joie.

— Pas « nous », mademoiselle. Vous vous êtes lancée seule dans cette affaire. Vous seule en subiriez les conséquences. J'ai prouvé ma loyauté, pour ma part, et il m'en a coûté bien plus que de jeter un renard en pâture aux loups, croyez-moi. Pour une fois, évitez de jouer avec le feu.

Je sais pourquoi elle se montre si sévère. Néanmoins, après le discours émouvant qu'elle a tenu pour mon anniversaire, ses reproches me blessent. Ils ont le mérite de porter leurs fruits, cela dit. Titus Paul semble quelque peu apaisé.

Voyant que la directrice attend une réponse de ma part, je bafouille :

— Oui, madame.

Derrière elle, Nick Sublime me félicite d'un hochement de tête : « Brave fille. »

Mme Paul claque des doigts pour exiger l'attention de Roi.

— Ne sois pas insolent. Raccompagne-les à la porte.

Brenner ne l'entend pas de cette oreille. Il ramasse son arme et quitte la pièce sans un mot. Mme Paul secoue la tête avec dédain.

— Est-il vraiment nécessaire, madame la directrice, que la police humaine soit au courant de notre existence ?

West répond promptement, mais ses paroles me sont destinées.

— « Nécessaire » ? Non. Utile ? Cela reste à voir. Il ne s'agit encore que d'un essai. N'est-ce pas, agent Davies ?

Mme Paul persiste :

— Sans prétendre mieux savoir que vous, Madison, il me semble assez imprudent...

Lasse de son arrogance, je lui coupe la parole :

— Bon ! je vous laisse régler les détails. Très belle baraque. Faudra que je vous invite un de ces jours dans mon parc de mobil-homes. La directrice West est passée nous faire un coucou pas plus tard que cet après-midi. N'est-ce pas, madame la directrice ?

Les deux époux semblent choqués de l'apprendre. Nick Sublime se mord la lèvre inférieure. La directrice s'autorise un ton plus chaleureux lorsqu'elle opine :

— Tout à fait. Charmant.

Je me tourne vers Roi Paul en haussant les sourcils.

— Alors, vous me raccompagnez à la porte ou pas ?

D'un pas lent, presque tranquille, comme si nous allions flâner dans le jardin, Roi Paul me reconduit dehors. Une fois la porte d'entrée refermée derrière nous, il dit :

— Vous m'impressionnez presque, agent Davies. C'est un compliment, croyez-moi.

— Oh ! sans souci. Tous les grands compliments nécessitent cette précision.

Il esquisse un sourire.

— Vous êtes une véritable funambule. Vous savez jongler entre les rôles selon votre auditoire. Vous jouez sur tous les fronts en même temps.

— Mais pas aussi bien que vous, n'est-ce pas ?

Il hausse les épaules.

— Question de point de vue. Vous venez seulement de rencontrer ma mère. Moi, j'ai une vie entière d'expérience : « Oui, mère. Naturellement, mère. » (Il m'invite à marcher.) Vous habitez vraiment dans un parc de mobil-homes ?

— Vous allez vraiment en cours ?

— Vérifiez les enregistrements.

— Je sais, vous l'avez déjà dit.

Il grimace.

— Vous continuez de jouer sur tous les fronts.

— Hé ! je cherche juste à « presque » vous impressionner, vous avez oublié ?

Il s'arrête brusquement pour planter dans mes yeux un regard troublé.

— Mais rien ne nous oblige à jouer à ce petit jeu. Entre nous, s'entend.

Je ne sais que répondre. On le croirait vexé. C'est quoi son problème ?

— Pourquoi ? On est amis ?

Ma réplique le blesse visiblement dans son orgueil, mais il se reprend aussitôt.

— Non, mais nous pourrions nous témoigner davantage de respect.

Cette fois, j'en ai marre. Il veut la vérité ?

— Très bien. Puisque je ne pourrai en parler à personne, autant vous le dire à vous. Je sais que vous nous racontez des conneries. Je sais que vous avez buté ces deux filles et que vous vous servez de la magie pour couvrir vos crimes, mais seulement aux yeux des humains, car pourquoi s'embêter à le cacher au monde occulte ? Vous vous savez intouchable.

Son visage s'empreint d'une certaine sérénité. Il se met à étudier le mien avec un intérêt non dissimulé.

— Savez-vous que je peux compter sur les doigts de la main le nombre de personnes qui se sont permis de me parler ainsi ? C'est très stimulant. À l'université… (Il secoue la tête avec mépris.) Vous savez comment sont les gamins dans les grandes écoles.

— Pas vraiment. J'habite dans un parc de mobil-homes, vous vous rappelez ? Je n'ai jamais fait d'études. Mais bon, je peux toujours « vérifier les enregistrements », pas vrai ?

Ses yeux pétillent. L'aurais-je impressionné pour de bon cette fois ?

— Puisque vous avez été franche avec moi, agent Davies, je le serai à mon tour.

— Je brûle d'impatience.

— Soyez assurée que les meurtres vont prendre fin. Mais pas tout de suite.

Après un instant de sidération, je parviens à lui demander :

— Quand ?

Il y réfléchit pendant un moment atrocement long.

— Bientôt. J'ignore si ça peut vous aider, je tenais juste à ce que vous le sachiez.

Là-dessus, il retourne dans la maison en refermant délicatement la porte derrière lui.

Je me sens remontée à bloc. C'est dingue, et sans doute un peu pathétique, comme il est facile de me provoquer. Beaucoup trop facile. Roi Paul n'a probablement même pas conscience de son erreur. J'étais prête à suivre les ordres de l'Agence, à laisser tomber l'affaire, jusqu'au moment où il décide de faire copain-copain avec moi. Il est peut-être trop malin pour Princeton, mais il a clairement des lacunes en poker. Quand on rafle tous les jetons d'une nana, il faut juste fermer sa gueule et la laisser quitter la table. Surtout pas la prendre de haut, et *encore moins* lui jeter un jeton par pitié. Vous pourriez être surpris de ce qu'elle peut faire avec cet unique jeton et une sacrée dose de dépit.

Un silence absolu règne dans ma voiture quand j'y reviens. Brenner et Elvira ne daignent même pas me regarder. Je claque la portière, frappe le volant du poing, puis quitte la propriété en trombe. À peine la maison hors de vue, je freine d'un coup sec et me tourne vers Brenner.

— Deux choses, grogné-je. Premièrement, on va coincer ce connard prétentieux et son larbin d'ogre. Deuxièmement, qu'est-ce qui vous a pris, bordel !? Vous respectiez le monde occulte avant. Maintenant, vous êtes loin d'en avoir assez peur. Qu'est-ce qui a changé ?

Mes deux passagers braquent leur regard sur moi, atterrés.

— Comment ça « on va le coincer » ? demande l'inspecteur.

— C'est tout ce que vous avez retenu, hein ?

— Vous ne pouvez pas le toucher.

— L'*Agence* ne peut pas le toucher. L'*Agence* respectera cette limite. C'est moi qui la transgresserai. Et ne me dites pas de ne pas prendre le risque.

— Je n'en avais pas l'intention.

— Tant mieux.

— C'est juste que… (il a l'air déboussolé, le pauvre) ce n'est pas une petite affaire. Je ne peux pas vous demander de…

— Vous ne me demandez rien, vous avez *besoin* de mon aide.

Il me regarde comme si c'était une évidence.

— Shayne, je n'y arriverai pas sans vous.

Là, vous voyez ? C'est typiquement le genre de déclaration désinvolte que n'importe qui balancerait de façon sarcastique, sauf que, lui, il est super sérieux quand il le dit. Il le pense vraiment. Sa confiance me touche. Assez pour voir une faille dans mon plan.

— En réalité, vous n'y arriverez pas sans un sorcier. (Je glisse un coup d'œil à Elvira, qui s'empresse de regarder dehors en pinçant les lèvres.) Mais je trouverai une solution. Nous devons constituer un dossier assez solide pour la police humaine, à l'ancienne, avec preuves, documents, prélèvements, et tout le toutim. On le fait à votre façon. Alors, par quoi on commence ?

Il baisse les yeux sur le portable dans ses mains, puis s'affaisse en murmurant :

— D'abord, on passe chez moi. Le Central vient de m'appeler. Ils ont identifié le corps de Rachelle. C'est à moi de l'annoncer à Regina.

Chapitre 15

Un silence étouffant envahit la voiture quand je baisse le chauffage. Le moteur ronronne. J'entends le bruissement des vêtements de Brenner qui remue sur son siège. Ses mains tremblent. Nous sommes garés devant sa maison, et il n'a toujours pas défait sa ceinture. J'aimerais trouver des paroles encourageantes, mais ce n'est pas mon fort. Je ne lui propose même pas de l'accompagner, car je sais qu'il refusera, par égard pour Regina. Ils doivent avoir cette conversation seul à seul.

Et puis zut ! je n'ai pas d'autre idée.

— Je peux vous accompagner, si vous voulez.

Il secoue la tête, puis détache sa ceinture.

— Inutile de m'attendre. Elvira a probablement besoin de rentrer chez elle.

Mon amie regarde fixement le siège de Brenner. Pas de réponse.

— Non, insisté-je. Je reste. Comme ça, si vous avez besoin d'un prétexte pour partir, vous n'aurez qu'à lui dire que je vous attends, afin de vous remettre au travail et de poursuivre ce type.

Il acquiesce, et le silence reprend ses droits. Pourtant, il ne semble toujours pas décidé à descendre. Il se racle la gorge.

— Shayne…

Il jette un bref coup d'œil vers la banquette arrière, comme gêné de parler devant une tierce personne, mais se lance quand même.

— Vous avez raison, je… J'ai sans doute moins de respect qu'avant pour l'Occulte. (Il se passe une main dans les cheveux, visiblement déchiré par l'aveu qu'il s'apprête à me faire.) Ou peut-être est-ce envers moi que je n'ai plus autant de respect. Je veux dire… que puis-je vraiment contre une telle puissance ? Qui suis-je ? Le bas du bas de la chaîne alimentaire. (Il me dissuade d'un geste de l'interrompre.) Non, écoutez-moi… Je voulais simplement dire que vous avez peut-être raison : j'ai sans doute changé. J'ai vu des choses, comme aujourd'hui. Mais… rien de tout ça ne s'applique à vous, me certifie-t-il en me regardant dans les yeux. À mes sentiments pour vous. Mon respect envers vous n'a jamais changé. Comment serait-ce possible ? Plus je vous découvre, plus mon respect grandit… Je ne veux pas vous laisser penser que… Vous comprenez ? (Avec un soupir de frustration, il crache enfin le morceau.) J'ai besoin de vous, Shayne… et pas seulement pour le travail.

Dans ses yeux se lit une question silencieuse mais limpide : « Comprenez-vous ce que j'essaie de vous dire ? »

L'expression de mon visage lui offre une réponse tout aussi silencieuse et limpide : « Je ne comprends rien à ce que vous dites, ça me fait flipper, et j'aurais presque préféré que vous ne disiez rien parce que je ne vais plus tenir à force. »

Du coin de l'œil, je m'aperçois qu'Elvira m'observe. Je rêverais de mettre la scène sur pause pour lui demander conseil. Mais voilà que Brenner descend de voiture.

— Vingt minutes, ça ira ? Ensuite, vous m'envoyez un texto, et ça me donnera une excuse pour partir.

— Entendu.

Il ferme la portière et se dirige vers la maison d'un pas lourd, encore tout ensanglanté et débraillé. On dirait un homme dans le couloir de la mort.

— Ne fais pas ça, Shayne, m'avertit Elvira. Ne choisis pas de camp.

— Je ne choisis rien du tout. J'aide à appréhender un tueur. Point barre.

— Je ne dis pas de laisser Roi Paul s'en tirer. Je dis juste que ce n'est pas forcément à toi de l'arrêter. Tu te feras beaucoup d'ennemis. Pense à ta meute. À ta famille.

Je désigne la maison.

— Et la famille de Regina alors ? Sa fille est morte.

Cette fois, elle reste interdite.

— Je ne sais pas.

Sentant la tension s'alléger entre nous, je décide de m'adresser à elle avec une humilité peu coutumière :

— Pardon de t'avoir entraînée là-dedans. Je n'aurais pas dû te mentir.

Puis je retire mon blouson.

— Tu vas te transformer ? s'enquiert-elle.

— Pour me glisser dans le jardin, derrière, histoire d'épier la conversation.

— Attends. Une dernière chose, promis juré.

— Quoi ?

— Ne te fâche pas. Tu m'as dit que tu voulais savoir.

— Savoir quoi ? Accouche !

— À l'instant, quand l'inspecteur Brenner te parlait, avec plus ou moins de clarté, de ses sentiments...

— Tu as perçu quelque chose dans son esprit ?

— Seulement parce que tu me l'as demandé.

— Et ? C'était quoi ?

— Peut-être rien.

— Elle !
— Une chambre d'hôtel.
— Quoi ? Comment ça ?
— Quoi « comment ça » ? Il avait l'image d'une chambre d'hôtel à l'esprit.

J'essaie de prendre l'air détaché.

— Quel genre d'hôtel ? Un truc un peu chic ?
— Normal, j'en sais rien. Classique.
— Classique. Une chambre d'hôtel classique. Et c'est tout ? Juste une chambre vide ?

Mon cœur se brise lorsqu'elle détourne le regard.

— Oh…

Tentant de sauver la face, je continue de me déshabiller en faisant mine de ne pas être *anéantie* à l'intérieur.

— Ce n'était pas une image nette, tu sais, s'empresse-t-elle d'ajouter. Plutôt comme un rêve, où on ne voit pas vraiment un visage et on sent juste la présence…
— D'une femme, terminé-je à sa place, avant de hausser les épaules. Peu importe. Il y a mille et une explications.

À peine sortie, je prends ma forme de renarde, impatiente de remplacer un moment les émotions humaines compliquées par un instinct primaire : s'abriter, manger, courir. Alors, j'avais prévu de me rendre dans le jardin. Pour quoi faire déjà ? Ah oui ! Brenner est dans la maison avec Regina. Je veux juste me rapprocher de lui, partager en quelque sorte son malheur. Il ne devrait pas avoir à traverser seul cette épreuve.

Tandis que j'arpente à pas feutrés le sommet de la clôture, j'entends une dispute à l'intérieur. Regina ordonne à Jasmine de quitter la pièce, d'aller s'asseoir dans la cuisine. Évidemment, la fillette proteste. Sa petite voix tremble ; elle a sans doute saisi que l'heure est grave. Elle ne veut pas quitter sa maman. Encore quelques paroles dures, puis une porte claque. J'entends les reniflements de Jasmine. Le crissement d'une chaise sur le carrelage.

Bondissant dans la neige, je risque un coup d'œil par la baie coulissante. Jasmine est assise à table, seule, la tête enfouie dans les bras. Ses épaules tressautent. Sachant que Kenny Junior ne sera pas encore rentré de l'école et que leur papy fait sûrement une sieste dans sa chambre, je caresse l'idée de tapoter la vitre pour attirer son attention. La prudence l'emporte. Je commence à reculer quand un cri déchirant retentit soudain derrière la porte fermée de la cuisine. Jasmine lève la tête. Les yeux écarquillés, elle saute de sa chaise.

Cette fois, je m'élance vers la baie vitrée. Peu importe que ce soit insensé, peu importe le risque. Je ne songe qu'à épargner cette enfant quelques minutes de plus, à la protéger, au moins temporairement, de ce chagrin. Même si je ne suis pas très proche de cette famille, je sais que Brenner sera dévasté si elle s'étiole davantage. Je gratte à la porte.

Jasmine pivote sur un talon et se fige, les bras ballants. Ma présence la captive assez pour lui faire oublier un instant les sanglots de sa mère. *Voilà. Continue de me regarder, petite. Je suis gentille, tu vois ?* Je laisse pendre ma langue et agite la queue comme un chien.

Avec une soudaineté inattendue, elle gagne la porte, la déverrouille puis la fait coulisser. L'instinct prend le dessus. Je recule précipitamment, tête basse, pattes écartées, prête à fuir ou à me battre. Je ne veux ni l'un ni l'autre, mais il me faudra un moment pour surmonter ce sursaut d'adrénaline. Pour la première fois depuis que je la connais, les petites chaussures de Jasmine s'enfoncent dans la neige du jardin. Elle s'accroupit pour m'observer, fascinée. Je n'ai jamais vu ses yeux si ronds.

Elle tend sa menotte vers moi, avant de la ramener aussitôt contre elle en demandant d'une voix ferme :

— T'es un gentil toutou ? Tu vas pas me mordre ?

Je remue la queue. En temps normal, je me sentirais humiliée dans cette position, mais, pour Jasmine, je n'hésite pas.

— Tu sais faire « assis » ?

Je m'assois en levant fièrement la tête.

Son visage s'illumine. Je n'en crois pas mes yeux. On dirait une tout autre petite fille. Mon cœur menace de sortir de mon poitrail blanc et duveteux.

De nouveau, elle tend la main, cette fois jusqu'au bout, pour me caresser la tête. Après quelques secondes, le temps de prendre confiance, elle la fait glisser entre mes yeux, sur mon museau. Incapable de résister, je lui lèche brusquement la paume avec espièglerie. Son petit cri suraigu résonne dans l'air glacé, suivi par de longs éclats de rire. Elle se met à sautiller en rond en se baissant pour m'envoyer de la neige à la figure. Prise de court, je ne pense d'abord qu'à me recroqueviller pour esquiver l'attaque, mais je ne tarde pas à me ressaisir. Je bondis et lui donne un coup de tête dans la poitrine. Elle tombe à la renverse, les quatre fers en l'air. Un cri de froid lui échappe, puis elle s'esclaffe derechef.

Sans perdre de temps, elle se relève pour se lancer à ma poursuite. Elle s'arrête parfois et fait demi-tour en me laissant la courser à mon tour. Nous nous aspergeons de neige. Je me cabre et la pousse à l'aide de mes pattes avant. Ses éclats de rire semblent infatigables, sans fin.

Regina se précipite dans le jardin et se fige de terreur. Portant les mains à sa bouche, elle s'écrie :

—Jasmine ! mais que fais-tu !? Éloigne-toi de cette bestiole !

Brenner la rejoint au pas de course.

—Attends. Tu vas voir.

—Mais c'est… Elle hurle.

—Non, non, écoute bien.

Jasmine me court après en gloussant.

—Regarde, maman ! Assis. Hé ! Assis !

Oui, bon, je ne vais pas jouer au chien-chien obéissant devant tout le monde. On n'a jamais entendu parler d'un renard dressé. Ce serait louche. Je me contente de faire des cabrioles autour de Jasmine, qui tente d'imposer son autorité sans pouvoir s'empêcher de rire.

—Je te jure, maman, elle le faisait il y a deux secondes. Je lui ai dit de s'asseoir et elle a obéi.

Je pense qu'à ce stade Regina se moque bien de savoir si j'ai obéi ou pas. Elle est submergée d'émotions. Au début, je crains que la peur la domine toujours, mais je vois ensuite un sourire se dessiner sur ses lèvres. Les mains sur les joues, elle se met à pleurer de joie.

—Regarde mon bébé, Brenner. Mon bébé rit. Je n'en crois pas mes yeux. Qu'est-ce qui se passe ? C'est un miracle. Un miracle de Noël, voilà ce que c'est. Seigneur ! j'en avais besoin. Et pile à cet instant, comme par hasard.

Brenner passe un bras autour de ses épaules.

—On peut la garder, maman ? supplie Jasmine.

—Oh ! ma puce, ce ne sera pas possible.

—Mais on peut lui donner un nom ?

—Euh… comme quoi, ma chérie ?

—Shendaya Rhondelle.

J'incline la tête de côté. *Pardon ?*

Regina tressaute de rire.

—Toi et tes noms, ma chérie.

Brenner sourit.

— Moi, je trouve que c'est parfait. Cette renarde a une tête de Shendaya Rhondelle.

— Viens là, ma chérie, dit Regina en ouvrant les bras. Il fait froid. Tu n'as pas froid ? (La fillette saute dans ses bras.) On va se mettre au chaud. Je… Maman doit te parler de quelque chose d'important. Pas effrayant, ma puce, mais important.

Jasmine ne s'en laisse pas conter.

— Tu es triste ?

Regina la serre tendrement.

— Oh ! ma chérie, le simple fait de t'entendre rire… On va s'en sortir. Tout ira bien, je te le promets.

Je trottine vers le fond du jardin pour signifier mon départ.

— Tu vois ? dit la mère. Le renard doit y aller aussi. Dis-lui au revoir.

Jasmine agite sa petite menotte.

— Au revoir, Shendaya Rhondelle.

Regina se dirige vers la maison en riant.

— Par contre, tu sais qu'on ne doit pas jouer avec le premier animal venu dans le jardin, n'est-ce pas, mon ange ?

— Je sais, gémit Jasmine.

— C'est bien. (Elle s'arrête pour s'adresser à Brenner.) Tu repars ?

— Oui, de suite.

Elle pose l'index sur son torse. Pendant un instant, l'émotion l'empêche de parler. Puis elle murmure :

— Tu… tu dois coincer ce salaud.

Brenner n'hésite pas une seconde.

— J'y compte bien. J'ai ma meilleure équipe sur l'affaire.

— C'est toi, ta meilleure équipe.

— Oui, madame, opine-t-il.

Puis elle rentre avec Jasmine. Brenner reste devant la baie coulissante. Nous nous regardons un moment. Il vient d'être soulagé d'un poids énorme, ça se voit. Ses yeux sont maintenant sereins, déterminés. Désormais débarrassés de cette tâche délicate, nous pouvons reprendre le travail. Il hoche la tête et rentre à son tour.

De mon côté, je reviens sur mes pas jusqu'à la palissade. Au moment où je m'apprête à bondir, j'entends un « pop ! » de magie. Elvira surgit de nulle part devant moi. Au début convaincue qu'elle s'est téléportée depuis la voiture, je remarque ensuite les empreintes de pas dans la neige. Elle s'est rendue invisible et m'a suivie dans le jardin.

Elle doit avoir assisté à toute la scène, car elle se couvre la bouche des deux mains, les doigts mouillés de larmes. S'agenouillant dans la neige, elle colle son front au mien. J'émets un gémissement approbateur.

— D'accord, d'accord, murmure-t-elle. Je vais t'aider.

Chapitre 16

L'immobilité et le silence soudains de la voiture de Brenner me tirent de mon sommeil. Je ne suis pas tout à fait prête à me réveiller. Si nous venons d'arriver à destination, ça signifie que je suis pelotonnée sur la banquette depuis presque trois heures. Je m'en veux de m'être assoupie, mais Brenner ne me facilite pas la tâche. Il conduit doucement, n'écoute pas de musique. Le chauffage était à fond. On aurait pu discuter, mais je n'étais pas d'humeur à causer.

De plus, mon idiot de cœur s'enorgueillit du fait que nous sommes déjà assez proches pour que les silences vaillent toutes les discussions du monde. Me connaissant, je m'emballe sûrement pour rien, je surinterprète. De son côté, ça ne lui a sans doute même pas effleuré l'esprit. Dans ces moments paisibles, pendant que je me félicite intérieurement de ne pas sombrer dans ma logorrhée nerveuse, il réfléchit sans doute simplement à notre enquête.

Le froid dehors est presque audible. Il fait nuit. Un vent glacial s'est levé. Les yeux toujours fermés, j'entends Brenner retirer la clé de contact et se retourner sur son siège. Je m'attends à ce qu'il m'annonce que nous sommes arrivés ou me tapote l'épaule pour me réveiller, mais il ne fait rien. Pendant un long moment, je ne perçois ni son, ni mouvement. J'en viens à me demander s'il y a un problème. Regarde-t-il quelque chose dehors ?

Je sens un doigt m'effleurer le front. D'un geste léger et délicat, Brenner repousse une mèche de cheveux de mon visage. Je fais appel à toute ma volonté pour ne pas réagir. Mon cœur bat si fort que le sang bourdonne à mes oreilles. Brenner inspire profondément, souffle, puis ouvre sa portière. Lorsqu'il la claque, j'ouvre les yeux et m'étire.

Nous venons d'arriver à Cleveland, dans l'Ohio. En soi, ça ressemble pas mal à Détroit. Outre leur taille, leur ancienneté et leur atmosphère similaires, les deux villes se caractérisent par un passé industriel, un emplacement en bordure d'eau et une multitude de ponts. Il y a néanmoins une grosse différence : l'équipe de base-ball de Cleveland *gagne*. Donc, par défaut, je déteste cette ville. J'arbore avec fierté mon blouson des Tigers en territoire ennemi. À moi les regards noirs !

Nous pénétrons dans un bâtiment administratif ordinaire. Dans l'entrée, le sceau bleu et or du FBI s'offre à nos yeux.

— Inspecteur Brenner ? demande un agent de sécurité au bureau d'accueil.

— Tout à fait.

— Allez-y. Vous serez les derniers dans le bâtiment. Tout le monde est rentré à la maison pour les fêtes.

— Premier étage ?

— Oui, vous n'aurez pas besoin d'indications. Suivez la musique.

Il se met à glousser, mais, remarquant mon blouson, il redresse les épaules avec un air désapprobateur. Anticipant une réplique narquoise de ma part, Brenner m'entraîne promptement dans l'ascenseur.

— Pas un chat dans les couloirs, énoncé-je. Votre contact vous devait sûrement un sacré service pour accepter de s'attarder au bureau à la veille des fêtes. Pauvre malheureux.

— Je n'ai pas demandé de traitement de faveur. Certains « pauvres malheureux » sont comme nous, Shayne : ils n'ont rien de mieux à faire, même à Noël.

— Houla ! minute. Nous mettez pas dans le même panier que ces gens-là. On aurait un tas de trucs plus sympas à faire s'il n'y avait pas un duo de meurtriers en liberté.

Il soupire d'un air morose.

— Il y aura toujours des meurtriers en liberté, Shayne. Quand on aura attrapé ces deux-là, d'autres apparaîtront. Ça ne s'arrête jamais.

— Vous êtes un concentré de gaieté ce soir, dites-moi.

Alors que nous atteignons le premier étage, Brenner appuie sur le bouton de fermeture des portes.

— C'était ma manière de vous présenter des excuses.

— Pour quoi ?

Il cherche ses mots.

— Pour… cette excursion. Pour avoir fait de vous l'un de ces « pauvres malheureux ».

— Encore une fois, je ne nous vois pas de cette façon.

— En quoi sommes-nous différents ? C'est notre travail, Shayne. On purge notre peine.

Mais, nous, on a l'occasion de purger cette peine ensemble ! je hurle dans ma tête.

— Alors scions les barreaux.

— Que voulez-vous dire ?

— Eh bien ! qu'on peut faire une pause, s'offrir un peu de temps libre. (Il a l'air de voir l'idée globale, et je ne veux pas me risquer à être plus directe.) Dites-moi juste une chose. Si on n'avait pas cette enquête à mener, si vous aviez un ou deux jours de congé devant vous, comme tout le monde, du temps pour faire ce qui vous chante, que feriez-vous ?

Il y réfléchit un instant, avant de se fermer comme une huître.

— À quoi bon, je n'ai pas ce temps.

— Soit, pas deux jours. Disons deux heures, alors. Même le président des États-Unis mériterait au moins deux heures le soir de Noël, et pas que pour dormir. Je vous oblige à faire quelque chose. Deux heures, tout est permis, tout est possible. Je vous écoute.

— Je n'en sais rien. Vous, vous feriez quoi ?

— Moi ? Vous voulez dire… (je nous désigne tous les deux) ensemble ? Vous et moi ?

— Non, je n'ai pas… C'est ce que vous vouliez dire ?

L'ascenseur émet un bip furieux. Brenner retire son pouce du bouton, et les portes s'ouvrent. Aussitôt, les hurlements primitifs et enragés d'un air de *death metal* nous assaillent. Je me bouche les oreilles.

— Quand il a parlé de suivre la musique, je m'attendais à des chansons de Noël ! Les profileurs sont pas censés être psychologues ? Je croyais qu'on s'allongerait sur un canapé en écoutant des bruits marins.

Brenner s'arrête devant la porte ouverte d'un bureau et me crie à son tour :

— N'oubliez pas ce que je vous ai dit dans l'ascenseur !

— Mais on n'a pas terminé la conversation !

— Je vous ai présenté mes excuses !

Nous entrons dans la pièce. La musique est assourdissante. Par terre à côté du bureau, une femme musclée fait des pompes en rythme. Son débardeur blanc révèle des bras hâlés couverts de tatouages d'araignées et d'anges de la mort. Je tape Brenner.

— Vos excuses, vous pouvez vous les garder !

L'agent spécial Hillerman se relève et coupe la musique.

— Ne me dites rien sur votre suspect, décrète-t-elle. Moins j'en saurai, mieux c'est. Un profil criminel fondé sur les caractéristiques de suspects potentiels perd tout intérêt. D'ailleurs, le simple fait de savoir qu'il s'agit d'une affaire occulte change déjà mon approche. Bonjour, agent Davies. Vous avez l'air fatiguée.

Ah bon ? On attaque direct avec les insultes ?

— Et, vous, vous vivez à Cleveland.

— Je préférerais, croyez-moi.

Elle s'assoit derrière son bureau en remettant ses gros binocles noirs, complétant le tableau de l'intello dure à cuire. Le rat de bibliothèque ascendant Jason Bourne.

— Fallait vraiment que vous la contactiez elle ? je demande à Brenner.

— Je ne l'ai pas contactée, se défend-il. J'ai appelé le FBI, et ils m'ont dit que le profileur le plus proche se trouvait à Cleveland.

— Et, *comme par hasard*, il a fallu que ce soit elle ?

Hillerman intervient.

— Je lui ai intimé de ne rien vous dire. Justement pour cette raison.

— Où est Arael Moaz ? je demande d'un ton impérieux. Où êtes-vous allés après nous l'avoir arraché des mains ?

— J'aimerais en discuter avec vous. Après.

— Pourquoi devrait-on écouter un mot de ce que vous avez à dire ?

— Parce que je suis là, et que non seulement vous ne trouverez pas mieux, mais vous ne trouverez personne d'autre tout court dans l'immédiat. D'autres questions ?

— Oui. Combien de pompes vous venez de faire ?

— Je ne les compte pas.

— N'importe quoi. Personne ne fait de pompes sans compter.

— J'ai peut-être perdu le fil au bout d'un moment.

— Avec ce boucan affreux dans les oreilles ? J'en doute pas.

Elle récupère son portable et fait glisser son doigt sur l'écran.

— Je sais. Moi non plus je n'étais pas fan. Mais on apprend à tolérer certaines choses (elle range le téléphone dans un tiroir) quand on est marié avec.

Mon regard se pose sur son alliance. L'auriculaire à côté n'est plus qu'un petit moignon. Je me rappelle avoir lu un article à ce sujet : un coyote lui a croqué le doigt. Aucune mention du sort de son mari, mais je devine que ce devait être abominable pour qu'elle en vienne à mépriser à ce point l'Occulte. En particulier les démons.

Hillerman me considère avec un calme glacial.

— Alors ?

— Alors quoi ?

— Vous vous êtes assez défoulée ?

— Je vous emmerde. Et votre équipe des Indians aussi.

— Encore une fois, je ne suis pas du coin. Je viens de Los Angeles.

Flairant le danger, Brenner tente de s'interposer.

— Attendez...

Trop tard. Hillerman ajoute :

— Je soutiens l'équipe des Dodgers.

Mes poumons se vident. Las de nos simagrées, Brenner me cloue sur une chaise.

— Vous allez vous asseoir, bon sang !?

— Cette femme est un monstre ! je siffle.

Il s'installe sur la chaise voisine.

— Nous sommes des invités du FBI, et Hillerman a l'amabilité de rester au bureau un soir de fête. Pour nous.

Je pars d'un rire amer.

— Elle ne fait jamais rien gratuitement.

— Je ne le nie pas, reconnaît-elle. Comme je vous le disais, j'aimerais discuter. Après.

— Nous allons l'écouter, déclare Brenner, avant de s'adresser à elle : Tant que personne ne parlera d'équipes de base-ball, tout se passera bien. (Il se tourne de nouveau vers moi.) Vous allez y arriver ? ou faut-il vous mettre au coin comme au yacht-club ?

Je le fusille du regard.

— Vos excuses, vous pouvez vous les garder, répété-je.

Un léger sourire nostalgique vient adoucir les traits de Hillerman.

— Je vois que vous avez beaucoup travaillé ensemble, tous les deux.

Mon sarcasme monte encore d'un cran.

— Waouh ! quelle profileuse incroyable ! Vous nous avez cernés en moins de deux.

Brenner ne relève pas ma pique.

— Agent spécial Hillerman, avant tout, merci de nous recevoir. Êtes-vous sûre de ne vouloir aucune information sur notre suspect ?

— Parce que nous connaissons déjà le coupable, frimé-je. Donc, en soi, on n'a pas vraiment besoin de votre aide.

— Si, nous en avons besoin, me contredit l'inspecteur, car je suis dans l'incapacité d'expliquer à mes collègues comment et pourquoi nous l'avons identifié.

Hillerman hoche la tête.

— Vous avez besoin d'une piste, de preuves qui apparaîtront logiques aux yeux des autorités humaines.

— Tout à fait. Je me disais qu'un profil criminel justifierait notre décision d'enquêter sur... certains suspects.

— À condition que je fournisse un profil exact.

— Ou pour gagner du temps, dis-je impatiemment, on pourrait vous fournir un portrait complet de notre suspect, et vous rédigez le profil correspondant.

— Ce serait en effet plus efficace, concède-t-elle, mais pourquoi ne pas me laisser essayer d'abord ?

— Allez-y ! je la provoque. Épatez-nous.

— Vous avez reçu les dossiers que je vous ai envoyés ? s'enquiert Brenner.

— Oui.

Elle se penche vers nous et, joignant les mains sur son bureau, concentre toute son attention sur l'inspecteur.

— Voici mon profil de départ. Premièrement, même si l'agent Davies vient d'employer le terme « suspect » au singulier, je dirais qu'ils sont en réalité deux à faire équipe. Deux hommes blancs, la vingtaine, peut-être jeune trentaine. Là s'arrête leur ressemblance. L'un est organisé et méthodique, très instruit, peut-être riche. L'autre est l'exact opposé : négligent, spontané, moyennement intelligent, ouvrier, célibataire ou divorcé.

» Leurs chemins se sont croisés à un moment, pas nécessairement récent. Compte tenu de leur écart social, je dirais qu'ils se sont rencontrés dans le cadre d'une relation patron-employé. Les meurtres n'ont pas de motivation sexuelle. Il est question de pouvoir et de contrôle.

» Étant donné la victimologie, deux étudiantes noires, je suis obligée de prendre en compte le facteur ethnique, mais rien ne permet de conclure à un acte raciste. Il est tout aussi probable que le meneur ait simplement eu une mauvaise expérience, sans doute un échec relationnel, avec une femme noire, et qu'il évacue à présent cette frustration sur des substituts. Lorsqu'il croise une fille qui lui évoque cet échec, il décide de réaliser son fantasme de domination et de contrôle absolus.

» Chacun des suspects se considère sûrement lui-même victime d'abus. Vous découvrirez que, à leur manière, tous deux se sentent lésés, persécutés, ou dépréciés. Cherchez des cas d'humiliation ou d'échec qui correspondraient aux dates des meurtres. Quelque chose s'est produit pour le pousser à l'acte. J'emploie ici le singulier, car il est quasi certain que c'est le suspect organisé et intelligent qui tire les ficelles.

Elle rouvre son tiroir pour consulter son téléphone, puis le referme doucement, avant de se carrer contre son dossier. C'est tout.

Brenner est muet, probablement aussi estomaqué que moi. Elle vient de décrire Roi Paul et Ronny Fencher.

— En réalité, cela n'a rien d'impressionnant, confesse-t-elle. J'aurais donné un profil pratiquement identique pour la moitié des tueurs en série qui passent par ce bureau. Moins le suspect riche et instruit. C'est un détail assez unique, mais plutôt facile à deviner étant donné que l'un des corps a été retrouvé dans une villa cossue avec un ponton privé.

— Mmh, fait Brenner.

— Je vais vous coucher tout cela sur papier. Naturellement, je ne peux inclure aucune référence aux occultes, mais il est évident pour moi que le complice négligent est un ogre.

— Bon, on peut lui dire maintenant ? insisté-je auprès de Brenner.

Il se charge des explications.

— Les deux scènes de crime, la villa et l'entrepôt, appartiennent à Titus Paul.

— J'ai entendu parler de lui. Un magnat de l'immobilier. Membres de plusieurs conseils municipaux et régionaux.

— Pas lui, précise Brenner. Son fils.

Je décide d'accélérer les choses.

— Roi Paul, jeune vingtaine. Riche, présomptueux et intelligent. Trop intelligent, même pour Princeton. L'année dernière, juste avant le premier meurtre, il s'est fait expulser de l'université. Apparemment, ils ne savaient pas apprécier son génie. L'ogre s'appelle Ronny Fencher, jeune trentaine, ouvrier, pue la mort, bête comme ses pieds, ancien employé des Paul, maintenant gardien de nuit pour un yacht-club grâce à une lettre de recommandation signée par Titus Paul. Nous la pensons falsifiée. Elle est ensorcelée contre les humains.

Hillerman acquiesce en recueillant ces informations. Bien que tout confirme le profil qu'elle a établi, elle paraît étonnamment déconcertée.

— Shayne, à quoi jouez-vous ? L'Agence est-elle au courant de cette affaire ?

— Ah ! ça.

— Ils sont au courant, répond Brenner.

Elle déduit le reste.

— Et ils vous ont ordonné de laisser tomber. Je n'en suis pas surprise.

— Leurs ordres ne concernaient que moi, précisé-je. Pas Brenner.

— Et pourtant vous voilà.

Je m'avachis sur ma chaise en croisant les chevilles.

— Tout ce qui relie les deux meurtriers a rapport avec l'Occulte. La police humaine remontera peut-être jusqu'à l'ogre, mais ils n'auront jamais de preuves contre Roi Paul sans notre aide.

— Je comprends. Mais les Paul sont une famille de sorciers puissante et respectée… (Elle me désigne de la main, puis change de position dans son fauteuil, visiblement mal à l'aise.) Si l'on apprend que vous trahissez votre camp…

— Non, je ne trahis personne.

— Et comment vous appelez ça ? Vous venez de me dire que la police n'aurait rien sans votre aide. Si Brenner passe les menottes à un sorcier, qui l'Agence blâmera-t-elle ?

— Mince ! je ne sais pas. Roi Paul, non ?

— Vous savez très bien de quoi je parle. La directrice West ne veut sûrement pas plus que nous d'un sorcier qui tue des humains, mais ce genre d'affaire n'est jamais sans complications.

— C'est ce qu'on me répète. Je suis probablement trop bête pour mesurer les enjeux.

— Quand le choix se résume à laisser des humains mourir ou à préserver la paix entre les factions occultes, l'Agence optera toujours pour la seconde option. Toujours, insiste-t-elle à l'intention de Brenner.

Un échange silencieux s'opère entre eux.

— Pourquoi vous le regardez comme ça ? Vous croyez qu'on ne connaît pas la politique de l'Agence ? J'essaie surtout de faire ce qui est juste.

— Voulez-vous me dire que vous désapprouvez cette politique ?

— Là, vous cherchez à me faire choisir un camp.

— À l'évidence, vous en avez déjà choisi un, sinon vous ne seriez pas là.

— Admettons que ce soit le cas, et je dis bien « admettons », ça me placerait dans *votre* camp, alors de quoi vous plaignez-vous ?

Ma réplique semble lui couper le sifflet.

— Non, je… Oui… Écoutez, soyons clairs. Je suis… agréablement surprise.

— Passons. Je ne prends pas ce risque pour vous. Je ne laisserai *personne*, ni aucun camp, ni aucune politique, me dicter ma conduite.

À mon grand soulagement, Hillerman en reste là. Elle se cale au fond de son fauteuil en levant les mains en signe de reddition, avant de reprendre la parole d'un ton posé :

— Soit. Je tenais simplement à le mentionner. Après cette histoire, soyez sûre que vous aurez une cible sur le dos. (Elle jette un nouveau coup d'œil à Brenner.) Tous les deux.

— Je n'ai pas le choix, dit-il.

Elle soupire, et sa voix prend une douceur que je n'imaginais pas possible.

— Je comprends mieux que vous ne le pensez.

Là encore, ils échangent un regard lourd de sens qui m'irrite profondément. Je me retiens d'envoyer valdinguer son bureau.

— Alors, comment comptez-vous procéder ? me demande-t-elle. Faites-moi part de la piste que vous préparez pour la police.

Je saisis sans hésiter cette belle occasion de fanfaronner.

— Facile. Pour Ronny Fencher, c'est du tout cuit. Cependant, comme le profil criminel fourni par le FBI parlera de *deux* hommes, l'inspecteur Brenner décidera de se pencher sur la famille qui possède les deux propriétés où les cadavres ont été découverts. Il fera alors une découverte ahurissante. Non seulement Roi Paul correspond au profil, mais il a personnellement falsifié une lettre de recommandation afin d'assurer à Ronny Fencher un poste lui donnant accès à la villa au bord de la rivière. De plus, l'alibi de Roi Paul ne tiendra pas la route. Il affirme avoir été en cours le soir où Kimberly Wright a disparu. Il a même encouragé Brenner à vérifier les bandes de vidéosurveillance de l'université. Brenner va donc vérifier les enregistrements, qui montreront clairement Roi Paul *absent*. Le voilà pris en flagrant délit de mensonge.

— Vous avez déjà toutes ces preuves ?

— Bientôt.

— Mais il a sûrement ensorcelé les images de vidéosurveillance, et vous venez de me dire que la lettre de recommandation était inexistante aux yeux des humains. (Intriguée, elle s'avance légèrement et me pointe du doigt.) Vous avez un sorcier dans votre manche.

— Qui, pour des raisons évidentes, demeurera anonyme, affirmé-je.

— Ce n'est pas un employé de l'Agence ?

— Qu'est-ce que vous ne comprenez pas dans le mot « anonyme » ?

Elle réfléchit à haute voix :

— La famille Paul. Vieille et puissante. C'est dans leur sang. Au minimum, Roi Paul doit être de niveau intermédiaire. Sans doute un haut sorcier pour s'estimer au-dessus de Princeton.

Je devrais sûrement la boucler, mais la tentation de la faire bisquer est trop forte.

— Ça pourrait être un sorcier suprême que j'en aurais rien à cirer. Mon joker fait largement le poids.

Je me délecte du mélange de stupeur et de perplexité que je lis sur son visage. Rien que pour cette tête, ça valait le déplacement.

— En réalité, je ne devrais pas être étonnée, dit-elle finalement. D'une façon ou d'une autre, vous parvenez toujours à piocher la meilleure carte du paquet.

— Un compliment *et* une analogie au poker ? J'imagine qu'on en arrive au moment où vous essayez d'obtenir quelque chose de moi ?

— Encore une fois, j'aimerais simplement discuter d'Arael Moaz.

— Alors on est deux.

— Il est vivant. En lieu sûr.

— Pour ça, on pouvait se débrouiller sans vous. C'était *notre* prisonnier. Vous aviez manifestement d'autres projets pour lui.

— Je ne saurais le dire. On m'a ordonné de l'appréhender et j'ai rempli ma mission. Ensuite, qui sait ?

— Où est-il maintenant ? Que faites-vous de lui ? Quand le récupérerons-nous ? Par votre faute, nous sommes passés pour des imbéciles. La moitié de la communauté occulte de Détroit pense qu'on s'est fait doubler, l'autre croit qu'on a dégagé Arael pour prouver notre allégeance à ses rivaux, les démons du West Side.

— Je vois. C'est donc pour rétablir l'équilibre que vous avez fait exploser le joyau de la collection de voitures du West Side ?

— Je ne sais rien à ce sujet.

— Et la harpie d'Arael ? Avez-vous eu des nouvelles ?

Je réprime un frisson d'horreur. Les immenses ailes du démon corvidé continuent de hanter mes cauchemars.

— Elle a réussi à filer. Je n'ai aucune info.

— Personne ne l'a vue ? Il n'y a aucune rumeur qui circule ?

— Et j'espère ne pas en entendre de sitôt.

Elle réfléchit un moment avant de poursuivre :

— Eh bien... quelqu'un est en train de récupérer l'East Side, et ce n'est pas Arael Moaz.

— Comment le savez-vous ? Vous vous servez vraiment d'un vampire pour lire dans son esprit ?

Elle ignore ma question.

— Arael n'est plus d'actualité. Point final. Toutefois, je décèle toujours une certaine… *activité* du côté de l'East Side, reprise qui semble liée à un individu en particulier.

— La harpie ?

— Un individu *non identifié*.

— Un nouveau chef de gang ?

— Il y a toujours un nouveau chef. Nous voulons seulement savoir qui. Tout ce que je vous demande, c'est… *peut-être*… de me tenir au courant si vous apprenez quelque chose.

— Vous n'avez pas l'air convaincue que je vais coopérer.

Elle fixe sur moi un regard las.

— Techniquement, toute activité démoniaque doit nous être rapportée. L'AFO n'est pas autorisée à s'occuper directement des démons à l'échelle locale.

Je réplique avec une moue sarcastique :

— Dommage, Hillerman. Vous étiez presque arrivée à demander quelque chose gentiment, puis vous avez employé le verbe « devoir ». (Je me lève.) Les occultes tolèrent difficilement qu'on leur donne des ordres.

— À qui le dites-vous.

Brenner se lève à son tour. La réunion est terminée.

— Merci encore, dit-il.

Elle lui adresse un sourire de courtoisie.

— J'enverrai mon profil à votre lieutenant. J'espère seulement que vous coincerez les coupables avant qu'ils récidivent.

Un détail me revient subitement en mémoire.

— Et si on savait que les meurtres prendraient bientôt fin ? Cela aurait-il une incidence sur votre profil ? Roi Paul m'a affirmé que les meurtres cesseraient bientôt.

Elle hausse ses fins sourcils.

— Et quand comptiez-vous m'en informer exactement ?

— À l'instant, manifestement, rétorqué-je.

Pourquoi doit-elle toujours me donner l'impression d'être à côté de mes pompes ?

— L'idée d'un terme prévu laisse entendre qu'il se sent investi d'une mission, que ces meurtres ont peut-être un dessein ultime. Dans ce cas, son objectif a forcément un rapport avec les femmes noires instruites.

— Une chose est sûre, il n'est pas raciste. Sa mère est noire.

Elle se lève d'un coup.

— Il va tuer sa mère, énonce-t-elle sans la moindre hésitation.

— Vous croyez que je n'y avais pas songé ? (En réalité, ça ne m'avait pas effleuré l'esprit, mais peu importe.) Ça ne tient pas. Il serait déjà passé à l'acte. Pourquoi attendre ? Et puis, avec le lien mental que les mères sorcières ont avec leurs enfants, elle percevrait tout de suite ses intentions meurtrières.

— À moins qu'il ait trouvé le moyen de le lui cacher. Ou peut-être l'ignore-t-il encore lui-même. Ce désir était peut-être enfoui dans son subconscient jusqu'à récemment.

— Arrêtez avec votre baratin de psy. D'accord, elle est noire et instruite, mais les victimes étaient humaines, et pas du tout dans la même tranche d'âge. Il y a presque autant de points communs que de différences à ce stade.

— Je n'invente rien. Vous croyez que je n'ai jamais rencontré ce cas de figure ? Il correspond à un schéma de comportement. Au *profil*. Ces victimes n'étaient qu'un entraînement en préparation du véritable meurtre. Laissez-moi deviner : mère dominatrice et condescendante ?

— Ouais, enfin, une *maman* quoi…

— Vous avez un vrai problème avec les figures maternelles, agent Davies, vous en avez conscience ?

— C'est moi que vous analysez maintenant ? Je risque de tuer ma mère moi aussi ?

Brenner s'interpose.

— D'accord, nous tâcherons de nous en rappeler. Pourriez-vous inclure cette hypothèse dans votre rapport ?

— En gros et en gras. Mme Paul court un grave danger.

Juste avant que nous passions la porte, elle ajoute :

— Une dernière chose, Shayne. L'ogre.

— Eh bien quoi ?

— S'il se sait foutu, il prendra la fuite. Comment comptez-vous le retrouver ?

Mince ! comment fait-elle ? Malgré toute l'assurance que je lui projette à la figure, elle arrive quand même à mettre le doigt sur la seule faille, la seule incertitude que je m'efforce de cacher sous le tapis. Y a pas à dire, elle ferait une mère hors pair (promis, j'arrête).

Bref, faute d'une réponse convaincante, je dégaine mon atout de prédilection : le bluff. Je hausse les épaules avec nonchalance.

— La chance.

Et elle de répondre avec une totale sincérité :

— Je n'ai aucun mal à le croire.

Chapitre 17

Après avoir passé vingt minutes assise seule dans ma voiture, je décide de récupérer la figurine d'Ardee Todd dans la boîte à gants. Je la flanque sur le tableau de bord, puis lui redresse la tête d'une pichenette. « Boïng ! » Son sourire de psychopathe se balance de haut en bas.

Un brusque coup à ma fenêtre me fait sursauter. Personne. Je ne vois que le parking désert et la fontaine commémorative de Belle Isle. Je baisse ma vitre de quelques centimètres.

— C'est ouvert. Monte.

La voix d'Elle siffle en réponse :

— Mais bien sûr ! Que penseront les gens en voyant la portière s'ouvrir et se fermer toute seule ?

Je jette un coup d'œil ostentatoire autour de nous.

— Quels gens ?

— Allez, sors. Fais semblant de vérifier un truc sur ta voiture.

Je grommelle, mais m'exécute. Alors que je fais mine de m'étirer, la voiture de Brenner entre sur le parking. Lorsque je me rassois dans ma Fusée, j'entends Elvira derrière.

— Il y a une voiture, murmure-t-elle. Tu crois qu'ils nous ont vues ?

Je laisse échapper un hoquet d'horreur.

— Oh mon Dieu ! ils viennent droit vers nous. C'est Madison West. Tes parents sont avec elle.

Une main invisible me tape sur l'épaule.

— C'est seulement Brenner, pas vrai ?

— Il aura mis le temps. Il a intérêt à avoir ce fichu dossier, marmonné-je tandis qu'il se gare à côté de moi. Il est seul, tu peux te montrer maintenant.

— Pas encore, répond-elle.

— Pourquoi ?

— Parce que ! Boucle-la.

— Toi, boucle-la. Parce que quoi ?

— Parce que je refuse qu'on me voie dans cette tenue, d'accord ?

J'entrouvre ma vitre. Brenner me passe une pochette cartonnée : le dossier d'employé du yacht-club de Ronny Fencher.

— Des ennuis ? je demande.

— Non.

— Natalie était là ?

— Oui.

— Elle vous a agité ses seins sous le nez ?

— Oui.

— Elle a essayé de garder la lettre de recommandation ?

— Elle a tenté de la jeter à la poubelle. Logique, ce n'est qu'une feuille blanche à mes yeux. Je lui ai dit de la laisser dans le dossier.

— Elle va vous prendre pour un dingue.

Il hausse les épaules.

— Ce ne serait pas la première. (Il fouille le parking du regard.) Elvira ne vient pas ?

— Sans doute pas, mens-je. Vous l'avez vu vous-même. (J'agite les doigts près de ma tête.) Plutôt tête en l'air, hein ? Elle s'est peut-être dégonflée.

Un truc invisible – sans doute un pied – me donne un coup dans les côtes.

— Je ne crois pas, la défend Brenner. Elle viendra, vous verrez.

— Ah ! vraiment ? Vous pensez l'avoir déjà parfaitement cernée ?

— Intelligente. Loyale. Dévouée. Drôle.

— « Drôle » ?

— Quoi ? C'est faux ?

— Et mignonne alors ?

— C'est évident.

Houla ! mollo sur les compliments, l'ami.

— Saviez-vous qu'à seize ans elle avait un sein nettement plus gros que l'autre ? (Violent coup dans les côtes.) Putain de merde !

Elvira se rend visible. Elle me fusille du regard, rouge de colère, les bras croisés. Je n'en crois pas mes yeux.

— C'est quoi cette dégaine ?

Dans le genre changement de style radical, ça se pose là. La petite princesse de la mode porte un jean ample retroussé sur des baskets sales, un sweat-shirt XXL démodé, et une casquette de base-ball. Elle a les joues pâles et de tout petits yeux – je me rends compte que c'est dû à l'absence de maquillage. Elle esquisse un sourire narquois.

— On va sur son campus, pas vrai ? J'essaie d'avoir le look approprié.

— De qui, du concierge ?

— D'un étudiant ordinaire, geint-elle. Une personne *pauvre*.

— Et depuis quand tu as des vêtements qui ne sont ni sur mesure, ni à paillettes, ni à tes initiales ?

Son petit rictus se mue en grand sourire sarcastique.

— Vois-tu, Shayne, certaines de mes *amies* m'empruntent mes hauts à 300 dollars et laissent leurs fringues de supermarché dans ma voiture. Cette tenue me vient de *toi*.

Je me tourne vers Brenner, qui me regarde aussi.

— Vous voyez ? dit-il. Elle est drôle.

Je sors la lettre de recommandation du dossier et la fourre devant Elvira.

— Désensorcelle ce machin, qu'on en finisse.

Elle lève aussitôt les mains en laissant la feuille tomber sur ses cuisses.

— Attention ! Je ne veux pas laisser d'empreintes.

Pendant un instant, elle plisse les yeux en examinant le papier, puis pince les lèvres.

— Bon, c'est clairement son œuvre, murmure-t-elle. Je retrouve la même sensation qu'avec la porte de l'entrepôt. Et… (Elle survole le document des mains.) Salut, beau gosse.

Pour moi, rien ne change, mais Brenner écarquille les yeux et s'exclame :

— Putain ! vous avez vu ça ?

— Vous ne regarderez plus jamais une feuille vierge de la même façon, hein ?

Je remets la lettre dans le dossier et le lui glisse par la fenêtre.

— On fait un échange, dit-il en me passant une pile de papiers agrafés. Une liste de toutes les propriétés de Titus Paul.

J'émets un sifflement impressionné.

— Il doit y avoir la moitié de Détroit là-dedans.

— C'est vous qui me l'avez demandé.

— Parce que c'est la suite logique, n'est-ce pas ? Vous avez fait une recherche complète sur Ronny Fencher : pas de cartes de crédit, pas d'emprunts, pas de baux, pas de véhicules. Rien à son nom. Il est sans domicile. L'une de ces propriétés lui sert sûrement de planque, comme la villa et l'entrepôt abandonné avant.

— J'approuve la démarche, mais, si nous devons faire du porte-à-porte avec cette liste… même avec une équipe entière, ça prendra des semaines.

J'aimerais lui garantir que nous trouverons une solution, mais il est vrai que cette liste est d'une longueur décourageante. Un silence morose s'installe tandis que je parcours les colonnes de noms et d'adresses. Tous nos efforts, tous les risques que nous prenons, seront vains si nous ne retrouvons pas Ronny Fencher.

Histoire de meubler pendant ce temps, Brenner se racle la gorge et adresse à Elvira un regard compatissant à travers la vitre.

— C'est normal, vous savez. Une de mes ex a eu le même souci. (Il met les mains devant son torse comme pour soupeser une poitrine invisible.) Un sein plus gros que l'autre. D'après ma sœur, c'est très courant en réalité.

Elvira rabat sa casquette sur son visage. Je me retiens d'éclater de rire.

— OK, à plus ! dis-je en remontant la vitre.

Là-dessus, je démarre en trombe, obligeant Brenner à reculer d'un bond.

— J'HALLUCINE ! gémit Elle.

— Tu vois ? Tu vois le loustic que c'est ?

— J'HALLUCINE !

— Le pire, c'est qu'il est sérieux. Il te sort ce genre d'absurdité, mais il ne plaisante pas du tout. Il essaie *vraiment* de te remonter le moral. Non, tu sais quoi ? Je vais te dire ce qui se passe. Je viens de capter. Tu lui rappelles sa sœur.

— Non, geint-elle.

— Si ! Il a dit que tu étais intelligente, dévouée, drôle. Elle avait à peu près ton âge. Blonde comme toi. Je t'assure. Et, dans ce cas, t'es dans la merde, ma grande. Tu trouves les fils à maman bizarres ? Attends de voir quand c'est la petite sœur qui s'en est occupée. Elle l'a pratiquement élevé. Il se montrera surprotecteur envers toi et me jettera de sales regards chaque fois que je me paierai ta tête. Il sera gaga de toi, et tu viens de voir ce que ça donne.

— D'un autre côté… c'est plutôt chou, pas vrai ?

— Ha ! c'est l'éternelle question avec lui. « Je le tape ou je l'embrasse ? »

Elle me frappe.

— Et toi alors ? Pourquoi t'es allée lui raconter ça ?

— Ben quoi ? Tu l'as entendu. Il a dit que tu étais mignonne, « c'est évident ». Et t'as une poitrine bien équilibrée aujourd'hui.

Elle tente de gémir de nouveau, mais un gloussement lui échappe.

— Je te déteste.

— Pas encore. (Je lâche la pile de papiers sur ses cuisses.) *Maintenant*, tu vas me détester. Lis-moi tout ça. À voix haute.

— Lire quoi, les adresses ? Tu plaisantes ?

— Pas les numéros, les noms de rue suffiront.

Elle lit la première adresse tout haut, puis me regarde.

— Continue, insisté-je. Fais toute la liste.

Par deux fois, je dois lui demander de lire plus vite – *plus vite* – jusqu'à ce qu'elle me débite les noms de rues comme un commissaire-priseur aux enchères.

— C'est n'importe quoi, rouspète-t-elle en reprenant son souffle. Qu'est-ce que tu cherches ?

— Je l'ignore pour l'instant. J'essaie seulement de me constituer une carte mentale de ses propriétés. Avec un peu de chance, l'une d'elles sortira du lot.

— Attends, tu veux dire que tu sais où se trouvent toutes ces rues ? de tête ?

— Dingue, hein ? Toi, tu peux devenir invisible et lancer des boules de feu. Mais, *moi*, je suis une carte vivante de Détroit. Continue de lire.

Quatre pages plus loin, je l'interromps.

— « Copeland » ? Tu as bien dit « Copeland » juste avant ?

Elle remonte de quelques lignes.

— Copeland Street.

— Combien de numéros dans l'adresse ?

— Trois.

— Ce n'est pas une résidence. Regarde sur ton portable, j'aimerais vérifier. (Dès qu'elle me montre la carte, je sais quoi lui demander ensuite.) Maintenant, cherche dans la liste une adresse sur Willis Street.

Elle parcourt la liste page après page.

— Pas de « Willis ». Pourquoi ? Qu'est-ce que tu… ? Attends, la voilà. « Willis Street ».

— Regarde encore sur ton portable. Ça devrait être une maison d'habitation juste à côté de l'université de Wayne State.

— En effet.

— Mets la vue satellite. Je veux voir une photo des lieux.

— D'accord, mais je ne comprends toujours pas… Beurk ! qui peindrait sa maison dans cette teinte de *jaune* ?

Il ne m'en faut pas davantage. J'appelle Brenner et active le haut-parleur.

— Je sais où trouver Fencher. Il se planque dans la maison d'une fraternité étudiante près de l'université de Wayne State. Vous êtes prêt ?

Il connaît la chanson maintenant. Malgré les millions de questions qui lui trottent certainement dans la tête, il sait qu'il doit la boucler et me laisser d'abord livrer mes explications.

— Je vous écoute.

Je prends ma respiration et me lance :

— Vous avez entendu parler de la néréide, Nora Jacobs, et de la fois où un sorcier l'a enlevée il y a deux mois.

— Elijah, précise Elvira, suspendue à mes lèvres.

— Elijah, confirmé-je. Il a orchestré cette mascarade sous le couvert d'une fausse fraternité étudiante à Wayne State. Ses camarades et lui kidnappaient des occultes pour un rituel de magie noire.

Elvira ne tient plus en place, surexcitée.

— Mais Nora a sauvé tout le monde !

— En se faisant *enlever et presque tuer*, oui, on sait. Si l'*Agence* ne lui avait pas sauvé les miches en géolocalisant son portable dans un entrepôt sur Copeland Street, Elijah aurait assassiné douze occultes, Nora comprise, et serait devenu le sorcier le plus puissant de Détroit. Mais, à part ça, cette fille est un *génie.*

— Bref, grommelle Brenner en levant sûrement les yeux au ciel.

— Donc, devinez qui est propriétaire à la fois de l'entrepôt sur Copeland Street et de la maison étudiante près de Wayne State ?

— Les deux figurent sur la liste ?

— Propriétés de Titus Paul. Faut croire qu'Elijah ne sévissait pas seul sur le campus.

— Ce rituel de magie noire devait leur octroyer un pouvoir supérieur ? Dans quel but ?

— Personne ne le sait, parce que le troll de Nora a attrapé Elijah en premier, et qu'il est difficile de se confesser avec ses propres bras fourrés dans la gorge.

— Et vous pensez que Ronny Fencher se cache dans l'une de ces propriétés ?

— Pas l'entrepôt. Oliver Harrington l'a à moitié démoli en faisant sauter les portes pour entrer. L'équipe de nettoyage de l'Agence a rasé le reste pour coller à l'histoire officielle parlant de la destruction programmée du bâtiment.

— Ce serait la maison étudiante ? Je croyais qu'ils avaient fait une descente là-bas ?

— L'Agence a fouillé la maison et a mis la main sur sept complices au total, quand le rituel en nécessitait *douze*. Combien pariez-vous que Ronny Fencher et Roi Paul en faisaient partie et se sont fait la malle ? La maison est condamnée depuis. Affaire classée. Ça en fait la planque idéale. Qui songerait à le chercher là-bas ? La foudre ne frappe jamais deux fois au même endroit.

Sans être convaincu, Brenner reconnaît qu'il s'agit d'une piste, à supposer que notre petite excursion à l'université du Michigan porte ses fruits. Je découvre avec surprise un parking à moitié rempli devant le département informatique de la fac.

— On est le 23 décembre. Comment ça se fait qu'il y ait autant de monde ?

Elvira semble bouleversée quand elle répond :

— Ce sont tous ces *pauvres gens* qui viennent d'autres États et n'ont pas les moyens de rentrer chez eux pour les fêtes. C'est ce qui m'attend si on m'attrape en train de t'aider.

— Alors disparais, ce sera réglé.

— Plus tard. Je ne sais pas encore combien de temps ça prendra quand on sera dedans.

— Ah ! tu as donc des limites ?

— Évidemment. Comme tous les sorciers.

— T'as déjà essayé de voir combien d'énergie tu avais en réserve ?

— Non, ça va pas ? T'as déjà essayé de voir combien de temps tu tiendrais sans te métamorphoser ?

— Non, ce serait une torture.

En traversant le parking, nous croisons un groupe d'étudiants. D'un coup, je me sens vieille. Pour moi, ces mecs ressemblent à des gamins, avec des visages immatures et trois poils sur le menton. Ils reluquent mon décolleté et mon jean moulant sans accorder un regard à Elvira.

— Hmm ! c'est donc ça d'être la plus sexy du groupe ?

— Je déteste ce look, maugrée-t-elle.

— Tu es grognonne quand tu es nerveuse. Allez, file, pauvre petite étudiante. Il ne faut pas qu'on nous voie entrer ensemble.

Elle s'éloigne en tapant des pieds.

Chapitre 18

Je brandis mon insigne sous le nez de la femme à l'accueil.

— Un certain inspecteur Brenner a dû vous contacter. Nous avons rendez-vous ici.

— Oui, c'était au sujet des enregistrements vidéo d'un cours ?

— En effet. Il vous expliquera tout en détail. Moi je suis là pour commencer le travail.

— Bien sûr. Par ici.

Elle m'emmène dans un long couloir qui passe devant plusieurs salles informatiques. Plus de la moitié des ordinateurs sont pris, avec parfois cinq ou six étudiants autour d'un même écran.

— Il y a encore cours ?

— Non, mais beaucoup d'étudiants passent les fêtes ici. Nous leur laissons accès aux ordinateurs.

— Ah ! pour les jeux vidéo.

Elle soupire.

— En grande partie. J'aimerais dire que j'ai de la peine pour eux qu'ils ne puissent pas rentrer chez eux pour Noël, mais, à mon avis, la plupart préfèrent être ici.

Je scrute les visages à la recherche d'une moustache et de gros binocles, même si j'ai peu de chance de trouver Roi Paul ici. Il était chez lui quelques jours plus tôt. Il n'a pas de raison de revenir, au moins jusqu'après la soirée de Noël de ses parents. Nous pensons qu'il a ensorcelé le bureau de vidéosurveillance afin d'être alerté en cas de visionnage des images. Si nous déclenchons cette alarme magique, le trajet lui prendra environ une heure. On est large.

La femme s'arrête devant une porte sans écriteau logée dans un mur dépourvu de fenêtre. Elle toque.

Aucun signe d'Elvira depuis un moment. Dois-je essayer de gagner un peu de temps ?

— Où sont les toilettes, s'il vous plaît ? Je ferais mieux d'y faire un tour avant de passer des heures assises devant les enregistrements.

— Naturellement ! C'est juste à côté de l'accueil.

La porte s'ouvre alors, laissant apparaître un quinquagénaire avec une tête de chien battu et une voix fatiguée.

— Allez-y, entrez.

— Juste une minute, Glen. Madame va passer au petit coin avant.

Une main invisible me saisit le coude, puis je sens un léger contact au creux de mon dos.

— Oh ! je balbutie. Non, je ne voudrais pas nous retarder. Mettons-nous au travail.

— Allez-y, entrez, répète le technicien informatique sur le même ton monocorde.

Il s'écarte pour nous permettre d'accéder au bureau le plus riquiqui que j'aie jamais vu. La femme est obligée de se faufiler de côté pour pénétrer dans ce placard à balais.

J'aimerais proposer de fermer la porte, histoire de donner à Elvira le temps de se glisser après moi, mais l'employé s'en charge dès que je passe le seuil. Esquissant promptement un pas de côté, je sens mon amie prise en sandwich entre mes jambes et un bureau. Un piaillement de douleur se fait entendre, suivi d'un coup sourd, et une bouteille d'eau se renverse. Je sauve les apparences en faisant mine de me rattraper au meuble.

— Pardon, je n'avais pas vu le bureau.

La femme adresse à Glen un regard réprobateur.

— A-t-on idée d'être aussi brusque !

— La porte doit rester fermée, énonce-t-il. Pour garder la chaleur.

— Ne vous en faites pas, dis-je, c'est juste moi qui suis maladroite.

Je me penche en arrière, espérant laisser passer l'homme devant moi. Mon cœur bondit quand il m'écarte d'un petit coup épaule pour redresser la bouteille et rassembler quelques feuilles éparpillées sur la table. Elvira se tenait là. Comment se fait-il qu'il ne l'ait pas malencontreusement touchée ? Au moment où j'en déduis qu'elle s'est cachée sous le bureau, Glen s'accroupit à cet endroit pour ouvrir un miniréfrigérateur et en sortir une autre bouteille.

— Si vous avez soif, dit-il en me l'offrant.

Il se tourne ensuite vers un ensemble d'écrans d'ordinateurs.

Je suis sans voix. Le seul autre coin vacant dans cette micropièce se trouve derrière la porte. Comment diable Elvira a-t-elle réussi à s'y couler ?

— J'ai calé la vidéo au moment qui vous intéresse, m'explique Glen. Droit des affaires internationales, cours 592, classe numéro 201711, jeudi dernier, début à 18 heures.

Il se prend une chaise, appuie sur une touche du clavier. L'écran affiche le plan panoramique d'un amphithéâtre qui se remplit d'étudiants.

— Dites-moi quand appuyer sur pause.

J'adopte mon ton le plus professionnel.

— En fait, je vous demanderai d'arrêter maintenant. Ces enregistrements pourraient contenir des informations sensibles. L'inspecteur Brenner et moi sommes les seuls autorisés à les consulter.

La femme répond pour eux :

— Oh ! bien évidemment.

Glen, quant à lui, paraît hésiter. Il insiste pour me faire tout un cours sur le fonctionnement des touches de contrôle. Après quelques interruptions de ma part, il capitule enfin et libère la chaise. Je leur ouvre la porte en prenant soin de l'entrebâiller seulement, afin de ne pas écraser Elvira derrière. Malheureusement, vexé, notre ami Glen pousse le battant contre le mur en sortant. Je m'attends presque à entendre un craquement d'os.

— Laissez la porte fermée, m'enjoint-il. Faut pas laisser le froid entrer.

— Comme ça ? (Je lui claque la porte au nez, avant de me tourner vers le coin vide.) T'es morte ?

La voix d'Elvira se manifeste derrière moi, en hauteur.

— On pourra un peu mieux prévoir le coup la prochaine fois ?

Elle apparaît, perchée sur le bureau sur une jambe, collée contre le mur, l'autre pied sur le panneau d'un disjoncteur.

— On a déclenché l'alarme magique, ajoute-t-elle.

— Quand ça ?

— Dès qu'il a lancé la vidéo. (Elle saute du bureau, paniquée.) Roi Paul sait forcément qu'on est là. Et s'il débarque ? S'il me voit ?

Je tente un coup de bluff :

— Il ne va pas débarquer. Il a seulement mis cette alarme pour savoir si et quand quelqu'un regarde la vidéo. En ce moment, il est assis chez lui, à plus d'une heure de route, en train de se féliciter d'être plus malin que tout le monde.

Ses mains tremblent.

— Oui, mais s'il est *vraiment* plus malin ? Si je n'arrive pas à annuler son sort ? Il ne s'agit plus d'une banale porte verrouillée, Shayne. On parle de technomancie, une forme de magie totalement différente.

Maintenant, c'est moi qui panique. Pourquoi ne pas m'avoir parlé de ses inquiétudes plus tôt ? Tant pis, il est trop tard pour renoncer. Je dois rester impavide et bluffer jusqu'au bout. Serrant sa main affectueusement, je lui fais une promesse impossible à tenir.

— Hé ! regarde-moi. On ne laissera rien t'arriver.

Elle inspire profondément.

— Je sais. Je vous fais confiance. Mais… qu'est-ce que je fais là ? On parle de moi, Elvira. Je devrais être assise dans un café en train de siroter un *latte* avec mes amis devant une cheminée en pierre.

— Bien sûr, des amis qui ne soupçonnent pas l'étendue de ton pouvoir ni la personne incroyable que tu es en réalité. Rah ! pourquoi m'obliges-tu à sortir ces phrases cucul ? Tu sais que j'ai horreur de ça.

— Pardon. J'en ai besoin, d'accord ? Ça m'aide.

Elle me fait signe de continuer sur cette voie.

— On se roulera des pelles plus tard. Pour l'instant, on doit se mettre au travail. (Je désigne l'écran.) Là, regarde.

Sur la vidéo, Roi Paul entre dans la classe, les bras chargés de livres et d'un blouson. Ses binocles ont dû glisser sur son nez, car il penche la tête en arrière pour mieux voir. Il se cherche une place. Un tiers de l'amphi est déjà plein, surtout les premiers rangs.

Elvira se tord les doigts.

— D'accord, je vois. C'est un tour de magie assez élémentaire chez les sorciers. On apprend à le faire en CE1 pour sécher les cours. Pas en vidéo, c'est beaucoup plus compliqué, mais le principe reste le même. Il cherche une bonne place, de préférence au milieu d'une rangée, pour que personne n'ait à se faufiler devant lui pour sortir. Là, tu vois ? Parfait.

Roi Paul choisit une place au milieu d'une rangée centrale vide.

— Maintenant, il va étaler ses affaires, pour s'assurer que personne ne s'assiéra à côté de lui.

En effet, il pose son blouson sur un siège, ses livres et son téléphone sur l'autre. Puis il prend place entre les deux et regarde le tableau.

— Nickel. Donc il va rester assis un moment, histoire de laisser son empreinte à cet endroit. Il s'imprègne des lieux, grave la scène dans son esprit, mémorise la salle telle qu'elle apparaît quand il y est présent. Maintenant, dans ce cas précis, il va sans doute devoir… Là ! (Roi Paul fixe ses grands yeux vides sur la caméra, sur nous.) Il prend le contrôle de la caméra, tu vois ? Il se projette par magie, cherche les signaux électroniques pour remonter les fils jusqu'à l'enregistreur.

— C'est flippant. On dirait qu'il nous voit.

Mon téléphone vibre dans ma poche. Elvira sursaute.

— C'était ton portable ?

— Continue. Qu'est-ce qui se passe ensuite ?

— Rien. Normalement, c'est tout. Regarde : il va se lever et partir. (Ça ne loupe pas, il sort de sa rangée puis quitte la salle par le fond.) Classique. Il va probablement s'enfermer un moment dans les toilettes, le temps de s'assurer que plus personne ne sait qu'il est là. Et, pendant ce temps…

Elle désigne la vidéo, qui montre Roi Paul revenir dans l'amphi.

— Donc, là, ce n'est pas lui ?

— Non. C'est son illusion. Tiens, regarde. (Un étudiant se penche pour lui souffler quelque chose au passage, sans réaction de sa part.) Il fout un vent à ce mec parce que l'illusion ne peut ni parler ni réagir à son environnement. C'est le risque avec ce genre de sort. Il faut espérer que personne ne s'approche ou n'essaie de nous toucher. Tout ce qu'on peut vraiment faire, c'est… ça.

Le faux Roi Paul reprend sa place centrale, le regard rivé sur le tableau. Mon téléphone vibre de nouveau.

— À ce moment-là, le vrai Roi Paul regagne déjà sa voiture sur le parking, conclus-je.

— Exactement, et, regarde : il a même laissé son portable.

Sur l'écran, le sorcier se penche pour consulter son téléphone, posé sur la pile de livres.

— Malin. Ça confirmera son alibi si jamais les flics vérifient son portable. Mais ça fonctionne seulement si…

Elle prend le relais :

— Si la vidéo reste truquée. Sans l'illusion…

— La vidéo prouvera qu'il n'est jamais revenu en cours, mais a laissé son portable en guise d'alibi. (Je souris avec un plaisir coupable et, tout excitée, la secoue par les épaules.) Le véritable Roi Paul veut-il bien venir à la barre ?

— Va pas nous porter la poisse. On ne sait pas combien de cadenas il a mis sur ce sort.

— Tu vas tous les forcer.

Pour la troisième fois, mon portable s'agite dans ma poche.

— T'inquiète, je vais essayer, mais tu devrais regarder ton téléphone. C'est peut-être Brenner.

En effet. Les trois messages sont de lui, mais je ne vois que le dernier : « Il est dans le bâtiment ! » Au risque de faire paniquer Elvira, je dois quand même filer fissa. Sans un mot, je sors, referme la porte et, en me retournant, manque de percuter Roi Paul. Le vrai. Il penche la tête de côté pour me dévisager à travers ses grosses lunettes. Je m'efforce d'adopter un ton facétieux :

— Très convaincant.

Puis je poursuis ma route comme si de rien n'était.

— Que faites-vous là ? me lance-t-il.

Je dois mobiliser le peu d'autodiscipline que j'ai pour ne pas m'arrêter. Mon instinct me hurle de revenir sur mes pas, de me dresser entre Elvira et le danger, mais il me faut à tout prix éloigner Roi de cette porte. À cet instant, il entendrait le moindre reniflement de sa part.

— Je pourrais vous poser la même question, réponds-je par-dessus mon épaule. Vous ne deviez pas être chez vous pour les fêtes ?

— Mère a changé d'avis, grâce à vous.

Je ralentis le pas et respire enfin quand j'entends le bruit de ses longues foulées derrière moi. Sa voix se rapproche.

— Après le « scandale », comme elle l'appelle, mère m'a non seulement désinvité de sa soirée de Noël, mais elle m'a aussi chassé de la maison.

— Vous m'en voyez navrée.

— J'en doute.

— Mince ! vous avez raison.

— Où est donc votre cher ami, l'inspecteur ?

Bien que ses propos tiennent de la provocation de cours de récré, son ton n'a rien d'espiègle. Il est irrité, impatient.

— L'inspecteur Brenner ne devrait pas tarder à arriver, avec l'espoir de démonter votre alibi. La directrice West m'a chargée d'examiner les enregistrements vidéo en premier, au cas où vous ne seriez pas aussi doué que vous l'imaginez.

— Et ?

Je m'arrête devant les baies vitrées de la salle informatique. Le raffut des joueurs, des claviers et des sons de jeux couvrira notre conversation.

— Félicitations, vous avez commis le crime parfait.

Aussitôt, il se détend et retrouve son éternelle expression blasée.

— Je serais néanmoins curieux de savoir comment l'inspecteur Brenner justifie ce déplacement ? Que peut-il bien avoir pour faire de moi un suspect ?

— Rien de recevable. Il ne peut pas débarquer dans le bureau de son supérieur en lui disant qu'il soupçonne un acte de sorcellerie. Cependant, les cadavres ayant été retrouvés sur les propriétés de votre famille, il est logique qu'ils enquêtent sur vous. C'est la procédure. Une fois qu'il aura vu la vidéo, il sera obligé de laisser tomber.

À mesure que je le pipeaute, une nouvelle stratégie se dessine dans mon esprit. Je fais mine de repartir en lâchant une dernière remarque désinvolte :

— Mais il aura Ronny Fencher, donc… affaire classée. Tout le monde est content.

Malheureusement, il ne mord pas à l'hameçon. Il reste là, immobile, sans cligner des yeux. *Malaise.* Je souris.

— Alors, là, c'est le moment où vous dites : « Fencher ? Comment diable pourrait-il coincer Fencher ? » Et moi je vous réponds : « Oh ! vous l'ignoriez ? Brenner a obtenu une liste des propriétés de votre famille. Au moment où je vous parle, son équipe fait du porte-à-porte pour vérifier. Et, oui, la liste est longue, ça prendra du temps, mais tôt ou tard… »

Je laisse ma phrase en suspens dans l'espoir de susciter une réaction. Même là, Roi reste stoïque. Tant pis pour la subtilité.

— Donc là, vous prenez l'air méfiant et vous me demandez : « Tôt ou tard ? » Et je réponds : « Tôt au tard, ils finiront par frapper à la maison jaune sur Willis Street. »

Enfin, une réaction. Presque imperceptible. Un léger frétillement de moustache tandis qu'il serre les lèvres.

— Cool ! Je croyais devoir décrire la tête que vous feriez, mais plus besoin.

Il se rapproche. Je reculerais volontiers si je n'étais pas déjà dos à la vitre.

— Une fois de plus, je veillerai à m'exprimer en termes clairs, sans tous ces petits jeux inquisiteurs, car, très sincèrement, cette méthode puérile insulte votre intelligence.

— Euh… merci ?

— Je comptais me fendre d'un simple rappel, mais peut-être vaut-il mieux passer directement à la mise en garde. Désormais, aux yeux de la police de Détroit, nous sommes complices, vous et moi. Quoi que j'aie commis, vous l'avez couvert. Vous avez placé vos dominos derrière les miens, agent Shayne. Que se passera-t-il si on me fait tomber ?

— Détendez-vous. Même si Fencher vous dénonce, ce sera sa parole contre la vôtre. Il n'a aucune preuve, et nous avons une vidéo de trois heures qui vous montre en cours le soir du meurtre. Et puis plus personne ne joue aux dominos de nos jours.

Il s'empourpre et siffle :

— J'ignore quel genre d'individus vous avez l'habitude d'interroger, mais ils ne doivent pas être futés si ce genre d'entourloupe fonctionne sur eux. Vous jouez les idiotes.

— Peut-être, ça ne veut pas pour autant dire que je vous prends pour un idiot. J'ai parfois affaire à des gens assez lents, mais, le plus souvent, j'ai simplement envie de leur offrir une chance de sauver la face, le sentiment de tenir les rênes, comme si j'étais dans l'impasse sans eux. Ils aiment se dire que je leur serai reconnaissante.

— Malin.

— Mais inutile avec vous, je suppose ?

— Exact.

— Super, dans ce cas, permettez-moi d'aller droit au but.

— Faites donc.

— Pourquoi l'arrestation imminente de Fencher vous rend-elle si nerveux ?

Malgré son calme retrouvé, il reste campé devant moi, bien trop près à mon goût. Ajustant ses lunettes, il répond :

— Fencher possède les clés de plusieurs de mes propriétés, y compris celles de la villa et de l'entrepôt effondré.

— Il a des clés ? Des doubles ?

— Non.

— Les vôtres ?

— Les miennes. Père m'a offert plusieurs propriétés après m'avoir entendu exprimer un vif intérêt pour la spéculation immobilière.

— Je vois. Et on ne pourra pas soutenir que Fencher vous a volé ces clés parce que… ?

Il cligne lentement des yeux.

— Parce que nous nous retrouverions avec trop d'incohérences. Si Fencher m'avait volé les clés il y a un an, avant le premier meurtre, pourquoi n'ai-je rien dit à mes parents ? Pourquoi n'ai-je pas demandé un nouveau jeu de clés à mon père ?

— Facile, vous aviez peur de vous faire gronder à cause de votre négligence.

Il pousse un petit soupir.

— Une piètre défense, quoique pertinente dans mon cas.

— Même si je n'ai rien compris, je sens qu'il y a un « mais ».

— Mais… cela n'explique pas comment j'ai pu utiliser mes clés cette année.

Je grimace.

— Ah !

— J'ai sorti le bateau, par exemple. Ce sera consigné dans les fichiers du yacht-club. J'ai organisé plusieurs soirées sur ces propriétés.

— Vous, des soirées ?

— Vous les appelleriez des rassemblements politiques.

— Espèce de rustre.

Il arque un sourcil.

— Tout cela pour dire…

Oh ! je vois très bien ce qu'il veut dire, et ça me met en joie, mais je ne dois rien laisser paraître. Je baisse les épaules en prenant l'air découragée.

— Que, comme des cons, vous avez partagé les mêmes clés. Si la police de Détroit pince Fencher, ils auront de quoi vous impliquer.

— *Nous* impliquer, agent Shayne. (Il se penche sur moi en posant une main sur la vitre.) Rappelez-vous, les dominos.

— Je ne vais pas mentir, vous êtes plutôt fort à ce jeu. Si vous n'étiez pas vous, on nous croirait presque en train de nous chambrer gentiment.

Soudain, il empoigne le col de mon blouson à deux mains et me secoue avec une telle violence que mon crâne cogne contre la vitre. Mes jambes se dérobent et, l'instant d'après, je me retrouve clouée à terre sous lui. Mes poumons se vident. Il me brutalise de nouveau, me fracassant la tête sur le sol. Des larmes me piquent les yeux. Je lui agrippe les bras, sans aucune vigueur. Ses poings m'enserrent le cou, ses pouces m'écrasent la trachée.

Un instinct primitif s'éveille, me hurle de me métamorphoser, mais vingt-sept ans de conditionnement me poussent à résister. Je ne peux pas me transformer – trop de témoins. Cette myriade d'étudiants qui jouent sur les ordinateurs de l'autre côté de la fenêtre. Le vacarme va les attirer ici dans la seconde, n'est-ce pas ? J'entends des bruits de pas dans le couloir. Des voix. Celle du technicien informatique, basse et monotone. Une autre lui répond, et le soulagement m'envahit. Brenner. Mais pourquoi ne perçois-je aucun affolement dans sa voix ? On m'agresse sous son nez !

— Brenner, appelé-je d'une voix rauque.

— Vas-y, dit Roi en desserrant les doigts. Hurle tout ton soûl. Fais un esclandre.

J'aspire une grande goulée d'air, mais n'essaie pas de crier. À l'évidence, il nous a rendus invisibles et inaudibles. Brenner ne voit qu'un couloir désert et n'entend que des étudiants sur leurs jeux vidéo. Le technicien et lui passent juste à côté de nous. La peur me saisit. Là encore, je me retiens de justesse de me métamorphoser.

— Monsieur, articulé-je, les dents serrées, vous savez comme moi que je ne suis pas votre type.

— Pas celui que je demanderais à Fencher de me kidnapper, en effet. (Il me secoue encore.) Mais celui que je garderais volontiers pour moi.

Je frémis. Le pire, dans tout ça, c'est que son visage est toujours aussi inexpressif. Comme s'il se faisait un sandwich au lieu de m'étrangler. Je meurs d'envie de griffer ses yeux de marbre ; malheureusement, ma main refuse de m'obéir. Je suis paralysée par la même magie qui vibre dans ses bras et les rend aussi solides que de l'acier. Je le raille :

— Un caïd aux muscles magiques.

Ignorant ma pique, il jette un coup d'œil à Brenner par-dessus son épaule tandis que le technicien enfonce ses clés dans la serrure de la porte sans écriteau. Je vis une catastrophe en direct, et je ne peux rien faire pour l'empêcher. Et si Elvira n'a pas fini ? Si elle n'a pas assez d'énergie pour redevenir invisible ? Brenner est nerveux, il ne cesse de consulter son portable, attendant sans doute une réponse de ma part.

L'employé ouvre la porte, entre dans le bureau. Brenner tient le battant en fouillant la pièce du regard, avant d'être obligé d'entrer quand Glen se plaint de la chaleur qui s'échappe. La porte se referme, et je respire de nouveau. Roi reporte son attention sur moi.

— Pourquoi tout ceci ressemble-t-il à un stratagème ? Comme si vous bougiez des pièces sur un échiquier ?

— Sans doute parce que c'est mon boulot. En soi, je rêverais de vous voir vous ramasser la gueule, littéralement, mais la directrice West m'a ordonné de ne pas laisser cette affaire vous toucher, votre famille et vous. Il a été décidé que la meilleure solution pour tout le monde était de laisser la police arrêter son coupable : Fencher porte le chapeau.

— Vous leur avez parlé de la maison jaune ?

— Évidemment. Sans moi, ils n'attraperont jamais Fencher. J'ai construit un putain de château de cartes en arrangeant ce coup sans vous impliquer, et, vous, vous me parlez de vos fichues clés : encore une carte à ajouter.

Vous n'imaginez pas à quel point je suis tentée de laisser ce château s'écrouler. Rien à battre de vos dominos.

—Je peux récupérer les clés.

—Encore mieux. Fencher prendra peur et s'enfuira. D'ailleurs, pourquoi vous ne le tuez pas tant que vous y êtes ? Comme ça, la directrice ne pourra pas me reprocher d'avoir tout fait foirer, et ça donnera à la police de Détroit une bonne raison de se mettre à la recherche de celui à qui profite le crime. L'affaire prend soudain des proportions monumentales.

Il me scrute attentivement.

—Vous pouvez récupérer les clés ?

—Pas si vous restez assis sur moi.

—Quand ?

Je mens éhontément :

—J'en sais rien, bon sang ! Mais il y a le temps. Tout le monde est en vacances, Brenner mettra des semaines à obtenir un mandat de perquisition. La police n'aura aucun moyen d'intervenir avant la nouvelle année. La vraie question, c'est : pouvez-vous me garantir que Fencher n'ira nulle part en attendant ?

—Où irait-il ? Que ferait-il sans moi pour le guider ? J'ai le sentiment que vous ne saisissez pas bien la situation. Croyez-vous que les ogres puissent faire long feu en société, sans même parler de garder un emploi, sans quelqu'un pour réfléchir à leur place ? Comprenez, agent Shayne. Sans moi, Ronny Fencher aurait semé la terreur en ville. Des dizaines de filles seraient mortes au lieu de deux.

—Je vois. Donc, vos meurtres ont en réalité *sauvé* des vies si je comprends bien ?

—On peut le considérer comme le moindre mal.

— Pour une fois, nous sommes d'accord. De vous deux, Ronny Fencher est très clairement le moindre mal.

Il m'empoigne par le col et me tire à lui.

— Si vous comptez passer à la maison jaune, vous devrez me dire qui vous seconde sur cette affaire. Du côté de l'Agence, j'entends.

— Personne. Il n'y a que moi.

Il plisse ses yeux perçants.

— Pas de sorcier ?

Mon cœur cesse de battre quand je me rends compte qu'il essaie peut-être de surprendre une image dans mon esprit, à l'instar d'Elvira avec la chambre d'hôtel dans la tête de Brenner. Non, ne pas penser à Elvira. Tout le monde sauf elle. Merde ! est-ce déjà trop tard ? Comment se forcer à ne *pas* penser à quelque chose sans y penser ?

— Non, pas de sorcier. Vous êtes sérieux ? West tient à éviter que l'affaire s'ébruite, surtout auprès des sorciers. Pourquoi ? Vous avez quelque chose à me dire sur la maison jaune ? Elle est protégée par un sort ?

Il me lâche subitement et s'éloigne à grands pas. Je bondis debout.

— Hé ! répondez-moi, bordel ! Y a-t-il un danger ? Nous ne devons pas attirer l'attention. Roi !

Il pousse les portes de sortie et disparaît dehors. La seconde d'après, notre sort d'invisibilité s'évapore. Je le sais parce qu'un mordu d'informatique qui passait à ce moment-là lève les yeux de son téléphone et fait un bond de côté.

— D'où vous sortez !?

Certes, il n'y peut rien, mais je suis tellement en pétard à ce stade qu'il m'est impossible de tenir ma langue.

— De ton pire cauchemar, minus, voilà d'où je sors. Sur la tête de Hadès, je voue à cet instant une haine sans limite envers ton sexe et ta génération, et, sur ces deux problèmes, il y en a un auquel je peux remédier tout de suite, alors tire-toi avant de finir castré, tête de nœud.

Il détale comme un lapin.

Je sursaute quand des bras invisibles me saisissent délicatement par-derrière. En m'entendant hurler, le geek glapit et enfonce la porte de sortie. Lorsque je sens le visage d'Elvira se presser contre mon dos, un long soupir de soulagement m'échappe. Le temps de retrouver mon souffle, puis je lui murmure :

— S'il te plaît, dis-moi que tu as réussi.

Elle m'étreint pour me rassurer.

— J'ai réussi.

Chapitre 19

Le soleil se couche sur une veille de Noël neigeuse. Brenner m'a donné rendez-vous dans un joli hôtel en centre-ville. Le hall d'accueil est désert, un feu crépite doucement dans une cheminée en pierre. L'inspecteur s'avance vers moi avec deux tasses de café. Invisible, Elvira me serre la main et pose la tête sur mon épaule. Une façon de me signifier : « Oooh ! vous êtes tellement trognons tous les deux. »

Dommage, nous sommes là pour travailler, pas pour nous amuser. J'accepte la tasse qu'il me tend.

— Je n'ai pas vu votre voiture sur le parking.

— Je l'ai garée derrière. Il y a une porte de service juste à côté de la chambre.

— J'en déduis que ce n'est pas la première fois que vous venez ici ?

Il boit une petite gorgée de café.

— Elvira nous rejoint ?

— Elle arrive. Je lui ai demandé d'attendre dehors.

Je n'ai aucun scrupule à lui mentir. Elvira ne m'en voudra pas de souhaiter que Brenner nous pense seuls. Il paraît très calme ; peut-être a-t-il envie de discuter.

— Elle est nerveuse ? s'enquiert-il.

— Elle a un peu peur d'arriver en retard à la soirée de Noël des Paul. C'est son alibi pour ce soir. Si elle ne s'y présente pas, tout le monde saura qu'elle trafiquait quelque chose.

— On l'aidera à rentrer à temps, m'assure-t-il, avant de laisser son regard se perdre dans le vague. Elle me rappelle beaucoup…

— Haley.

Alors qu'il acquiesce, Elvira me pince le dos de la main. Je lui écrase le pied de tout mon poids.

— Parfait, reprends-je. Donc vous n'envisagez pas de sortir avec elle ? En général, quand les hommes de mon entourage rencontrent Elvira, ils me demandent aussitôt de leur arranger le coup.

— Ça vous agace ?

— Non, ça ne m'a jamais embêté jusqu'à aujourd'hui. Mais c'est différent avec vous. Si vous vouliez que je vous organise un rencard, oui, ça m'agacerait.

Il braque son regard sur moi, comme surpris par mon honnêteté. Ben quoi ? Brenner n'est manifestement pas sensible à la subtilité. Nous sommes seuls dans un lieu paisible à la veille de Noël, devant un bon feu de cheminée. Au diable la subtilité ! De plus, c'est visiblement le moment idéal pour le mettre sur la sellette. Quelque chose le tracasse. Pourquoi n'a-t-il pas proposé qu'on rejoigne les autres d'entrée de jeu ?

— Voulez-vous vous asseoir ? demande-t-il en désignant la cheminée.

— Près du feu ? Je préférerais me tenir sous du gui, mais…

Je jette un coup d'œil alentour. Pas de gui. Brenner m'adresse ce regard compliqué que j'en viens à détester. Elvira me retire brusquement sa main comme pour dire : « Mais t'es malade ? Boucle-la et va t'asseoir avec lui, enfin ! »

Oui, je suis malade. Quelque chose me ronge, me pèse… Un sentiment d'injustice. En réalité, on devrait plutôt parler d'un « crève-cœur », mais je ne me sens pas prête à affronter cette vérité pour le moment. Il reste trop de flous. Raison pour laquelle j'ai demandé à Elvira de m'accompagner jusque dans la chambre d'hôtel. Certes, il aurait mieux valu pour elle qu'elle m'attende dehors, mais mon égoïsme l'emporte sur ce coup. J'ai besoin d'elle.

Nous nous installons près de l'âtre. Le feu me réchauffe le dos. De la réception nous parvient une musique de Noël, avec le tintement enjoué de ses clochettes. Les rayons dorés du soleil couchant plongent le hall d'accueil dans un contraste saisissant de faisceaux rouge orangé et de longues ombres noires. Dehors, la neige étincelle dans la lumière vespérale. Un cadre idyllique. L'heure magique qui m'évoque souvent le sourire de Brenner : une magnifique et radieuse mélancolie.

Un long silence s'ensuit. Quand Brenner ne me regarde pas, je lui jette de brefs coups d'œil, et je le sens faire la même chose de son côté. Enfin, il se racle la gorge.

— Un public difficile nous attend dans la chambre.

— J'imagine.

— J'ai l'impression… On dirait que… (Il cherche ses mots dans sa tasse de café.) Il y a deux camps, et je me retrouve coincé au milieu, à essayer de… de trouver ma place dans les deux. L'Occulte aimerait me voir disparaître, mon monde ignore ce que je sais, et les rares personnes au courant ne portent pas vraiment votre espèce dans leur cœur. À moins de me résigner à prendre le parti d'un camp contre l'autre, je dois accepter d'être la cinquième roue du carrosse, ou de jouer les idiots jusqu'à la fin de ma vie, voire les deux.

— « La cinquième roue du carrosse » ? À quel moment vous ai-je donné ce sentiment ?

— Pas vous, Shayne. C'est justement… Vous êtes la seule…

— Coincée avec vous entre ces deux camps.

— C'est ma faute. Vous êtes dans cette situation à cause de moi.

— Pitié ! On ne va pas revenir là-dessus.

— Je ne gagnerai jamais. Quand cette histoire sera terminée, Regina fera son deuil, nous aurons aidé un camp, mais aggravé les choses dans l'autre. Beaucoup vous haïront quand on apprendra que vous m'avez aidé.

— Ce n'est pas grave.

— Ne dites pas ça. C'est très grave, et vous le savez.

— On a déjà eu cette conversation hier. Minute, ce n'est pas ce jour-là que vous m'avez affirmé ne pas pouvoir boucler cette affaire sans moi ?

— Je n'essaie pas de vous embrouiller.

— Eh ben, c'est raté !

— J'ai vraiment besoin de vous. C'est la suite qui m'inquiète.

— Quoi ? De quoi vous parlez ?

— Vous devez vous distancer de moi, Shayne.

J'abats brutalement ma tasse.

— N'importe quoi ! Et puis, ça veut dire quoi me « distancer » ?

— Eh bien… prendre de la *distance*, c'est assez clair pour le coup. Inventez n'importe quoi. Dites-leur que je vous ai forcée à m'aider, que je vous ai manipulée.

— Comme si vous pouviez me manipuler !

— Je n'en sais rien. C'est vous la pro du bluff, pas moi.

— Oh ! je ne suis pas d'accord. Vous semblez plutôt doué pour déguiser votre pensée.

Il repose son café, pris de court.

— Comment ça ?

— Je vais vous simplifier les choses, Brenner. Je répéterai même mot pour mot ce que vous m'avez dit. Je suis en mesure de le faire, voyez-vous, parce que je bois toutes vos paroles. Si ridicule que ça puisse paraître, je suis suspendue à vos lèvres, attentive à vos moindres mouvements : je connais toutes les expressions de votre visage, ce qui n'a rien d'un exploit en réalité, car vous n'en avez que deux, et j'en vois une en ce moment même. Il y a quelques secondes, vous venez de me dire : « J'ai vraiment besoin de vous. C'est la *suite* qui m'inquiète. » Alors, la question est simple : qu'est-ce qui vous inquiète ? Les ennuis monumentaux qu'on aura avec l'Agence, ou cette fameuse « distance » que je suis censée mettre entre nous ? (Comme je m'y attendais, il ne cherche même pas à répondre, je m'en charge donc à sa place.) Peut-être que vous ne savez simplement pas ce que vous voulez, Brenner, mais, pour ma part, je commence à y voir de la lâcheté. Et, pour info, si vous voulez me voir partir, il faudra me le dire en face.

Je n'ai jamais autant eu la trouille de ne plus pouvoir dire un mot. Je masque cette peur en le défiant du regard. À mon grand soulagement, il reste muré dans son silence, me donnant le courage d'aller jusqu'au bout.

— Vous voulez me voir partir ?

— Non, répond-il sans la moindre hésitation.

Mon cœur palpite de joie et se serre d'angoisse en même temps. Encore ces maudits papillons vampires ! J'espérais évidemment cette réponse, mais elle confirme aussi mes craintes : s'il ne veut pas me voir partir, c'est que quelqu'un d'autre l'encourage à se débarrasser de moi, une personne qu'il écoute.

— Avez-vous quelque chose à m'avouer ?

Évidemment, son téléphone sonne pile à ce moment-là pour lui signaler un nouveau message. Il se lève.

— Ils nous attendent.

Fin du temps imparti. Je ne le laisserai pas se dérober. Pas question. Je me campe devant lui, si près que je vois les mouchetures foncées dans ses yeux émeraude. La fine cicatrice au-dessus de son sourcil droit. Une coupure sur son nez. Des ecchymoses sur ses joues. Je baisse la voix et ronronne :

— Moi non plus, je ne veux pas partir, Jay. Dites-moi juste une chose. Un mot. Un seul mot, ce n'est pas trop demander pour Noël. S'il n'y avait pas de camps, pas de cinquième roue, pas de tiraillement, rien que nous, vous et moi, personne d'autre, rien pour nous arrêter. On serait *davantage*. N'est-ce pas ?

Un nuage vient voiler son regard. Il m'attire doucement contre lui par la boucle de ma ceinture. Au moment où nos lèvres vont s'effleurer, il incline la tête pour coller son front au mien et reste ainsi, tremblant, en proie à une lutte intérieure. Il me suffirait de tendre le menton pour l'embrasser, mais j'ai trop peur d'empirer la situation. Ce questionnement, quel qu'il soit, le met au supplice. Depuis le début, comprends-je enfin. Fidèle à lui-même, il a encaissé sans broncher. Et voilà que j'enfonce le clou par mon insistance. Je le torture.

Je recule, décontenancée. Les mâchoires serrées, le regard enflammé, Brenner me contourne pour traverser le hall. Je lui emboîte le pas.

La chambre se situe au rez-de-chaussée, au bout d'un couloir, à côté d'une sortie. Au moment où Brenner frappe à la porte, je sens soudain la main d'Elvira se glisser dans la mienne. D'un coup, je dois redevenir professionnelle.

Avoir les idées claires. Tâche grandement facilitée quand l'agent spécial Hillerman nous ouvre la porte. Mon émoi se mue aussitôt en colère.

Dans le cadre de notre opération, la chambre a été transformée en quartier général. Les murs sont couverts d'images satellites de la maison jaune sur Willis Street. Un arsenal de fusils d'assaut et d'équipement tactique recouvre les lits jumeaux. Deux malabars barbus s'affairent à se préparer, vérifiant les sangles de leurs gilets pare-balles, resserrant les boucles, bourrant leurs poches de munitions. Une femme effectue des réglages sur une paire de jumelles à infrarouge. Tous s'interrompent à mon entrée pour me dévisager.

Elvira me tire le bras à trois reprises, le signal dont nous avions convenu. Mes pires craintes se trouvent confirmées : c'est bien la chambre d'hôtel qu'elle a entraperçue dans l'esprit de Brenner. Il est déjà venu ici, sans doute plusieurs fois, et très certainement pour retrouver *cette femme*. L'agent Hillerman. Tout s'explique. Son réflexe de se garer derrière, près de la sortie. Les multiples regards qu'ils ont échangés à Cleveland. Et, par-dessus tout, ça explique son mépris croissant envers l'Occulte. Je peux encore imaginer un tas d'autres conséquences, pires les unes que les autres, à leurs petites entrevues secrètes, mais je ne tiens pas à m'effondrer devant tout le monde. Le mieux reste encore de fermer ma gueule et de garder mon calme.

— N'hésitez pas à vous servir, propose Hillerman en désignant leur matériel.

— J'ai ce qu'il faut dans ma voiture, explique Brenner.

— Y compris des lunettes de vision nocturne ?

— Non, ça, je n'ai pas.

L'autre agent lui tend les jumelles à infrarouge. Hillerman se tourne vers moi.

— Agent Davies, avec votre vue aiguisée, je suppose que des jumelles sont inutiles ? (Ses collègues échangent un regard.) Vous y allez métamorphosée ou humaine ?

Je déteste la façon décomplexée dont elle parle de ma double nature devant de parfaits inconnus, dont l'hostilité à mon égard est palpable. Je rétorque :

— Qu'est-ce qui vous dit que l'humaine n'est pas ma forme métamorphosée ?

— Navrée. Vous vous identifiez davantage à votre renarde ?

— Je ne m'identifie à rien du tout. (Lasse de ces regards fixés sur moi, je reporte ma colère sur le malabar à la barbe rousse.) On se connaît ?

— En effet, vous vous êtes déjà rencontrés, confirme Hillerman. Sur le toit, la nuit où vous avez appréhendé Arael Moaz. Mon équipe était à bord de l'hélicoptère.

— Mais oui ! les mecs qui ont pointé leurs fusils sur nos gueules.

Le malabar sourit à l'évocation de ce souvenir. Hillerman enfile un gilet pare-balles.

— J'imagine que des présentations s'imposent. Agents du Groupe d'intervention de l'Occulte, voici Shayne Davies, métamorphe renarde et pilote de voiture émérite. Shayne Davies, voici mon équipe du GIO. (Elle hoche la tête vers Barbe-Rousse.) Là, vous avez Dutch. Des fées ont enlevé son petit garçon et l'ont remplacé par un changeling. (Elle lève le menton vers son collègue.) Lui, c'est Guerro. Des vampires ont converti sa femme lors de leur lune de miel à Albuquerque. (Elle désigne du pouce la femme agent.) Et voilà Izzy. Des métamorphes coyotes ont dévoré ses parents dans le Wyoming.

Je serre les dents.

— Quelle joyeuse troupe expansive ! Mais ne vous arrêtez pas là, Hillerman. Et vous, leur chef intrépide ? C'est quoi votre horrible histoire ?

Je devine à leur tête que ma question dépasse les bornes, brise un tabou. Le plus intéressant, cependant, c'est le regard qu'ils lui glissent ensuite, plus curieux que prudent, comme s'ils avaient toujours voulu connaître la réponse sans oser demander. Brenner s'interpose :

— Je ne crois pas que ce soit nécessaire.

Hillerman reprend la parole d'un air impavide.

— Un rituel d'invocation démoniaque. Ils ont choisi mon mari pour servir d'enveloppe charnelle. Ils lui ont arraché son âme pour la remplacer par celle d'un prince démon. Ça ressemblait à Matt, ça parlait comme Matt, mais ce n'était pas lui, alors je lui ai tiré six balles dans le cœur.

Son équipe échange des regards troublés. « Putain ! » articule la femme sans bruit.

Brenner écarte les bras, mal à l'aise.

— C'est bon ?

— Pas encore, réplique Hillerman. J'ai cru comprendre que Shayne serait accompagnée ?

— En effet.

L'homme à la barbe rousse, Dutch, émet un reniflement de mépris.

— Un sorcier.

— Exactement, et c'est tout ce que vous avez besoin de savoir, alors pas de questions.

Hillerman range un pistolet dans son étui.

— Vous pensez que la maison sera protégée par un sort ?

— C'est une certitude. Sinon pourquoi Roi Paul m'aurait-il demandé si je travaillais avec un sorcier ? La propriété entière est sûrement truffée de pièges magiques.

— Mais seulement contre les humains ? m'interroge Guerro, celui à la barbe noire.

— Je ne sais pas.

— Nous verrons sur place, conclut Hillerman, avant d'adopter une posture et un ton autoritaires. Bon, écoutez : opération d'extraction standard. Shayne et son sorcier partiront en reconnaissance, ils seront nos yeux et nos oreilles à l'intérieur. Quand nous aurons le R.A.S., Brenner prendra la tête de l'intervention. J'insiste sur ce point, *Brenner* mènera l'intervention. Il s'agit d'une opération de la police de Détroit. Nous sommes ici en qualité de renforts.

— Marrant, on s'y tromperait, marmonné-je.

Elle hausse les épaules.

— Pardon, l'habitude. Allez-y, Brenner. C'est à vous.

— La priorité est de mettre la main sur les clés de Roi Paul, explique-t-il. L'arrestation de Fencher est secondaire. Ces clés sont le lien dont nous avons besoin pour les incriminer tous les deux. Sans cette preuve, nous n'avons pas d'affaire.

La femme, Izzy, attache un gros couteau de chasse à sa jambe.

— Pour l'ogre, il va sans dire que nous avons l'autorisation d'employer la force létale ?

Dutch laisse échapper un rire amer.

— Tu connais un autre moyen de maîtriser un ogre ? On tire d'abord, on pose les questions ensuite. S'il te chope, c'est fini.

— Ce n'est pas l'impression que j'ai eue, frimé-je, quand Brenner s'est frotté à lui.

— Mais bien sûr, se moque Dutch, avant de comprendre que je ne plaisante pas et de se tourner vers l'inspecteur en arquant un sourcil. Vous avez affronté un ogre au corps à corps ?

Tous interrompent leurs tâches pour observer Brenner, impressionnés. Ce dernier, évidemment, minimise son exploit.

— Ça se voit, non ? Il m'a refait le portrait, je ne le recommande vraiment pas.

Dutch émet un grommellement approbateur.

— Allons-y pour la force létale.

Sentant la main d'Elvira se crisper sur la mienne, je la rassure en la caressant du pouce. Ça me fait sourire de penser que cette équipe de machines de guerre endurcies dépendra de la douce fêtarde accro à la mode qui tremble dans ses bottines à côté de moi.

Hillerman attache ses cheveux en queue-de-cheval.

— Donc, on saisit cet individu et ses clés...

Elle laisse sa phrase en suspens, invitant Brenner à la terminer.

— Dès qu'ils seront entre nos mains, je passerai un coup de fil et mon équipe à l'université s'occupera de Roi Paul.

— Ils sont en place ?

— Ils encerclent son appartement depuis ce midi. Ils n'attendent que mon feu vert.

— Classique. Des questions ?

— Seulement la plus évidente, réponds-je. Qu'avez-vous à y gagner ?

Dutch se hérisse.

— Vous plaisantez, j'espère !

— Vous voulez dire, à part neutraliser deux tueurs en série ? ironise Guerro en enfonçant un chargeur dans son fusil d'assaut.

Izzy, quant à elle, me foudroie du regard.

— Figurez-vous que certains d'entre nous se soucient de la sécurité du grand public.

Brenner intervient de nouveau.

— Ça suffit. Il me semble que nous avons tous le même objectif dans cette histoire.

Je ne relève pas leurs remarques. Seule la réponse de Hillerman m'intéresse. Nous nous dévisageons en chiens de faïence. Elle a l'audace de sourire – un petit sourire entendu –, puis cache ses yeux derrière des lunettes de soleil, malgré la nuit tombée.

— GIO, en route.

L'un après l'autre, les agents spéciaux prennent leur équipement et sortent en file indienne. Hillerman s'attarde dans l'encadrement de la porte.

— Vous venez, Brenner ?

Il me tend une oreillette.

— Canal huit.

— On arrive tout de suite, dis-je.

S'ensuit un moment gênant où il reste devant moi, comme s'il voulait ajouter quelque chose, mais il part finalement rejoindre Hillerman dans le couloir. Elle lui donne une tape dans le dos – « C'est parti » – et m'adresse un dernier regard avant de fermer la porte.

Aussitôt, Elvira retire son voile d'invisibilité. Je la contemple avec effarement. Je lui avais demandé de s'habiller en noir, un truc confortable et discret. *Pense « cambrioleuse »*, lui avais-je conseillé. Genre, jean noir, sweat-shirt à capuche noir, comme ce que je porte. Je me demande maintenant si elle n'a pas compris « Catwoman ».

Sa tenue se compose d'un combishort en dentelle noire avec des leggings à rayures noires et grises, des bottines en cuir, des gants d'équitation en velours, et une veste en cuir à col haut. Pour couronner le tout, elle n'a pas pu s'empêcher d'ajouter à cette tenue un maquillage assorti : un rouge à lèvres violet et un effet *smoky* sur les yeux à faire pâlir de jalousie une Kardashian.

Elle se plaque les mains sur la bouche, les yeux embués de larmes.

— Ces gens ont-ils vraiment vécu toutes ces atrocités ? Ils… ils nous *détestent*.

Je me donnerais des claques pour ne pas avoir songé au choc qui l'attendait. La plupart des occultes passent leur vie sans croiser d'humains au courant de leur existence. Les ignorants sont bénis, comme on dit.

— On s'en souciera plus tard, Elle. Peu importe ce qu'ils pensent.

Elle secoue la tête.

— Mais on peut leur montrer que nous ne sommes pas tous des monstres.

Je soupire. Pauvre petite fille naïve.

— Ça ne changera rien, Elle.

— Comme Brenner, pas vrai ? Il a vécu un drame horrible, mais, grâce à *toi*, il ne nous déteste pas.

L'amertume me serre la gorge.

— Pour combien de temps encore ? Un jour ou l'autre, il deviendra comme ces agents.

Elle me prend les mains.

— Non, il n'est pas comme eux. Ce n'est pas trop tard. Tu n'as pas vu la façon dont il te regarde.

— Si, justement. C'est ce qui m'énerve.

— Tu vois ? C'est toi qu'il choisira. J'en suis convaincue.

C'est pas vrai ! Voilà que les larmes me montent aux yeux. On est quoi, deux vieilles dames ?

— Hé ! c'est qui la mentor ici normalement ?

Ses yeux pétillent.

— Je sais, je sais. Là, c'est le moment où tu prends l'air grave et tu me dis qu'il est temps d'aller botter des fesses, je me trompe ?

J'arbore un sourire roublard.

— N'oublie pas la règle numéro un. Quoi qu'il arrive…

— Je reste avec toi.

— Tu restes avec moi.

Chapitre 20

Ces vieux quartiers de Détroit me ramènent à la bonne époque où ma renarde errait des heures dans ce dédale de passages, de ruelles et de terrains vagues. Toutes ces maisons septuagénaires entassées les unes sur les autres, chacune offrant une vue imprenable sur une dizaine de fenêtres à la fois, c'est le rêve d'un voyeuriste. Cachée avec Elvira dans une haie entre deux bâtisses, je peux espionner plusieurs quotidiens en même temps.

Dans l'habitation derrière nous, quelqu'un appuie sur le bouton d'un micro-ondes tandis qu'un vieux film de Noël passe dans une autre pièce ; dans la maison au bout du passage, deux gamins se disputent pour savoir si le Père Noël s'arrêtera chez eux cette nuit même s'ils n'ont pas de cheminée ; du côté de la 3e Rue, un groupe d'étudiants squatte le trottoir avec des bières, des vélos, faisant éclater des pétards de temps à autre. L'un d'eux rit et sort la réplique d'un film : « Joyeux Noël, espèce de sale bête ! » Un autre se plaint du temps de livraison de leurs pizzas. À ma gauche, dans la fameuse maison jaune, il n'y a pas un bruit.

Mon oreillette grésille.

— Nous sommes en position, me rappelle Hillerman pour la troisième fois.

D'humeur narquoise, je réponds :

—Oui, compris, bien reçu, cinq sur cinq, 10-4. L'ennui, c'est que j'attends encore des nouvelles de notre chef d'équipe *officiel*, donc…

J'entends un « clic ! » sur la fréquence, puis Brenner se racle la gorge.

—OK, on se calme.

—Ah ! le voilà. Où en est-on ? Quelle est la situation ?

—Nous sommes… en position, Shayne.

—Il était temps. On n'attendait plus que vous, les gars.

Et les barbus de se répandre en injures. Je leur coupe aussitôt la parole :

—Vaudrait peut-être mieux libérer au maximum la fréquence. Je ne sais pas si mon oreillette déconne, ou si ce sont des interférences, mais j'entends beaucoup de bla-bla. (Nouveau flot d'invectives.) Là, ça recommence. Peut-être des gamins qui s'amusent avec des talkies-walkies. Brenner ?

Un second « clic ! » réduit les voix furieuses au silence.

—Je suis là, Shayne.

—Ah ! c'est mieux.

—Rien que vous et moi.

—Compris, chef. J'entends à votre voix que vous réprimez un sourire, à vous. (Silence. Je l'imagine très bien levant les yeux au ciel.) Là, vous secouez la tête, dépité.

—Et, vous, vous devenez désobligeante quand vous êtes stressée.

—Mince ! on se connaît par cœur. Serait-on déjà tombés dans la routine ?

Elvira me tape sur le bras. Je la tape en retour. Elle me tape de nouveau. Je coupe mon oreillette et riposte une seconde fois.

—Quoi ? protesté-je.

— Tu vas te calmer ? On a compris, tu n'aimes pas qu'il soit avec eux.

— Je voulais juste détendre l'atmosphère.

— Fais gaffe, ton côté dominant se manifeste. Pourquoi tu ne lui pisses pas dessus tant que tu y es ?

— Ce n'est pas ma faute. Je suis survoltée à cause de toi.

Et c'est vrai. Elvira a dû nous rendre invisibles pour nous permettre de gagner cette cachette. L'ivresse de sa magie me gonfle à bloc.

— Parce que c'est ma faute si tu ne tiens pas la magie ?

— Je peux supporter l'équivalent d'un coup dans le nez, mais, avec toi, ça revient à se bourrer avec une lance d'incendie.

— Oui, ben, désolée ! C'est encore nouveau pour moi. Je suis nerveuse.

— Tant mieux, on va mettre cette nervosité à profit. (J'ôte la sécurité de mon flingue, puis le range dans l'étui sous mon bras.) Allons-y à fond. On laisse le cerveau au vestiaire. Je parle d'une folie digne d'une ex-copine jalouse.

Elle lève le poing et renchérit :

— Complètement zinzins.

— Montre-moi ta tête d'ex jalouse.

Elle montre les dents, ses yeux exorbités accentués par l'ombre à paupières noire, puis grogne.

— Ne t'avise pas de rompre avec une sorcière, petit. Je te cramerai les poils de couilles avec un sort si puissant qu'ils ne repousseront jamais.

— La vache !

Je lui prends la main, récoltant une nouvelle dose d'énergie au passage. Nous nous élançons sans bruit sur une pelouse négligée jusqu'aux marches en béton du porche arrière de la maison jaune. Au moment où je m'apprête à saisir la poignée de la porte, celle-ci se baisse subitement. Le battant s'ouvre, révélant la silhouette éléphantesque de Ronny Fencher, qui s'extirpe tant bien que mal de la maison.

Il s'arrête à moins de trente centimètres de nous pour contempler le jardin tout en sortant une cigarette de la poche d'une chemise hawaïenne. Il a le temps de porter la clope à ses lèvres, d'actionner plusieurs fois son briquet avant de l'allumer enfin, sans que je respire un seul instant. J'ai beau intimer à mon cœur de se calmer, il n'a toujours pas compris que Fencher ne peut ni nous voir ni nous entendre. Elvira m'enfonce les ongles dans les paumes.

— Je veux partir, gémit-elle.

— Quoi ?

— Oui, je veux partir. J'en ai assez.

— Mais, il y a deux secondes, t'étais prête à lui cramer les poils de couilles. Attends. Regarde son pantalon.

— Je ne vais pas regarder ses couilles, Shayne. On n'est pas là pour rire.

— Mais non ! regarde. Sa poche.

Ses yeux se posent sur l'entrejambe de l'ogre. La poche laisse deviner la forme d'un objet pointu. Mon amie ouvre la bouche, sidérée.

— Les clés.

— Tu vois ? On gère. Le temps d'inspecter la maison vite fait pour vérifier qu'il n'y a pas de sorts cachés, puis on prévient l'équipe et ils s'occupent de son gros cul. Dans une demi-heure, tu feras ton entrée à la soirée de Noël des Paul devant tout le monde. Cette histoire ne sera plus qu'un mauvais souvenir.

Fencher nous tousse sa fumée à la figure. Elvira recule avec une grimace de dégoût.

— Je ne sais pas comment tu fais ce travail, Shayne. Depuis que je te seconde, tout n'a été que crasse, saleté, sueur et trucs dégueu.

— Je sais, mais c'est bientôt fini, promis. Le pire est derrière nous. (Fencher se gratte copieusement les bijoux de famille sous notre nez.) Le pire est derrière nous, répété-je ensuite.

Il pivote alors pour rentrer et jette sa cigarette en combinant rot et pet. Le mégot touche Elvira en pleine poire.

— Je vais finir par croire qu'il m'entend, dis-je avant de lui secouer la main. T'es sûre que ça fonctionne, ce truc ?

Elle n'a pas envie de rire. Elle me ressort son visage d'ex foldingue, sauf que, cette fois, elle ne plaisante pas. Je n'ose même pas lui demander si elle est en pétard contre moi ou contre lui. La porte se referme enfin derrière Fencher. Après un bref silence, je jette un coup d'œil à Elvira.

— Ne t'avise pas de le répéter, m'avertit-elle.

— Le pire est derrière nous.

Un doigt sur les lèvres, je tends l'oreille pour écouter une porte se fermer à l'intérieur, suivie du grincement reconnaissable entre tous d'une lunette de toilettes qu'on redresse. J'ignore pourquoi, mais ce détail m'interpelle vaguement. Je chasse très vite cette pensée, cependant, car le moment est venu de saisir notre chance.

— Il est aux toilettes. On y va.

Sans lui laisser le temps d'objecter, j'ouvre la porte, l'entraîne à l'intérieur et referme derrière nous en un tournemain. Nous nous trouvons dans une grande cuisine. Pas de meubles, à l'exception d'un plan de travail, d'un évier et d'un réfrigérateur. Rien d'étonnant pour une maison étudiante : on veut conserver un maximum d'espace pour les grosses soirées et les meubles représentent une gêne plus qu'autre chose. La plupart de ces vieilles baraques sont agencées de la même façon. Une grande ouverture voûtée donne sur un salon avec cheminée. Un long couloir étroit dessert un vestibule, des toilettes et des placards. Les chambres sont à l'étage.

Histoire de rassurer Elvira, je fais mine d'étudier la pièce d'un air détaché, comme si nous venions pour un achat immobilier.

— Tu perçois quelque chose ? je lui demande.

Ma voix la fait sursauter.

— Non. Et toi ?

— Mis à part le bruit du plus long pipi de tous les temps ? Non.

— On devrait peut-être commencer par la porte d'entrée, tu ne crois pas ?

— Par ici.

Je tente de masquer mes appréhensions sous un ton joyeux. L'entrée se situe au bout du long couloir exigu, ce qui nous oblige à passer juste devant les toilettes. Je décide de courir le risque. Alors que nous longeons le couloir d'un pas rapide, je me rends compte presque aussitôt de mon erreur de calcul. Je pensais avoir quelques secondes de plus, le temps que Fencher remonte sa braguette et se lave les mains, mais – allô ! c'est un ogre – il saute ces étapes, et la porte s'ouvre d'un coup devant nous. Elvira se fige dans un petit cri suraigu. Je ne trouve rien de mieux que de nous coller contre le mur, mais, même là, avec sa carrure, il ne pourra pas passer sans nous toucher. Il fait un pas dans le couloir. J'empoigne le pistolet dans mon étui. Tant pis pour la furtivité. On devra s'en sortir à coups de feu.

À quelques centimètres de moi, Fencher s'arrête soudain. Il gémit, puis marmonne un juron, avant de retourner dans les toilettes pour rabattre la lunette. Le temps qu'il revienne, nous avons déjà filé. Il continue son chemin vers la cuisine. Elvira libère un long soupir.

— Qu'est-ce qu'il schlingue ! Dépêchons-nous d'en finir avant de suffoquer.

Bien que du même avis, j'ai le cerveau qui tourne à plein régime. Il y a quelque chose qui cloche.

— Elle, vite, sans réfléchir, dis-moi la première chose qui te vient à l'esprit quand je te fais remarquer que Fencher est *sorti* pour fumer, a dû relever la lunette pour pisser et a pris le temps de la rabattre ensuite.

— Une colocataire. Une femme.

— On est d'accord ? Il ne vit pas seul ici.

— Ça change quelque chose ?

— On le saura bientôt, conclus-je en l'entraînant vers le vestibule.

Pour le moment, je préfère éviter de lui souligner qu'une femme capable de dresser un ogre meurtrier doit être redoutable, pour employer un euphémisme. Sans filtre, je parlerais d'une putain de meuf sacrément flippante.

— Rien, déclare Elvira avec soulagement. La porte n'est pas ensorcelée. On est bons.

— Tu es sûre ?

— Oui. La porte, les fenêtres, l'escalier…

Elle laisse sa phrase en suspens, le regard fixé sur l'escalier raide menant à l'étage.

— Quoi ? En haut ? je demande.

— Non.

Elle m'emmène de l'autre côté de l'escalier, face à une patère chargée de manteaux.

— Là, derrière.

— Un sort de protection ? De la magie ?

— Je ne sais pas exactement. Dépêche-toi.

Après un bref coup d'œil dans le couloir pour m'assurer que Fencher ne va pas se pointer, je décale les cintres sur le dernier crochet à l'aide de ma main libre. Une fois tout dégagé, nous scrutons la pénombre, mais rien ne s'offre à nous qu'un bête mur.

— C'est ensorcelé, me confirme Elvira. Il y a une porte.

Je cligne des yeux, déconcertée.

— Tu vois une porte ?

— Non, je la sens.

— Un coup de Roi Paul ?

— Je reconnais sa patte, mais ce sort-ci est nettement plus puissant que les précédents.

— Ça pue l'embrouille, Elle. La maison n'est pas piégée. Des humains pourraient aller et venir à leur guise. Alors pourquoi tenait-il à savoir si je travaillais avec un sorcier ?

En réalité, je connais la réponse, mais j'aimerais l'entendre de la bouche d'une autre.

— Il cache un secret.

— Un secret que même les occultes ne doivent pas découvrir.

Nous regardons fixement le mur. Puis nos voix se confondent un moment.

— Si, Elle, dis-je tandis qu'elle déclare : Non, Shayne.

— Si ! insisté-je alors qu'elle persiste : Non !

— On ne doit rien laisser au hasard. Il n'est pas question que je laisse Brenner entrer ici sans savoir ce que cache cette porte.

— C'est impossible. J'aurais besoin de mes deux mains et je ne veux pas te…

— Pas de souci.

Je lui lâche la main et, aussitôt, elle disparaît de ma vue, invisible et inaudible. Je dégaine mon arme en jetant un coup d'œil dans le couloir sombre et silencieux. Pas un bruit hormis Fencher qui farfouille dans le réfrigérateur. J'allume mon oreillette et murmure :

— Nous revoilà.

— Vous allez bien ? s'enquiert Brenner.

Hillerman l'interrompt :

— Hors sujet. Avons-nous le feu vert ?

— Ma foi, je vais très bien, Brenner, merci de demander, mais nous n'avons absolument *pas* le feu vert. Au mieux, il est orange.

— Il n'y a pas d'orange, réplique-t-elle. Orange, c'est vert. On intervient.

— On a découvert un truc.

— Quoi donc ?

— Il y a du mouvement à l'étage, Shayne, m'avertit Brenner. Fencher n'est pas seul.

— Je sais. Une femme, *a priori*.

— Occulte ? m'interroge Hillerman.

— Je n'en sais rien.

— Vous ne percevez pas son aura ?

Soudain, tout se précipite. Elvira me tapote l'épaule, j'entends un méli-mélo de pas au-dessus de nos têtes – trop pour une seule personne – et la question de Hillerman m'angoisse. Sait-elle quelque chose que j'ignore ? J'ai beau être sensible aux auras occultes, je n'en perçois aucune. Depuis le temps qu'on est là, je le saurais s'il y avait d'autres occultes dans la maison. Tout ce que je sens, c'est… la magie d'Elvira. Merde ! sa magie. Son effet exaltant a émoussé mes sens.

— Shayne ? demande Brenner.

— C'est un feu vert, l'équipe. On y va.

— Non ! dis-je. Ce n'est pas encore vert…

— Enfoncez la porte !

Des pas pressés à l'étage. Elvira qui surgit à côté de moi au milieu d'une phrase.

— … retiré le sort de protection, mais pas question que je touche à cette porte.

Je me rue pour ouvrir la petite porte de placard qui vient d'apparaître. Grâce à ma vision nocturne, je parviens à discerner dans le noir un symbole peint avec du sang sur le mur du fond : un cercle avec deux chevrons, l'un vers le haut, l'autre vers le bas, et un point au milieu. Un sceau démoniaque. Et pas n'importe lequel : le seul que je suis capable de reconnaître. Arael Moaz, horde de l'East Side.

Des pas dégringolent l'escalier. Cette fois, je la sens : cette peur primaire qui me remonte l'échine et jaillit de ma bouche dans un cri :

— Un loup !

Un grognement féroce s'élève dans l'obscurité. Mon corps se raidit, si violemment que je me mords la langue jusqu'au sang. Une ombre massive se jette sur nous. Je recule précipitamment, heurtant Elvira tandis que je brandis mon arme pour tirer à l'aveuglette – une, deux, trois balles. Les éclairs des coups de feu illuminent une gueule béante garnie de crocs acérés, des yeux jaunes enragés et une touffe de poils argentés sur le dos de la créature. Je connais ce loup. Je lui ai déjà tiré dessus – et, cette fois encore, il se mange les trois balles en pleine figure. Il s'écroule à mes pieds. *Bonne nuit.*

D'autres pas, plus légers. Une femme gracile vêtue d'un sweat-shirt à capuche me braque avec un flingue. Je ferme les yeux, mais, au même instant, un choc violent expulse la porte d'entrée de ses gonds, faisant trembler les murs. Les agents de Hillerman s'engouffrent à l'intérieur en brandissant leurs fusils dans tous les sens. La femme s'enfuit déjà par l'escalier. Ils se lancent à sa poursuite.

— Pas elle ! je hurle. Dans la cuisine ! Fencher est dans la cuisine !

L'un des barbus s'arrête pour toucher son oreillette.

— Confirmation visuelle. Numéro deux en bas. Numéro un en fuite vers l'étage.

La voix de Hillerman grésille à la radio.

— Priorité à la harpie. Empêchez-la de s'envoler.

— Et Fencher ? dis-je.

Je me sens longue à la détente, débile. Évidemment que Hillerman ne nous aidait pas par pure bonté d'âme. Elle avait prévu sa propre petite opération en catimini depuis le début. Elle s'est servie de nous.

— Ne faites pas ça, Hillerman.

— Sortez, Davies. Vous avez rempli votre mission.

— C'est Fencher la mission !

— Plus maintenant.

J'inspire à fond, prête à la couvrir d'un flot d'injures, mais un brusque tumulte me coupe dans mon élan. Le mitraillage de fusils d'assaut retentit en haut, des fenêtres volent en éclats. En bas, des cris enragés et des bruits de lutte s'élèvent dans la cuisine. *Brenner.*

Je me précipite dans la pièce au moment où Fencher fracasse la tête de Brenner contre une porte de placard. J'attrape une poêle dans l'évier et lui matraque le crâne de toutes mes forces – « Bang ! ». Il ne sent presque rien. D'un revers de main, il me colle une mandale qui me fait voir trente-six chandelles. Puis il me saisit à la gorge et me soulève. Je sens venir le coup de poing, quand Brenner lui saute sur le dos, enroule les jambes autour de son cou et se jette en arrière de tout son poids. Le souffle coupé, Fencher me libère pour reporter son attention sur l'inspecteur, qu'il se met à tabasser de ses énormes poings.

Une boule de feu aussi grosse qu'une pomme lui explose soudain sous le nez. Alors qu'il bat en retraite, un second projectile éclate près de sa gorge. Il grogne en agitant les bras aveuglément.

— Défonce-le, Elle ! exulté-je. Crame-lui les poils de couilles !

Ça ne rate pas : la boule suivante atteint l'entrejambe de l'ogre. Fencher se plie en deux, puis se rue vers la porte de derrière, déjà ouverte.

— Ne le laisse pas sortir !

La porte se referme de son propre chef, mais vole en éclats quand Fencher la traverse. Je me lance tant bien que mal à sa poursuite, encore étourdie par la baffe. Je ne cesse de chanceler vers la droite en remontant à toutes jambes l'allée entre les maisons.

— Brenner !

Aucune réponse. Est-il toujours dans la maison ?

Pas le temps de réfléchir. Fencher vient de débouler dans la rue au milieu du groupe d'étudiants. Il arrache le vélo des mains de l'un d'eux.

— Ne le laissez pas monter sur ce vélo ! Elle, tu es là ?

La sorcière me répond en soulevant par magie la roue arrière au moment où Fencher se met à pédaler. Il passe par-dessus le guidon et valdingue sur la route. Malheureusement, sa chute le fait atterrir juste à côté du livreur de pizzas, qui vient d'arriver sur sa moto. L'ogre s'empare de la bécane, dégage le livreur d'un coup de pied et met les gaz. Il n'a pas encore passé la seconde que la voiture de Brenner le percute de plein fouet sur le côté. Fencher s'écrase contre le pare-brise, avant de retomber sur le bitume, où il manque de se faire percuter par une autre voiture, qui freine en urgence. Il ouvre la portière avant, vire la conductrice et s'installe au volant.

— On peut arrêter de lui filer mieux chaque fois !

Je cours derrière la voiture. Au moment où Fencher s'apprête à tourner sur Woodward Avenue, je m'arrête, vise avec mon pistolet et tire. Le pneu arrière explose, envoyant Fencher dans un violent tête-à-queue. Il frôle de près un bus municipal garé au coin, dans lequel il monte aussitôt. La seconde d'après, le conducteur est éjecté sur le trottoir.

— OK ! la prochaine fois, on lui laisse le vélo, dis-je quand Brenner s'arrête à ma hauteur. Elle ? Tu es toujours là ?

Pas de réponse.

— Shayne ! s'écrie l'inspecteur en désignant le bus.

Elvira nous fait signe depuis la vitre arrière du véhicule tandis qu'il s'engage sur Woodward Avenue.

— Trop forte, murmuré-je avant de monter en voiture.

Brenner écrase l'accélérateur de son épave, qui, en bonne automatique, émet un geignement pathétique. Cent ans plus tard, nous rattrapons le bus. Heureusement, l'avenue est quasi déserte à cette heure-ci.

— Je ne vois aucun passager, commente Brenner en se faufilant à côté du bus.

— On est la veille de Noël, à 20 heures passées. Il n'était pas en service. Attention !

Le bus se déporte subitement vers nous. Brenner fait une embardée sur la voie opposée, manquant de peu un taxi. Il ralentit et repasse derrière le bus afin de se mettre à sa droite. Je me glisse derrière le siège de Brenner pour mieux voir.

— Aucun signe d'Elle.

C'est faux. Je la vois risquer un coup d'œil par la dernière fenêtre à côté des portes arrière.

— Rapprochez-vous.

— Vous êtes dingue ? Il va... Merde !

Revoilà le bus. Brenner est obligé de monter sur le trottoir. Son épave cahote et je me mange la vitre. Ça faisait longtemps que je n'avais pas été passagère lors d'une course-poursuite. Je me rappelle maintenant pourquoi je déteste ce rôle.

— Revenez sur la route.

— Et je fais quoi ? Je lui rentre dedans ? Il n'ira nulle part.

— On doit continuer à le distraire le temps qu'Elle passe à l'action.

On peut toujours rêver. Sans moi, elle arrivera au mieux à s'écarter de la flaque d'urine qui s'étale sûrement à ses pieds.

— Que va-t-elle faire ? s'enquiert Brenner en se rapprochant prudemment.

— Qu'est-ce que j'en sais ? Contentez-vous d'attirer l'attention de Fencher. Mettez-vous derrière, comme si j'allais tirer sur son pneu.

— C'est le plan ?

— Non. Ma prochaine balle sera pour sa gueule.

De retour à l'arrière du bus, je vois les yeux maquillés d'Elvira dépasser de la vitre au-dessus. Je lui indique la porte voisine. Elle acquiesce.

— Qu'est-ce qu'il fabrique ? grommelle l'inspecteur.

Le bus se met à zigzaguer sur la chaussée, terrorisant le peu de voitures qui croisent sa route, éraflant les véhicules garés. Brenner s'efforce de suivre le mouvement ; il se retrouve parfois à quelques mètres, parfois obligé de se déporter à bonne distance.

— Ne le lâchez pas, dis-je, flairant une occasion. J'aperçois Elvira. Rapprochez-vous. Vite !

Il obéit. Au même instant, le bus fait une embardée vers nous. Brenner va devoir donner un coup de volant pour éviter la collision. Juste au moment où il braque, j'ouvre ma portière et me jette vers le bus. Les portes s'écartent d'un coup. J'essaie de me rattraper à la rampe en métal, mais ne parviens qu'à l'effleurer du bout des doigts. Je m'écrase sur la dernière marche, le bas du corps entraîné sous le bus. À deux doigts d'être happée sous les énormes pneus jumelés, je m'agrippe au montant de la porte. Mon amie m'empoigne l'autre main pour me hisser à bord.

Fencher rugit de colère en jetant un coup d'œil par-dessus son épaule. Elvira panique.

— Il a vu mon visage. Tire-lui dans les yeux !

Je fais feu. Manqué. En riposte, il me fait tomber d'un coup de volant. Je crapahute vers l'avant dans l'espoir de tirer mes deux dernières balles à bout portant. Il abaisse un levier, ouvrant les portes à côté de lui, puis sort les clés de sa poche et les jette dehors. Mon cœur bondit.

— Elle !

Heureusement, la sorcière est déjà sur le coup. Les clés se figent en plein vol, puis rebroussent chemin et frappent Fencher en pleine poire. Furieux, il enclenche le régulateur de vitesses et abandonne le volant pour se ruer sur moi. Je lui tire mes dernières balles dans le torse, sans parvenir à freiner son élan.

Oh-oh !

Il me rentre dedans comme un footballeur américain, me projetant jambes par-dessus tête contre les fenêtres. Alors qu'il revient à la charge, je roule sous le siège et me relève de l'autre côté, avant de lui bondir sur le dos. Je lui enfonce mes griffes dans la gorge, bien décidée à la lui arracher. Malheureusement, il a le cou aussi épais qu'un tronc d'arbre. Il agite les bras en tous sens pour tenter de me déloger de son dos.

Nouveaux cahots lorsque le bus monte sur le trottoir.

— Shayne ! s'écrie Elvira depuis l'arrière du bus. Les immeubles. On va s'emboutir !

— Alors CONDUIS !

Elle s'exécute. Le volant s'emballe au point que le bus bascule sur deux roues, nous éjectant l'ogre et moi par la porte avant. Il se rattrape à la rampe. Je me cramponne à son cou, les jambes au vent.

— Shayne !

Je le vois. Le réverbère qui se rapproche à toute allure. Impossible de me réfugier à l'intérieur avec le gros cul de Fencher. Pas le choix, je dois lâcher prise et – bordel ! – je sens que ça va faire mal. Je rétracte les griffes et me propulse en arrière au moment où le réverbère rase le bus.

Je tombe…

Mais rien qu'une demi-seconde, avant de m'écraser sur le capot de la voiture de Brenner. Ce sublime enfoiré m'a *rattrapée !* Le pire, c'est qu'il minimiserait sûrement son acte en disant : « Je ne suis pas un héros. »

— Super chanson ! lancé-je, même s'il ne peut pas comprendre. Ramenez-moi ! Une dernière fois !

Je ne plaisante pas, je veux en découdre avec ce gros connard dans un dernier round. Ça doit se lire sur mon visage, d'ailleurs, car Brenner ne discute pas. Il ralentit pour revenir à côté de la porte arrière, où Elvira m'attend. Je saute de nouveau dans le bus, remonte l'allée à toutes jambes. Fencher s'apprête à reprendre le volant. J'ignore si Elvira lit dans mon esprit à cet instant, ou si nous sommes juste parfaitement synchrones, mais elle écrase le frein par magie, me lançant, tel un missile, sur Fencher. En plein saut, je me transforme en renarde et, à peine atterrie sur l'ogre, referme les mâchoires sur sa gorge. Il m'arrache des touffes de poils. Je lui laboure le torse de mes griffes. Il glisse sur la première marche de la porte avant, chancelle en arrière. Reprenant forme humaine, je le repousse de tout mon poids et l'éjecte du bus. On va voir s'il apprécie, *lui*.

Fencher ne touchera jamais le sol. Il s'encastre violemment dans une camionnette garée près du trottoir. Comme si ça ne suffisait pas, Brenner en remet une couche. Incapable de freiner à temps, il perd le contrôle de son véhicule et percute Fencher dans un horrible craquement de métal et d'os.

Et voilà comment on neutralise un ogre fou furieux, mesdames et messieurs.

Les doigts dans le nez.

Chapitre 21

Je descends en titubant dans un nuage de fumée de pneus. Le vent me fouette les cheveux dans la figure. La double métamorphose dans mes vêtements me laisse fagotée n'importe comment. Du sang me pique l'œil, me coule sur les dents et le menton. D'un coup, la tension accumulée ces dernières heures se libère et, malgré une douleur lancinante aux côtes, j'éprouve le besoin de lâcher un juron bien mérité :

— BON DIEU… (Je m'interromps en voyant un groupe de dévots émerger d'une église voisine pour s'effarer devant la scène.) BÉNISSEZ-NOUS… en cette veille de Noël…

Elvira glousse derrière moi :

— Et paix aux hommes de bonne volonté.

Voyant plusieurs mères cacher les yeux de leurs fils, je me rends compte que mon pantalon me glisse sur les genoux, révélant ma petite culotte. Je n'ai même pas le temps de le remonter qu'Elvira me prend dans ses bras. Oubliant les badauds, je m'écarte légèrement pour planter mon regard dans le sien. Je tiens à ce qu'elle le lise dans mes yeux : ce mélange de fierté, de reconnaissance, assorti d'un petit : « Je te l'avais dit. »

Elle y répond par un sourire à la fois rayonnant et pudique. Un sourire si contagieux que mes lèvres s'étirent jusqu'à mes oreilles lorsque je lui murmure :

— Trop. La. Classe.
— Un peu, j'avoue.
— Beaucoup, tu veux dire.
— Je me suis contentée de te suivre.
— Ah oui ? C'est pourtant nous qui avons mis le pied au plancher pour te rattraper.

Elle répond avec un haussement d'épaules modeste :
— Honnêtement, je réfléchissais seulement à ce que tu ferais à ma place.
— Non, Elle, la contredis-je en essayant de paraître ferme malgré mon sourire. Tu as fait comme toujours, comme j'aimerais que tu ne cesses jamais de le faire. Tu as été fidèle à toi-même.

Ses yeux s'embuent.
— D'accord, mais tu sais quoi ?
— Quoi ?
— Je ne tiens pas à réitérer l'expérience.

J'éclate de rire et l'étreins à mon tour tandis qu'elle remonte mon pantalon.
— Bien vu, soufflé-je à son oreille.

Gênés par nos embrassades, les dévots s'empressent de regagner l'église en gémissant.

Alors que les sirènes de police ululent au loin, Brenner accourt auprès de nous, hors d'haleine.
— C'est cuit pour Fencher, mais les clés… !
— … sont dans sa poche arrière, termine Elvira avec un clin d'œil.

Dans un élan de soulagement, il se jette à son cou et la serre dans ses bras. Bien que surprise, elle ne se prive pas d'enfouir le visage contre lui en fermant les yeux pour en savourer chaque seconde. Je m'approche et attends sagement mon tour. Manque de pot, son portable sonne dès qu'il la lâche.

— C'est mon équipe, déclare-t-il en me tournant le dos pour prendre l'appel.

Elvira me tend les bras d'un geste compatissant.

— Câlin par procuration ?

— Garde-le. Tu l'as bien mérité.

— Et si j'y ajoute un bonus ?

Là-dessus, elle ouvre grand la bouche en agitant la langue. Je repousse son visage.

— On a un problème, nous annonce en hâte l'inspecteur. Roi Paul a disparu. Mon équipe m'assure ne pas l'avoir quitté des yeux, mais, lorsqu'ils sont entrés chez lui, il n'y avait personne.

— Une illusion, conclut Elvira.

— Il est peut-être parti depuis des heures, déploré-je.

— Vingt minutes, affirme l'inspecteur. Deux témoins ont rapporté l'avoir vu sur le parking il y a vingt minutes. Shayne… (il m'adresse un regard appuyé) il portait un smoking.

Avec un hoquet d'horreur, Elvira et moi nous exclamons d'une même voix :

— La réception de Noël !

Pas le temps de regagner ma Fusée. Nous sautons dans l'épave de Brenner pour foncer à Palmer Woods. Avec peu de voitures et encore moins de réverbères, les bois sont aussi sombres et silencieux que les demeures recluses derrière leurs portails en fer. En regardant ces maisons tout droit sorties de contes de fées, on imagine sans mal des chaussettes de soie accrochées avec soin au manteau de la cheminée et de riches petits humains bordés dans leur lit, en train de rêver de sucres d'orge sans se douter un instant que leurs voisins sont des sorciers.

La radio de police de Brenner vomit des messages au sujet de la course-poursuite avec le bus sur Woodward Avenue.

L'inspecteur demande instamment à l'agent sur place de veiller à la préservation des scènes de crimes à la maison jaune et autour de Fencher. Lorsque l'agent lui demande où il est parti, Brenner lui répond vaguement être à la poursuite d'un autre suspect, puis coupe la radio.

— Vous ne comptez pas appeler la cavalerie ? je demande.

— À un rassemblement de sorciers ? Nous n'avons pas besoin de la police, Shayne, mais de l'Agence.

— Roi Paul est *votre* suspect, Jay. Vous êtes si près du but. Vous avez tout fait dans les règles, établi les liens, regroupé les preuves pour l'incriminer. Vous ne pouvez pas le laisser à l'Agence maintenant.

— Ça dépasse le cadre de mon enquête. Les démons dans la maison. C'était quoi ce bordel ?

Ouuuuh ! retiens-toi, Shayne, retiens-toi. J'évacue ma frustration d'un coup de pied au tableau de bord.

— Hillerman qui fait encore des siennes, voilà ce que c'était. Depuis le début, elle sert d'autres intérêts : son obsession pour Arael Moaz. Elle savait que les démons seraient là. Elle se moquait bien de Fencher et de notre enquête.

— Je suis sûr qu'elle l'ignorait. Sinon, elle nous en aurait parlé.

— Pourquoi vous la défendez ?

Il évite mon regard furieux et change de sujet :

— Je ne comprends pas. Roi Paul héberge des démons ?

— Pire, il est l'un d'eux. Ou aspire à le devenir. Nous avons découvert un sceau démoniaque dans le placard sous l'escalier. Il s'est affilié à l'East Side.

Brenner me glisse un regard en biais.

— En échange de quoi ? Un sorcier richissime comme Roi Paul ne va pas s'affilier à une horde de démons par goût pour la vie de bandit.

Une soudaine révélation s'impose à moi. Je me tourne vers mon amie, derrière.

— La magie noire, confirme-t-elle d'un air grave.

Plusieurs pièces du puzzle s'emboîtent d'un coup.

— Elijah, le sorcier qui avait enlevé Nora Jacobs. L'Agence n'a jamais su pourquoi il tentait d'absorber toujours plus de pouvoir, seulement que c'était une forme de magie noire.

— Laquelle requiert de s'affilier à une horde de démons, souligne la sorcière.

— Nous savons que Roi fournissait à Elijah des planques pour ses manigances. Et s'il avait décidé de reprendre le flambeau ? Chaque meurtre serait une façon de prouver sa valeur à la horde. (Nouvelle illumination, assez humiliante cette fois.) Eh merde !

Brenner a deviné :

— Hillerman avait raison, c'est ça ? Il va s'en prendre à sa mère.

— Quoi ? s'exclame Elvira, horrifiée.

— Pour trois raisons, expliqué-je. D'abord, il la déteste, c'est assez flagrant. Ensuite, le meurtre d'une puissante sorcière serait une preuve ultime de loyauté envers la horde et scellerait leur pacte. Enfin, comme Elijah, il a peut-être trouvé un moyen d'absorber son pouvoir.

— Et il ne faut pas oublier le lien filial, souligne la sorcière. Il ne peut rien lui cacher.

Je reste un instant confondue. Elle ignore à quel point elle a raison.

— Oubliez le reste, cette raison seule suffit. Le secret est au cœur de la vie des démons.

Brenner se range derrière une file de voitures garées le long d'un mur en pierre à la lisière de la propriété des Paul. L'immense maison de style Tudor se découpe en noir dans la clarté de lointaines lumières émanant des bois. Elvira se tasse sur la banquette arrière.

— Je vois la voiture de mes parents. Et, là, c'est celle de Natalie. Là, celle de Madison West. Toutes les personnes que je connais sont présentes.

— Tant mieux. Elles pourront attester qu'Elvira Harrington s'amusait à une fête de Noël sans le moindre lien avec Shayne Davies ou Roi Paul. Tout se passe comme prévu.

— Sauf qu'on n'avait pas prévu que tu débarquerais au milieu de ladite fête pour empêcher un meurtre.

— Quoi qu'il arrive, fais comme si tu ne savais rien, dis-je en ouvrant ma portière.

— Attendez, m'interrompt Brenner. De quel genre de magie noire parlons-nous ? Que manigance Roi ?

— Qui sait ? Ça peut être n'importe quoi.

— Mais c'est forcément un acte qui profite à la horde de l'East Side. Ils sont de mèche.

— Peu importe. Toute forme de magie noire est proscrite.

— Je voulais simplement dire que ça cache peut-être autre chose. L'Agence voudra tout savoir.

— Super, ils pourront s'en donner à cœur joie quand vous aurez réussi à le coffrer. Ils ont décidé de passer leur tour, tant pis pour eux. Faites valoir vos droits sur cette ordure. (Voyant son hésitation, je claque ma portière.) Qu'est-ce qui vous bloque *vraiment*, Jay ? Vous pensez encore à moi, c'est ça ?

Il concède dans un soupir :

— Ils sauront que vous m'avez aidé.

— Tant mieux. Ils comprendront que j'avais *raison*. J'ai misé sur le vainqueur.

Nous nous dévisageons sans ciller, jusqu'au moment où la voix attendrie d'Elvira vient briser la tension :

— Oh là là ! vous êtes le plus beau couple de la Terre. Je serais hyper jalouse si je n'avais pas autant envie que vous finissiez ensemble. Vous êtes mon Bella et Jacob inversé.

— Et, toi, tu dois vite filer à cette réception pour assurer ton alibi. Montre-toi, soûle-toi. Si on te le demande, tu ne m'as pas vue depuis ma fête d'anniversaire.

Son visage se décompose.

— Oui, je sais. C'est juste que... maintenant qu'on y est, je n'ai pas très envie d'y aller. Je ne sais pas pourquoi.

Ma parole, qu'est-ce qu'ils ont tous ce soir ? On a une mission à remplir, et les deux refusent de sortir de cette fichue bagnole. Et voilà que Brenner esquisse un petit sourire triste et compréhensif. Qu'on m'explique !

— Vous vous sentez différente, n'est-ce pas ? dit-il à Elvira. Vous avez l'impression d'être... une nouvelle personne, plus forte ?

Elle opine de la tête.

— Et j'aime ce sentiment. Je ne veux pas revenir en arrière.

Le sourire de Brenner s'élargit.

— C'est grâce à Shayne, vous savez. Elle a cet effet-là sur les gens.

Je laisse échapper un rire sardonique.

— OK, les gens, haha ! très drôle.

— Non, il a raison, renchérit Elvira. Je ne veux pas faire comme si rien de tout ça n'était arrivé.

Je sens le feu me monter aux joues. Je ne dois pas laisser passer ça.

— C'est vrai, oui, je suis particulièrement douée pour manipuler mes amis et les pousser à s'attirer de sérieux ennuis, ou à risquer leur vie, tout ça pour satisfaire ma quête personnelle de gloire et de popularité. Que c'est généreux de ma part !

Brenner regarde Elvira en arquant un sourcil.

— Et les compliments la mettent mal à l'aise.

— Ça, c'est nouveau. Peut-être que je m'y prends mal depuis tout ce temps.

— Mais ça suffit ! râlé-je, avant d'adopter mon ton le plus maternel comme si je m'adressais à des gosses de trois ans. Et si je vous proposais, dans l'éventualité où on ne mourrait pas ce soir dans d'atroces souffrances, de se retrouver demain pour manger des glaces en revenant sur nos plus beaux moments ? Ça vous aiderait ?

Le visage d'Elvira s'illumine.

— Noël ensemble ? Avec joie !

— J'aime les glaces, énonce Brenner en chargeant son pistolet.

— Bonne chance, nous dit-elle en descendant. Et, par pitié, soyez prudents.

— Tu as une robe ?

— Dans la voiture de mes parents.

— Vas-y. Brenner, occupez-vous de trouver Roi. Moi, je vais coller sa mère.

— J'aurais un dernier service à vous demander, Elle, confesse l'inspecteur. Pourriez-vous m'aider à passer l'entrée ? Si on me voit, la soirée s'arrête là.

— Bien sûr. Il suffit de me tenir la main.

Elle me décoche un clin d'œil.

« Je te déteste », articulé-je en silence. Là-dessus, je descends de voiture et saute par-dessus le mur de pierre. Juste avant de m'éloigner, j'entends Brenner lui demander qui sont Bella et Jacob. Le rire cristallin d'Elvira s'évanouit dans la nuit tandis que je m'enfonce dans les bois en contournant de loin la maison.

J'aperçois bientôt le jardin – si on peut vraiment employer ce terme. C'est en réalité une vaste clairière, aussi grande qu'un terrain de foot, divisée en terrasses de pelouse, chacune bordée de rangées de fleurs blanches alignées à la perfection. Des milliers de globes lumineux flottent au milieu des arbres environnants, inondant la clairière d'une douce lueur jaune. Les lieux baignent dans une agréable chaleur, sans doute l'effet d'une forme de magie. Au milieu de ce décor féerique, des centaines d'hommes et de femmes papotent dans des costumes apprêtés et de superbes robes de soirée.

Le soulagement m'envahit. Tout va bien, semble-t-il. Pas d'invités paniqués. Pas de regards inquiets. Si Roi Paul est dans le coin, il n'est pas encore passé à l'acte. Je progresse en restant cachée derrière les arbres. À tout instant, je m'attends à entendre un murmure de stupeur collectif et à découvrir Brenner au cœur d'un esclandre.

À mesure que je me rapproche de la lisière, la chaleur de la clairière picote mes doigts gelés. J'ôte la capuche de mon sweat-shirt, ravie à l'idée de faire mon entrée dans ce rassemblement guindé vêtue d'un maillot de base-ball à l'effigie des Tigers, avec son grand D iconique au centre. Je me frappe le torse. *Représente !*

Maintenant assez près pour identifier les convives, je repère Natalie Cormier, entourée d'un troupeau d'admirateurs, sa poitrine pulpeuse rehaussée par un corset. Dans un autre groupe *légèrement* plus distingué, j'aperçois le père d'Elvira. Je parie qu'il sera ravi de me revoir. Sans surprise, la directrice West se tient à son côté, tout bonnement divine dans une robe de soirée en soie noir et blanc – le genre de tenue raffinée et élégante qu'on n'approcherait pas d'une couenne de porc.

Je fronce les sourcils en sentant un léger picotement nerveux sur ma nuque. *C'est normal d'être stressée*, je me rassure. On arrive au moment fatidique, pas vrai ? Une fois dans cette clairière, il sera impossible de faire marche arrière. Mon quart d'heure de célébrité et de respect s'arrête là. Même quand les sombres manigances de Roi Paul seront dévoilées, je resterai la traîtresse qui a choisi les humains plutôt que les occultes. La plupart comprendront mes motivations, mais ne seront pas forcément fans de mes choix. Ni de moi.

Le picotement revient, et je dois garder en tête que, quoi qu'il arrive, Brenner et Elle seront toujours…

Le frisson s'intensifie. Je me rends compte alors que ça n'a rien à voir avec la nervosité. C'est le bruissement de feuilles au-dessus de ma tête. Soudain, mon corps entier me hurle de bouger. Je me jette de côté au moment où mon pire cauchemar, le grand démon corbeau, s'écrase au sol, me ratant de peu. La harpie replie des ailes de six mètres d'envergure, puis fond sur moi. À l'aide de serres aussi longues que des couteaux à steak, elle me cloue les jambes à terre. Un cri de douleur me monte aux lèvres, mais elle me transperce l'épaule de son bec pointu, me coupant le souffle. Je déglutis, je griffe, je me débats. Son bec se retire avec un horrible bruit de succion lorsqu'elle relève la tête pour me porter le coup de grâce, entre les yeux. Je plonge mes griffes dans sa gorge et la tiens à bout de bras, le coude verrouillé. Folle de rage, elle me laboure les jambes de ses serres et pousse contre mon bras afin de – littéralement – briser ma défense. Mon coude faiblit.

Trois coups étouffés résonnent. Deux balles secouent la harpie, la troisième m'érafle la cuisse. Le démon s'envole dans un tourbillon de plumes et disparaît dans le ciel nocturne. L'agent Hillerman accourt vers moi, le doigt sur la détente d'un pistolet équipé d'un silencieux. Elle a les yeux fermés derrière ses lunettes noires, misant sur sa foutue perception surnaturelle du monde invisible des démons.

— Debout, m'intime-t-elle en m'attrapant le bras. Mieux vaut ne pas s'attarder ici.

Je dégage sa main d'une tape.

— Vous m'avez tiré dessus !

Mon corps me brûle. Les lambeaux de tissu de mon pantalon sont incrustés dans la chair à vif, mon maillot des Tigers imbibé du sang qui s'échappe du trou à mon épaule. Chaque respiration me fait l'effet d'un coup de poignard.

Le dos collé contre un arbre, Hillerman scrute le ciel. Ses bras tatoués sont lacérés de partout, maculés de sang. À l'évidence, sa soirée ne se passe pas mieux que la mienne.

— Brenner est ici ? s'enquiert-elle.

Je me relève prudemment sur des jambes flageolantes.

— Oui, et pas grâce à vous. Vous l'avez laissé tomber. Il a affronté Fencher *seul.*

— Pas seul, vous étiez là. Et, si je n'avais pas poursuivi cette saloperie, nous n'aurions jamais su qu'elle comptait venir ici.

— Waouh ! on vous doit une fière chandelle, c'est ça ? Profiter de notre opération…

— Non, ce n'était pas le but. Croyez-moi, si j'avais su qu'elle serait dans la maison, j'aurais amené une escouade complète.

— Pourtant vous n'étiez pas surprise.

— Certains signes laissaient en effet présager cette possibilité, et je m'y étais préparée, fin de l'histoire. Vous voulez bien arrêter deux secondes, Shayne ? Nous sommes confrontés à un complot d'une grande ampleur, très organisé. La harpie savait qu'elle pouvait se réfugier ici. J'ignore dans quelles magouilles Roi trempe, mais il y est jusqu'au cou. Il me le faut.

Comme toujours, son arrogance me rend irascible.

— Faites la queue avec les autres. Complot ou pas, c'est Brenner qui embarquera Roi ce soir.

Elle acquiesce.

— Je n'y vois pas d'inconvénient. Maintenant, dépêchez-vous. On sait tous qu'il n'y arrivera pas sans vous. Si j'ai accepté de le soutenir dans cette entreprise, c'est uniquement parce que vous en faisiez partie.

Je bouillonne. Rien ne me fout plus en rogne que ses fichus compliments, tous plus désinvoltes, inopportuns, passifs-agressifs et déstabilisants les uns que les autres. Je m'éloigne clopin-clopant en grommelant tout bas – « M'a tiré dessus, cette morue » – et en jetant des coups d'œil nerveux vers le ciel.

— Je vous couvre, me promet-elle.

— Ah oui ? Et vous, qui vous couvre ?

— Faites-moi confiance.

— Arrêtez. Ça me fait mal de rire.

Un silence s'abat sur la clairière. Tous les regards se tournent vers la maison. Merde ! il se passe quelque chose. Plus question d'atermoyer. Je surmonte ma douleur ; mes pas, d'abord chancelants, s'affirment rapidement, me permettant de rejoindre la foule pour m'y faufiler. La voix grave et mélodieuse de Roi Paul résonne, étrangement omniprésente, comme s'il me parlait à l'oreille.

— Mesdames et messieurs, je vous souhaite de très bonnes fêtes et je vous souhaite la bienvenue dans notre demeure. Quelle charmante soirée ! Même moi je peux l'apprécier. Ce soir, tout est neuf et pimpant.

Perdue dans une marée de tenues haute couture, de bijoux et de parfums, je cours de groupe en groupe, bousculant les invités, à la recherche de Mme Paul. De temps à autre, j'entraperçois Roi devant la foule, un verre de vin à la main, sa veste de smoking boutonnée. Il poursuit de son ton pédant :

— Certains s'étonneront de me voir ici. Je suis censé rester cloîtré à l'université, de sorte que mère et père n'aient pas à souffrir de ma présence. Il est de notoriété publique que je suis un échec. Une honte pour la famille Paul. On m'a jugé incapable de réussir ce que n'importe quel sorcier de ma condition accomplirait aisément.

Quelques huées s'élèvent, suivies de rires. Les convives commencent à me remarquer. Les femmes reculent comme si un rat leur frôlait les pieds. Les hommes me gratifient de sourires dédaigneux. Je surprends des bribes de murmures : « sans-abri », « toxico », « clocharde ». Très vite cependant, ces remarques sont remplacées par :

— Non, serait-ce... ?

— Mais oui !

— Cette hippie de renarde.

Roi hausse la voix :

— Néanmoins, nulle ne saurait être plus déçue que ma mère. Mère, où êtes-vous ? Déjà ivre morte ? Ah ! vous voilà.

Bingo ! tous les regards se tournent dans la même direction et la foule s'écarte pour révéler Mme Paul. Elle semble résister à l'envie de rentrer la tête dans le haut col de sa robe rouge pour disparaître. Je cours droit vers elle.

Au même instant, Titus Paul surgit de la maison, furieux.

— C'est assez, sale petit ingrat. Je ne veux plus t'entendre, m'as-tu compris ? Rentre immédiatement à l'intérieur.

— Après vous, rétorque Roi.

Il claque des doigts et le nœud papillon de son père prend feu. Certains laissent échapper des petits rires nerveux, pensant sans doute à une plaisanterie d'un goût particulier. Titus pousse un cri de surprise et de douleur en tapant sa barbe en feu, puis retourne à toute allure dans la maison, talonné par une poignée d'invités. D'un petit geste du doigt, Roi ferme la porte derrière eux.

—Il a raison, mère, comme toujours. C'est assez. Je viens vous annoncer que je me retire, non seulement de la famille Paul, que je renie dès à présent, mais aussi de cette communauté de pseudo-sorciers.

Cachée derrière Mme Paul, je tire sur sa robe pour capter son attention.

—Agent Davies, AFO. Je vous emmène loin d'ici. *Tout de suite.*

Elle se raidit, mais ne laisse rien paraître autrement. De son côté, Roi continue :

—Je vous souhaite à tous de souffrir du constat qu'en gaspillant vos pouvoirs divins dans des quêtes aussi futiles que l'argent et l'influence politique vous avez débilité notre caste au point qu'aujourd'hui elle ne vaut guère mieux que les humains qui nous servaient jadis.

—Madame Paul, suivez-moi, insisté-je. Vous êtes en danger.

Elle tremble de tout son corps.

—Je le sais. Il suffit de voir la magie tapie dans ses yeux. Une noirceur absolue. Je l'ai toujours perçue en lui.

Roi lève son verre de vin, tout sourires. Plusieurs cris s'élèvent alors et la foule s'éloigne brusquement de Mme Paul. Recroquevillée derrière elle, je ne vois pas ce qui se passe, mais, au crépitement de magie que j'entends et à la façon dont elle se penche en arrière, je devine qu'une sphère de déplacement vient d'apparaître devant elle. Je ne sais pas du tout quoi faire. *Mais que fiche Brenner ?*

— Police de Détroit ! hurle-t-il. Annulez votre sort !

Il se tient sur le toit, à couvert derrière le gable d'une fenêtre, son arme braquée sur Roi Paul. Les convives autour du sorcier s'écartent, l'abandonnant sur le perron.

— La sphère de déplacement, annulez-la *immédiatement*, ou c'est votre tête que je déplace !

La directrice West lève les mains en s'interposant entre Roi Paul et sa mère.

— Attendez, que tout le monde garde son calme.

Alors que les regards se braquent sur elle, j'en profite pour jeter un coup d'œil à la sphère scintillante devant Mme Paul. Non contente d'être énorme, aussi grosse qu'un ballon de plage, la bulle est également à moitié logée dans sa poitrine. Si elle éclate, son cœur sera oblitéré.

— Monsieur Paul, je vous ordonne de cesser vos agissements, ordonne West. Inspecteur Brenner, vos sommations n'ont pas la tournure officielle d'une intrusion légitime de la police. Je vous accorde une chance de les reformuler, ou de baisser votre arme et de me retrouver à l'intérieur.

— Soit, lance mon équipier. Roi Paul, vous êtes en état d'arrestation pour les meurtres de Kimberly Wright et Rachelle Craig. Vous avez le droit de garder le silence. Tout ce que vous direz ou ferez pourra me donner le droit de vous plomber le cul.

— Vous n'arrangez pas la situation, le réprimande-t-elle. Roi, dernier avertissement, annulez cette bulle.

Le sorcier l'ignore, les yeux rivés sur le visage de sa mère.

— La police humaine. Je ne vois pas ce qu'elle peut avoir contre moi.

— J'ai toutes les preuves possibles, réplique Brenner avant de les énumérer avec une jubilation manifeste : Une lettre de recommandation falsifiée pour Ronny Fencher, une vidéo vous montrant *absent* de votre cours le soir du meurtre de Kimberly, la domiciliation de Ronny Fencher dans une propriété à votre nom. Je t'ai eu, Roi, espèce de connard prétentieux. J'ai chopé ton larbin, Fencher, j'ai récupéré tes clés, et je vais compter jusqu'à trois. Un…

Je secoue avec insistance la robe de Mme Paul.

— Dites, on n'a plus le temps. Si vous ne bougez pas, c'est moi qui vous y forcerai.

— C'est trop tard, gémit-elle. Il est trop puissant. Fuyez. Sauvez-vous.

— Pas question de vous abandonner.

Le regard de Roi s'assombrit.

— Qu'avez-vous à dire, madame la directrice ? Il n'a pas pu obtenir ces éléments sans l'aide de l'Agence.

— C'est faux ! s'insurge-t-elle. Nous n'avons rien à voir là-dedans.

— La magie noire, déclare Brenner, faisant passer un frisson d'angoisse dans la foule. Roi Paul s'est affilié à la horde de l'East Side. Deux !

La directrice West esquisse un pas vers le sorcier.

— Est-ce vrai ?

— Et quand bien même ? admet Roi. Vous vous satisfaites tant, tous, de ce que les sorciers *doivent* être…

J'empoigne la robe de Mme Paul à deux mains.

— Quand il dira « trois », je vous tirerai d'un coup en arrière.

— … que vous en avez oublié ce que nous *pourrions* être.

En larmes, Mme Paul murmure :

— Ça ne changera rien. Ce n'est pas lui.

— Pardon ?

Brenner appuie sur la détente, mais le tir a pour seul effet de faire disparaître Roi Paul. La balle détruit un pot de fleurs juste à côté. Le véritable Roi apparaît sur ma gauche, à quelques mètres à peine.

— Adieu, mère.

Je tire sur la robe. Trop tard. La bulle explose dans sa poitrine. Projeté en arrière, son corps désarticulé me roule dessus.

La foule panique. Les invités hurlent et se bousculent en fuyant dans toutes les directions exceptée celle de Roi Paul. Trois courageux sorciers décident de lui faire face et l'attaquent avec des boules de feu, des entraves magiques et des éclairs, mais il pare leurs sorts sans difficulté. D'un simple mouvement du poignet, il riposte avec une rafale de vent qui les fauche comme s'ils se heurtaient à un mur de brique.

D'un geste de l'autre poignet, il me soulève dans les airs, puis m'attire jusqu'à sa main ouverte. Ses doigts se referment sur mon cou pour m'étrangler.

— Je vais la buter ! (Bien qu'il s'adresse à Brenner, tout le monde se fige.) Je vais la buter, et je te garantis que, celle-là, je ne vais pas la ranimer !

Je me débats comme une furie pour crier à Brenner de tirer quand même, mais aucun son ne sort de ma gorge écrasée. Il baisse son pistolet.

Roi tend soudain sa main libre vers le corps de sa mère qui gît, face contre terre, le dos marqué d'un cercle noir et fumant. La sphère de déplacement l'a brûlée de part en part. Impossible qu'elle ait survécu. Le sorcier se met à psalmodier tout bas dans une langue inconnue. Elle semble très ancienne, semblable à celles qu'on entend dans les films avec des momies. Son incantation terminée, il effectue un nouveau geste du poignet.

Une violente convulsion secoue le cadavre de Mme Paul, qui se met à quatre pattes avant de, lentement, se relever. Elle tourne la tête à gauche, à droite. Où qu'elle regarde, la foule recule, à la fois sidérée et terrifiée. Même la directrice West fait un pas en arrière.

Je m'efforce de ne pas quitter Brenner des yeux. Depuis le toit, il contemple Mme Paul avec un mélange de curiosité et de fascination. Puis son regard trouve le mien. J'y lis une expression particulière, comme s'il voulait me parler sans trouver les mots.

— Le pouvoir qui nous habite dépasse vos rêves les plus fous, déclare Roi. Vous voyez où vous mène votre obstination à reléguer les anciennes voies aux oubliettes derrière des tabous et des superstitions ? Vous vous rendez vulnérables. Vous créez vos propres maîtres en leur offrant un ascendant sur vous. Mère, regardez-moi.

Mme Paul obéit. En découvrant son visage, je comprends enfin la stupeur de Brenner.

Ses yeux. Un voile laiteux les a recouverts. Pareil à… des cataractes.

— Vous avez une mine affreuse, mère. Que vont penser vos invités ?

Il agite la main. Aussitôt, l'horrible trou béant dans sa poitrine se comble, rendant à la défunte sorcière son apparence initiale. Sans ses yeux morts, on la croirait vivante et en pleine santé.

— Roi, la nécromancie est une pratique interdite, énonce la directrice. Par cet acte, vous renoncez à tous les droits, privilèges et protections garantis par l'Agence fédérale de l'Occulte.

Le sorcier s'esclaffe. À en juger par le caractère surjoué et peu naturel de son rire, ça ne doit pas lui arriver souvent.

— C'est donc vrai, madame la directrice ? Ce que l'Agence donne, l'Agence peut le reprendre.

Si sa remarque me passe au-dessus de la tête, elle semble en revanche produire l'effet d'une bombe sur les convives. West s'attire un flot de regards atterrés. Bien décidé à profiter jusqu'au bout de l'attention, Roi poursuit :

— Vous devez savoir que je ne suis pas le premier à tenter l'expérience. Je suis seulement le premier à réussir, mais d'autres suivront forcément. Je viens de livrer la clé du secret. La nécromancie ne peut s'enseigner. Elle se mérite par tâtonnements. J'ai essayé sans relâche avec ces autres filles, sans succès. Maintenant, je sais pourquoi.

Un silence absolu se fait dans la clairière. Tous ces sorciers, avides de pouvoir, c'est plus fort qu'eux. Ils tendent l'oreille en retenant leur souffle, impatients de connaître le secret de sa réussite.

C'est là qu'il abat ses cartes. Tout s'accélère. Depuis les bois, Hillerman tire plusieurs coups de feu sur la harpie, qui tombe soudain du ciel pour éjecter Brenner du toit. Mme Paul lève les mains, invoquant des arcs électriques d'un blanc aveuglant. Au moment où ils explosent, provoquant une puissante onde de choc, Roi Paul me lâche brutalement et prend la fuite au milieu de la foule. Juste avant de percuter le sol, je le vois disparaître d'un coup, invisible.

Mais…

Et c'est un gros « mais ».

Durant une fraction de seconde, j'ai pu voir dans quelle direction il partait. Il ne m'en faut pas davantage. Avec son invisibilité, il n'est pas différent des mulots enfouis sous un mètre de neige en hiver, que je n'ai pourtant aucun mal à localiser, même à dix mètres de distance, grâce à mon cerveau de renarde.

Ma tête fait aussitôt le calcul : trajectoire, vitesse, vecteur d'interception. Je pourrais aussi bien le voir. Je m'élance sans la moindre hésitation, tête baissée, les yeux rivés sur l'endroit exact où je trouverai ma cible invisible. L'ennui, c'est que mon plan nécessite deux personnes. Je n'arriverai pas à neutraliser Roi seule. Je ne peux que révéler sa position et m'en remettre à Brenner pour le reste – croire de tout mon cœur que, malgré la confusion et les menaces mortelles qui nous entourent, il ne me quitterait jamais des yeux très longtemps. Il me trouvera. Il sera là.

À quelques mètres du point d'interception, je bondis. Mes bras se referment sur un corps invisible. Malheureusement, mon poids ne suffit pas à le faire tomber. Il chancelle en grognant. Son invisibilité me désavantage. Très vite, une masse dure et pointue – un coude – me frappe au visage. Je tombe, sonnée. À la seconde où je ne suis plus sur lui, un coup de feu retentit. Le sorcier apparaît devant moi en se tenant la poitrine. Il titube un instant, puis s'écroule à genoux et crache du sang.

D'un coup, les menaces disparaissent. Privé de son marionnettiste, le cadavre de Mme Paul s'effondre, inerte. La harpie fuit sous les attaques des sorciers. Son pistolet encore fumant, Brenner s'approche de Roi Paul.

— Ça, c'est de la part de la mère de Rachelle. Je te garantis que cette mort vaut mieux que tout ce qu'elle t'aurait infligé.

Dans un ultime sursaut d'énergie, le sorcier lui fait sauter l'arme des mains à l'aide d'une rafale d'air, puis se tourne vers moi avec un mouvement du poignet. Une grosse sphère de déplacement se forme juste sous mon nez.

Puis éclate.

Chapitre 22

Je vois une myriade de particules orangées, comme un océan de lucioles, à quelques centimètres de mon visage. C'est la clairière, avec ses boules de lumière flottantes, réfractée à travers des milliers de petits éclats de déplacement. L'espace d'un instant surréaliste, j'ai la sensation d'être emprisonnée dans un kaléidoscope. Puis mon cerveau reprend du service et je comprends que je me trouve face à une bulle de déplacement figée dans son explosion.

Les murmures de stupeur de la foule ne m'étonnent pas. Il faudrait un pouvoir phénoménal pour figer et maintenir une bulle de déplacement en plein impact.

Puis les minuscules éclats, vibrant d'énergie, s'éloignent peu à peu de mon visage. Lentement, laborieusement, ils refluent à contre-courant, convergent et s'agglomèrent pour reformer finalement une grosse bulle chatoyante. Les chuchotements de la foule se muent en clameur d'excitation. L'énergie démentielle nécessaire à un tel exploit a obligé mon ange gardien à renoncer à son invisibilité. Elvira apparaît, accroupie près de moi dans une robe de princesse bleue étincelante, les bras tendus, les paumes dressées vers la sphère. Elle se mord la lèvre inférieure, concentrée.

Roi Paul écarquille les yeux en voyant la bulle venir vers lui. Son flegme légendaire se retrouve ébranlé, peut-être pour la première fois de sa vie, par l'incompréhension et la peur.

Dans un dernier grognement d'effort, Elvira lui enfonce la bulle dans la poitrine. Pas encore tout à fait satisfaite, néanmoins, elle écarte les bras et la bulle voit sa taille quadruplée, enveloppant Roi de la tête aux pieds. Des cris de stupéfaction montent de la foule.

Bon, là, elle en fait un peu trop. On n'a jamais vu une bulle de déplacement aussi grande. Les convives reculent précipitamment, se piétinant pour se mettre à l'abri. Piégé dans la sphère bourdonnante, Roi ne peut que contempler cet adversaire improbable, un visage familier auquel jamais il n'avait prêté attention : Elvira Harrington, la petite sorcière frivole sans le moindre intérêt en dehors de son cercle de mondains et d'influenceurs.

Tout cela appartient au passé désormais.

Finalement, elle baisse les bras, et la sphère s'évapore. Roi Paul émet un dernier hoquet de surprise, puis succombe à sa blessure par balle, même si je clamerai toute ma vie que c'est l'humiliation qui l'a achevé. Je rattrape Elvira tandis qu'elle s'écroule, blême, à bout de forces. Ses paupières remuent, puis se ferment. Son corps devient inerte dans mes bras.

— Elle ? dis-je en la secouant. Elle, allez… Elvira.

Le souffle laborieux, elle gémit :

— Ma force vitale… Tout mis dans la bulle.

— Non, non… Ça ne marche pas comme ça… Si ? Elvira…

Incapable de garder son sérieux plus longtemps, elle colle son visage contre mon épaule et se met à glousser, avant de grimacer de douleur.

— Aïe ! Sérieusement, cela dit, je vais le sentir pendant quelques jours.

Je la pince violemment en punition.

— Force vitale, mon cul !

— Aïe ! Arrête, tout le monde nous regarde.

— Oui. Ils nous regardent, murmuré-je.

L'assemblée tout entière se presse autour d'elle pour la dévisager avec perplexité. La plupart des femmes semblent à la fois abasourdies et enchantées. Les hommes sont partagés : les plus âgés affichent des regards avides et calculateurs, tandis que les jeunes célibataires jouent des coudes pour se mettre au premier rang. Elle se recroqueville contre moi.

— Dis-leur que je suis morte. Joue le jeu pour moi. Emmène-moi loin d'ici, Shayne.

— Tu plaisantes ? Tu es la star du jour. Tu as un harem d'hommes prêts à t'emporter dans leurs bras.

Elle lève les sourcils.

— « Un harem » ?

— Mais oui ! C'est la grande mode, en ce moment.

Ses yeux s'illuminent, mais elle secoue aussitôt la tête et geint :

— Malheureusement, mes parents…

Sans surprise, M. et Mme Harrington s'avancent au même instant, l'air sévères et mécontents. La voir dans les bras de cette maudite renarde baba cool ne doit pas arranger les choses. La mère d'Elvira, une blonde d'une beauté sculpturale, étudie sa fille avec un étrange mélange d'inquiétude et de dégoût.

— Elvira, ma chérie, est-ce vraiment toi ?

Mon amie se cramponne à moi.

— Je ne suis pas prête, Shayne. Mets-moi sur un brancard avec un masque à oxygène. Dis à tout le monde que je ne peux recevoir aucun visiteur pendant quelques jours.

— Non, Elle. C'est fini. Plus question de te cacher. Toute ta communauté sait de quoi tu es capable à présent. Les gens vont avoir un tas d'attentes vis-à-vis de toi. Crois-moi, c'est vraiment, vraiment chiant. C'est la facette dont je ne t'ai jamais parlé.

— OK, sers-moi un de tes discours d'encouragement. J'en ai besoin.

— T'arrête un peu ? Plus personne ne se laisse berner par ton numéro de nana sans défense, moi la première. On va jouer cartes sur table, Elle, pour une fois. Mes discours d'encouragement ne sont qu'une arnaque. Je n'en croyais pas un mot. Je ne suis pas coach en motivation, d'accord ? Je suis juste *indigente*. J'avais besoin que tu me rendes service.

Même si son regard blessé me fait mal au cœur, il fallait que ce soit dit. J'en ai marre de récolter des lauriers que je ne mérite pas.

— Mais… (Elle secoue la tête.) *Moi* j'y croyais.

Le soulagement m'envahit. Je ne peux m'empêcher de sourire.

— Exactement. C'est à *toi* que tu le dois. Pas moi. Toi seule.

Elle rougit. Un sourire timide se dessine sur ses lèvres.

— J'imagine que ça fait de moi l'héroïne du jour.

— Et mon visage t'en remercie.

— Je me suis rappelé la règle la plus importante, Shayne. Quoi qu'il arrive…

— … je reste avec toi, terminé-je.

Une lueur espiègle s'invite dans ses yeux.

— C'est l'inverse normalement.

— Tu l'as bien mérité.

— C'est pas faux. Je suis sans doute comme toi maintenant, mais en mieux habillée.

— Clair !

— Tu me donnes ta voiture ?

— Là, tu rêves !

— Tu me laisses Brenner ?

— Ça suffit, je te lâche.

Et, « pouf ! », je la laisse tomber par terre. Elle roule dans l'herbe en gémissant de douleur, sans hésiter à en faire trois tonnes. Évidemment, ça marche. Le troupeau de jeunes célibataires sexy vole à son secours.

J'aperçois Brenner, debout à côté du cadavre de Roi Paul, au milieu d'un cercle de sorciers qui l'assaillent de questions, exigeant des réponses. La directrice West s'efforce de calmer les esprits, mais, en me voyant, elle se joint à la chorale :

— Vous ne pouviez pas nous appeler ? nous prévenir ? Qui vous a autorisée à travailler avec une sorcière en dehors de l'Agence ? Et qui était dans les bois ? Quand la harpie a attaqué, nous avons entendu des coups de feu.

Je passe devant elle sans un mot. Ras le bol du bla-bla. Brenner me voit venir. Il sait ce que je veux. Ce n'est sans doute pas le meilleur moment. Il ne partage peut-être pas mes sentiments. Honnêtement, je m'en moque. Je me plaque contre lui et le prends dans mes bras. Il passe le sien autour de mes épaules. Ça ne me suffit pas. Enfouissant le visage dans le creux de son cou, je le serre de toutes mes forces. Il m'écrase contre son torse en réponse. Son étreinte semble sincère – une réaction du Brenner qui ne se retient pas. Il ne cesse de me presser toujours plus contre lui, comme si je n'étais jamais assez près. Chaque mouvement avive la douleur lancinante de ma blessure à la clavicule, mais je m'en moque complètement.

Pendant ce temps, une foule de sorciers tente d'obtenir des réponses de notre part. La directrice West exige un débriefing ; la police est en chemin pour aider Brenner à recueillir les témoignages et rédiger les rapports ; un tas de détails dont, pour le moment – allez, tous en chœur ! – je me moque complètement.

Chapitre 23

Au matin de Noël, je suis réveillée par les cris joyeux des enfants qui jouent dehors. Il est tard, sans doute presque midi, et j'ouvre grand les yeux, parfaitement reposée. Je me sens bien – en pleine forme même. Puis je bouge. Alors, mon corps entier se révolte, des articulations grinçantes en passant par les muscles endoloris jusqu'à la douleur cuisante de ma blessure à l'épaule. Je baisse le col de mon pull pour inspecter la plaie. Une grande gaze la recouvre. J'avais oublié. Mes souvenirs de cette nuit sont flous. Je me rappelle être rentrée à la maison au petit matin ; m'être lavée, changée, en essayant de ne pas faire de bruit pendant que Brenner racontait tout à Regina, en bas. Lui annonçait que le cauchemar était enfin fini.

Je regarde par la fenêtre. Jasmine et Kenny Junior s'amusent dans la neige du jardin. Les paroles de Regina me reviennent : *« Un miracle de Noël. »* Je ressens une bouffée de fierté envers Brenner. C'est lui, le véritable miracle pour cette famille.

À la table de la cuisine, Regina regarde ses enfants par la baie coulissante. Papy, lui, est assis sous le porche, emmitouflé dans un cocon de couvertures, et contemple ses petits-enfants en secouant la tête avec un rire enchanté. Je vois ses lèvres remuer : « Crévindiou ! » La mère essuie des larmes sur ses joues.

— Pardon, bredouillé-je, gênée de mon intrusion.

— Quoi, ça ? Ce sont des larmes de bonheur. (Elle commence à se lever.) Du café ?

— Non, non, restez assise. Je vais me servir.

Elle m'observe attentivement.

— Vous devriez peut-être y ajouter quelques analgésiques.

— Je n'aime pas prendre de médocs. Demandez à ma mère.

— Votre blessure près de l'épaule… ça doit faire bien mal.

C'est étrange de la voir me dévisager ainsi. Regina ne m'a jamais vraiment prêté attention. De mon côté, j'ai toujours veillé à ne pas être dans ses pattes. Brenner nous servait généralement d'intermédiaire.

— Ç'aurait pu être pire.

— Je sais.

Elle pousse une chaise du bout du pied pour m'inviter à m'asseoir. Elle attend que je me sois installée, puis me regarde droit dans les yeux, le visage marqué d'une profonde émotion.

— Cette nuit, après m'avoir tout raconté, Brenner a dit : « Je suis tenu au secret, mais sache que Shayne a joué un rôle majeur. »

— Oh… non, j'ai seulement…

Elle me coupe la parole.

— Et il a ajouté : « Regina, elle a vraiment sacrifié beaucoup pour m'aider. Disons qu'elle ne s'est pas fait de nouveaux amis dans cette histoire. » Vous savez ce que je lui ai répondu ? (Elle me prend la main avec affection.) Je lui ai dit : « Non, Brenner. Ça, ce n'est pas vrai. »

Elle hoche la tête – sans doute sa manière de me demander si je comprends le sous-entendu.

Bravo, voilà que l'émotion menace de me submerger moi aussi. Je me contente d'acquiescer en retour. Satisfaite, elle se cale contre le dossier de sa chaise et laisse son regard vagabonder vers ses enfants dans le jardin. Elle sourit.

Je prends alors conscience de l'étrange calme qui règne dans la maison.

— Brenner dort encore ?

— Il est parti il y a une heure.

— Au travail ? je demande, tout en sachant que ce n'est pas le cas.

Son équipe a travaillé une bonne partie de la nuit afin de tout boucler pour pouvoir profiter du jour de Noël.

— Je ne sais pas. Mais, comme il a dit que ça prendrait peut-être du temps, on lui a quand même fait nos adieux, au cas où on ne serait plus là à son retour.

— Vos « adieux » ?

Elle opine de la tête.

— Le moment est venu. Chaque année, à Noël, on va rendre visite à ma sœur, dans le Nord. Je me suis dit que, cette fois, on allait... y rester un moment. Détroit... Cette ville est devenue trop toxique pour nous. Elle nous empêche de nous reposer, de bouger, nous laisse à peine respirer. Maintenant que Rachelle est en paix, nous pouvons tous tourner la page. Y compris Brenner. Il n'a vraiment pas besoin que nous restions à ses crochets. (Elle me glisse un coup d'œil.) Et vous ?

— Moi ?

Elle sourit.

— Vous mourez d'envie de consulter votre téléphone, n'est-ce pas ?

— Oui, désolée.

Je me sens nulle. Cette femme m'ouvre son cœur, et moi je ne pense qu'à localiser Brenner.

— C'est juste qu'il n'était pas censé aller au boulot aujourd'hui, ajouté-je.

Comme je le craignais, mon portable n'a aucune info à me donner sur Brenner.

— Il a éteint son téléphone, c'est ça ?

— Oui, dis-je en tentant de ne pas trop laisser transparaître ma déception.

Regina soupire.

— Ça lui arrive, vous savez. Il vient dans la cuisine me dire qu'il va sortir, croyant que je ne le vois pas éteindre son portable. Il a parfois autant de subtilité qu'un marteau.

Je tente de le défendre en baragouinant :

— C'est pratique, cela dit, quand on a besoin d'un marteau.

Ma remarque l'amuse.

— J'ai l'impression que vous avez égaré le vôtre. Ça arrive, hein ? Mais quelque chose me dit qu'une fille dégourdie comme vous a une petite idée de l'endroit où il est passé.

— Peut-être.

— Alors ?

— Alors… il répète que c'est compliqué.

Elle penche la tête de côté.

— Écoutez, je n'ai jamais rien eu contre vous, Shayne, donc ne le prenez pas mal, mais vous seriez la reine des idiotes si vous laissiez filer un homme comme Brenner. Ça vous va, comme marteau ?

Sans crier gare, je mc rue dehors, monte dans ma Fusée, sème deux flics sur Jefferson Avenue et entre sur le parking du joli hôtel en centre-ville. Ignorant les vœux de Noël guillerets des employés de la réception, je traverse le hall d'accueil au pas de course, remonte le couloir du rez-de-chaussée et tape du poing sur la porte de la chambre de Hillerman. Elle l'ouvre en peignoir, sans donner aucun signe de surprise ni d'inquiétude.

Ma colère vire brusquement à l'embarras. Quels droits ai-je sur Brenner ? Qu'est-ce que ça peut faire qu'il vienne ici ? En quoi ça me regarde ? Nous sommes *coéquipiers*, rien de plus. N'est-ce pas ce qu'il me répète depuis le début ? Faudrait percuter au bout d'un moment, Shayne ! Hillerman semble visiblement du même avis. Connasse.

Au prix d'un gros effort, je parviens à maîtriser le tremblement de ma voix.

— Dites-moi simplement s'il est là.

Elle s'écarte en me tenant la porte. Mon cœur s'affole. Ce n'est pas une bonne idée. Je vais juste me ridiculiser davantage. Je ferais mieux de tourner les talons et partir. Au moins on pourrait continuer à travailler ensemble.

J'entre d'un seul mouvement et le découvre au milieu de la pièce, appuyé contre une table, les bras croisés. Je ne pensais pas que ça me blesserait autant. Mon cerveau tombe en panne, je ne sais plus que dire, que faire, à part le regarder avec des yeux de merlan frit.

— Aujourd'hui, dit-il. Je comptais vous en parler aujourd'hui, dès mon retour.

— La soirée d'hier change tout, Shayne, ajoute un homme derrière moi.

Je sursaute. Mais je connais cette voix. Je me retourne pour voir Oliver Harrington, assis sur le canapé. La table basse devant lui est couverte de piles de dossiers et de cartes de la ville.

— Pour des raisons de sécurité, nous ne pouvions pas travailler à l'Agence, poursuit-il. Si l'on apprenait que Brenner monte un dossier contre les vampires…

Je ne comprends pas ce que je vois. En soi, oui, j'ai Brenner, Oliver et Hillerman réunis dans une même pièce, mais… qu'est-ce que ça signifie ? Que se passe-t-il ?

Hillerman retire son peignoir. Elle est tout habillée en dessous, et savoure le soulagement qu'elle lit sur mon visage. Avec une petite moue satisfaite, elle me montre les profondes entailles et égratignures sur ses bras.

— Je ne voulais pas risquer d'effrayer un employé du service d'étage.

Ma colère revient au grand galop.

— Écoutez-moi bien. Dans la seconde qui vient, je veux une explication claire et concise de ce qui se passe dans cette foutue chambre, et tous ceux qui ne s'appellent pas Brenner sont invités à la fermer. (Je le pointe du doigt.) Je vous écoute.

— Ce n'étaient *pas* des vampires, Shayne. Les monstres qui ont tué Haley. C'étaient des revenants. Leurs yeux blancs. Vous avez vu ceux de la mère de Roi Paul quand il l'a ranimée.

— Un revenant, m'explique Oliver, est un occulte ressuscité grâce à la nécromancie. Techniquement, c'étaient bien des vampires, mais contrôlés grâce à la magie noire. Autrement dit, nous faisons fausse route depuis le début.

— Ce ne sont pas les vampires nos véritables coupables, acquiesce Brenner, mais un nécromancien.

— La nécromancie étant proscrite, ajoute Hillerman, il n'y a pas de conflit d'intérêts. Vous pouvez rapporter l'affaire à l'Agence.

Oliver lève un doigt en guise d'avertissement.

— Une minute ! Nous n'avons encore rien décidé à ce sujet. Certains éléments de ce dossier pourraient être… sensibles.

L'agent spécial se hérisse.

— Quoi, vous n'allez pas en souffler un mot à Nick Sublime ? Et Nora Jacobs alors ? Vous ne croyez pas qu'elle mérite de connaître la vérité ?

Quelle que soit l'allusion, Oliver n'a manifestement pas envie d'en discuter. Il ajuste une pile de pochettes sur la table. Hillerman se charge de m'expliquer le contentieux.

— Des vampires renégats ont tué la mère de Nora Jacobs quand elle avait six ans.

— Les mêmes, soutient Brenner.

Oliver intervient :

— Ce n'est qu'une *hypothèse.* Les dates concordent. C'est ce qui a motivé cette enquête. Nora est venue me voir il y a quelques mois pour me demander de fouiller dans les archives de l'Agence, au cas où il subsisterait des rapports sur des vampires renégats, ou n'importe quel document susceptible d'éclairer la mort tragique de sa mère. Quand je n'ai rien trouvé, elle m'a dit de laisser tomber. Mais, ensuite, tu as amené l'inspecteur Brenner à l'Agence. Il m'a à son tour demandé si j'avais de vieux rapports sur des attaques de vampires en ville. L'histoire de sa sœur ressemblait presque mot pour mot à celle de la mère de Nora.

— Ces dernières années, relate Brenner, j'avais relevé un tas d'attaques similaires dans des villes comme Chicago, Cleveland, Lansing. En les situant sur une carte, j'ai remarqué qu'elles avaient toutes le même endroit pour épicentre.

Je connais tout de suite la réponse :

— Détroit. (*Oh ! mais quelle conne !* Regina avait raison, je suis la reine des idiotes.) C'est uniquement pour ça que vous avez déménagé ici. Pour poursuivre ces monstres. Je n'étais que votre ticket d'entrée dans l'Agence.

— Non, me contredit-il.

— Non ?

— NON !

Maintenant, il est en colère. Tant mieux. Je ne croyais pas vraiment ce que j'ai dit, mais ça ne lui fera pas de mal d'*imaginer* que j'ai pu le penser. Oliver reprend la parole :

— Nous ne pouvions rien dire, Shayne. Il y a d'autres…

Je lui montre mon poing.

— Tu veux manger tes aliments avec une paille ?

Hillerman intervient :

— Ce qu'il essaie de vous dire, Davies, c'est que cette affaire touche la haute hiérarchie. Même si l'Agence ne conservait pas les dossiers à l'époque, elle devait envoyer des rapports hebdomadaires à Washington. Brenner m'a demandé d'enquêter, et devinez quoi ? À l'époque, non seulement l'Agence était au courant de ces attaques endémiques, mais elle les *encourageait*. (Elle ramasse un document sur la table pour le lire.) Je cite : « Ces attaques sur les humains, bien que déplorables, représentent depuis toujours le contrecoup de la présence des vampires et, si Washington espère implanter l'Agence à Détroit, les vampires ne peuvent qu'y *contribuer.* » Signé, l'agent spécial en chef… Nick Sublime.

— Tu dois comprendre que Nick était dans une position difficile à l'époque, s'empresse de souligner Oliver, avant de s'affaisser sur le canapé. Malgré ça, Nora sera dévastée.

Ma colère monte d'un cran.

— Je vois. Vous n'avez pas chômé avec votre petite association secrète anti-occultes ! Ça ne m'étonne pas, Jay. Vous passez quelque temps avec Hillerman et boum ! on devient tous des *monstres* à vos yeux.

Il secoue vivement la tête.

— Non.

— « Non, non » ! C'est tout ce que vous savez dire ? Si ce n'est pas ça le problème, Jay, alors c'est quoi ? Dites-moi, bon sang !

Un silence gênant s'ensuit. Je rougis comme une pivoine. Ces gens me balancent une montagne de révélations toutes plus choquantes les unes que les autres – largement de quoi alimenter le prochain tome de la série – et, tout ce qui me préoccupe, c'est que ça reporte encore le dénouement de ma relation avec Brenner. Il avait raison : il y aura toujours une nouvelle affaire. Il n'y aura *jamais* de moment idéal. Autant s'en occuper maintenant, et tant pis si nous avons un public.

Heureusement pour moi, Hillerman sait reconnaître le cri de détresse d'un cœur en peine. Elle m'empoigne par le bras en marmonnant des jurons.

— On va discuter entre femmes. Dehors.

Puis elle me jette dans le couloir. Lorsque j'essaie de la repousser, elle me plaque contre le mur en collant son nez au mien.

— C'est votre *meute*, siffle-t-elle.

Je me fige.

— Quoi ?

— Votre famille, Shayne. Réfléchissez. Ça vous surprend vraiment ?

Je me sens lente. L'explication ne peut pas être aussi simple.

— La nuit où nous avons arrêté Arael Moaz, vous êtes ensuite rentrée chez vous pour vous reposer. Le lendemain matin, Brenner est passé vous rendre visite, mais les coyotes lui ont interdit de vous approcher. Votre mère s'est pointée et l'a invité à s'asseoir avec ses garçons autour du feu. « Parlons un peu. »

Mon cœur cesse un instant de battre.

— Non...

— Ah ça! ils ont parlé. Ils lui ont servi un petit exposé bien sympathique sur les dynamiques de meute, le choix des compagnes, le danger pour un étranger de songer seulement à contrarier cet ordre instinctif, et les risques pour le membre de la meute concerné de se voir rejeter, voire pire, par l'ensemble de la communauté occulte. Alors n'allez pas lui faire une scène. Si vous voulez mon avis, je trouve sidérant qu'il ait gardé la moindre forme de contact avec vous après ça, et je ne me suis pas privée de le lui dire. N'importe quelle personne un tant soit peu *saine d'esprit* aurait pris ses jambes à son cou.

Mon corps entier s'enflamme de rage. Mes griffes s'allongent. En femme intelligente, Hillerman m'envoie loin d'elle pour ne pas finir charcutée. Sans un regard en arrière, je fonce jusqu'au parking, monte dans ma Fusée, sème deux flics sur Jefferson Avenue, et garde le pied au plancher durant tout le trajet jusqu'à Newport.

Personne dans ma communauté ne pourra ignorer mon arrivée avec l'immense nuage de poussière que je soulève dès l'entrée du parc de mobil-homes. Je vois plusieurs voitures garées devant notre camp, dont la précieuse Mustang noire de Ben, avec ses jantes dorées récemment lustrées.

Pour info, chers lecteurs, je ne suis pas fière de ce qui va suivre. En soi, c'est mon roman – je pourrais facilement enjoliver les choses, zapper les moments gênants, histoire de ne pas vous montrer la foldingue hystérique qui sommeille en moi. Toutefois, quand j'ai décidé de raconter mon histoire, je me suis promis de toujours dire la vérité et, la vérité, c'est que je n'avais pas pété un câble comme ça depuis mes dix-sept ans.

Je rase la Mustang de Ben à soixante kilomètres à l'heure, esquintant tout le côté conducteur de ma Fusée. Les vitres éclatent. Un coup de volant, puis je vise la voiture de Nolan et l'emboutis sur le côté au point de faire sauter mon capot.

Je me rappelle avoir couru. Le feu brûle faiblement dans le foyer. Les gens s'attroupent dehors. M'invectivent. Les gamins déguerpissent devant moi. Je repère Ben. Sa bouche remue, mais je ne sais pas ce qu'il dit, car *j'entends* rouge à ce stade. Ses potes n'ont même pas le temps de s'en rendre compte que je suis déjà sur lui, à le gifler comme une furie, à lui griffer le torse, donnant des coups de pied à tous ceux qui tentent de nous séparer.

Deux bras musclés me ceinturent par-derrière et me soulèvent. La voix de Nolan me crie à l'oreille. Je lui balance un coup de boule en arrière. À partir de là, la situation dégénère. Bagarre générale. Ma mère aboie des injonctions. Ray s'amène en envoyant valdinguer des mecs à gauche, à droite. Deux potes de Ben se transforment et grognent en claquant des dents. Je hurle des injures à la gueule de tout le monde.

Enfin, Ray parvient à dégager le terrain entre ma mère et moi. Je me tourne vers elle et lui bafouille un flot d'accusations ponctué de « pas le droit ! » et de « comment oses-tu ? ». Puis, à la surprise générale, je donne un coup de pied dans la terre vers elle – une grande insulte dans ma famille – et, de ma voix éraillée, claironne :

— Je quitte la meute ! Vous m'entendez ? Vous n'existez plus pour moi. Je me casse !

La patience de Ben ne tient plus qu'à un fil ; s'il se métamorphose, la meute entière devra intervenir rien que pour l'empêcher de m'arracher la gorge. Il crache du sang.

— Te leurre pas. T'as quitté la meute il y a longtemps déjà.

Je me rue sur lui, aveuglée par la rage, à peine consciente de mes actes. Comme dans un état second. La foule se scinde, une moitié pour retenir Ben, l'autre pour me maîtriser.

Les larmes aux yeux, je continue de vociférer :

— Vous m'avez entendue ? J'ai dit que je vous *quittais*. Elles en disent quoi vos règles de meute, là ? Qui va me défier ? Nolan ? Tu vas me tuer ? Parce que c'est le seul moyen de m'empêcher de partir, et je te promets, je te *jure* sur ma vie, que je ne reviendrai jamais.

— Essaie seulement, grogne-t-il.

Le nez en sang, il fixe sur moi un regard meurtrier, tremblant, résistant à l'envie de se transformer. Ben et les autres coyotes se retiennent seulement parce que le premier coup lui revient.

C'est à ce moment-là, à ce véritable point de rupture, que le pire se produit. J'aperçois Brenner du côté de notre parking de terre. Il marche droit vers moi, sa fine cravate noire rebondissant sur son ventre à chaque pas. Heureusement pour lui, il ne me quitte pas des yeux. C'est ce qui lui vaut d'être encore en vie.

Mon cœur tambourinant le supplie : « Surtout, ne me lâche pas des yeux, Brenner. Quoi que tu fasses, ne les regarde pas en face. » Quand bien même y parviendrait-il, j'ai peu d'espoir que les autres le laissent débarquer ainsi, sans parler de repartir vivant. Tout le monde sait que cette discorde porte sur notre relation. Ils auraient hésité à me tuer. Maintenant, la question ne se pose plus. Avec Brenner, ils obtiennent la meilleure façon de me punir.

Les coyotes aboient férocement. J'entends Ben faire les cent pas derrière Nolan, à l'affût de la moindre provocation. Un geste de son frère, et la meute entière se ruera sur Brenner.

J'aimerais céder. J'aimerais me tourner vers Ray et Nolan pour les implorer de l'épargner. Mais, en quittant Brenner du regard, je risque de signer son arrêt de mort. De rompre le charme. Car ce ne peut être que la sidération qui freine encore les autres. Cet humain a-t-il perdu la tête ? Que pourrait-il avoir à dire ? Je me pose la même question.

Eh bien… il ne dit rien. Il me rejoint, me soulève dans ses bras, tourne le dos à la foule et repart comme il est venu. Accrochée à son cou, je lève les yeux vers lui, puis les pose sur ma meute. Une série d'échanges de regards s'ensuit, entre les membres de ma meute, entre Brenner et moi, entre ma meute et moi. Toutes ces têtes qui pivotent, bouche bée. Personne ne comprend ce qui vient de se passer, encore moins comment il convient de réagir. Ben donne des coups d'épaule à Nolan, mais ce dernier reste paralysé. Ray semble déconcerté, ma mère est sous le choc et, quelque part derrière, la petite Bunica éclate de rire.

—Ils nous suivent ? murmure Brenner.

—Non… je…

—Ils viennent ? Je suis mort.

—Non… mais, par contre…

—Je ne dois surtout pas m'arrêter ?

—Évidemment, bon sang ! sous aucun prétexte. Continuez tout droit et ne regardez personne.

—Vous pesez votre poids.

—Vous m'en voyez navrée. Premièrement, votre sœur aurait dû vous dire qu'on ne fait pas ce genre de remarque à une femme et, deuxièmement, vous ne pouvez pas me poser tout de suite. Au moindre signe de faiblesse, ils s'échaufferont.

— Parce qu'ils ne sont pas déjà échauffés ?

— Faites-moi confiance, là, ils sont encore calmes.

En jetant un dernier coup d'œil à Nolan, je vois le moment exact où la tension se dissipe. Il souffle un grand coup, et la flamme dans ses yeux s'efface. Convaincu d'avoir récupéré le flambeau, Ben déchire son tee-shirt, prêt à se transformer. Nolan le jette au sol et l'y maintient d'un pied ferme – « pas bouger ». Ray s'empresse de les séparer.

Brenner se crispe en entendant leur raffut.

— Ils arrivent ? J'ai le droit de me servir de mon arme, ou c'est déshonorant ?

— Non, Jay, ils ne nous poursuivent pas. (Je regarde ses beaux yeux tempétueux en souriant, à la fois soulagée et euphorique.) Vous venez de remporter ma fidélité dans un défi.

— Ah oui ?

— Ah non ?

— Si ça signifie que vous ne me quitterez jamais, que je ne vous quitterai jamais, et que personne ne meurt dans l'histoire.

— C'est plus que ça. Ça signifie que vous m'avez revendiquée, que vous voulez fonder une meute avec moi.

Ses yeux s'agitent, troublés.

— Attendez, j'ai entendu parler de ce système. N'importe qui peut vous revendiquer, mais ça n'a aucune valeur à moins que vous…

— J'accepte, dis-je aussitôt.

Ses bras se resserrent, me pressent contre son torse.

— Pour de vrai ?

— Je suis sérieuse, Jay. Pour le pire et pour le meilleur, je suis à toi.

— Tu veux bien me rendre un service ?

Le souffle presque coupé par l'émotion, je réponds d'une voix étranglée :

— Tout ce que tu veux.

— Préviens-moi à la seconde où on est hors de vue.

— Oh ! c'est bon, là.

Aussitôt, il pique un sprint en me laissant presque tomber dans la panique. Je ris à gorge déployée – ce retournement de situation improbable m'a rendue complètement timbrée. J'ai encore du mal à y croire. Arrivé devant sa voiture, il me dépose côté passager, puis fait le tour au pas de course pour gagner la portière conducteur, avant de revenir sur ses pas.

— Oh et puis merde ! dit-il.

Il me saisit le visage à deux mains et me plaque contre la portière dans un baiser passionné à l'image de Brenner lui-même – comme des rayons de soleil qui percent en un instant de grands nuages noirs. J'aimerais vous dire qu'on s'est embrassés jusqu'à en perdre haleine, mais nous nous interrompons bien avant en entendant des cris de colère monter du camp.

— Merde ! lâche-t-il.

— On se barre.

Puis nous grimpons dans sa voiture et démarrons en trombe en laissant derrière nous un nuage de poussière en forme de cœur.

Achevé d'imprimer en mars 2021
Par CPI Brodard & Taupin à La Flèche
N° d'impression : 3042879
Dépôt légal : avril 2021
Imprimé en France
81122270-1